Handbuch Fliegenbinden

Mike Dawes

Handbuch Fliegenbinden

Übersetzung und deutsche Bearbeitung
Frank de la Porte

Zeichnungen Taff Price

BLV Verlagsgesellschaft
München Wien Zürich

CIP-Kurztitelaufnahme der Deutschen Bibliothek

Dawes, Mike:
Handbuch Fliegenbinden: 400 Muster für d. Fliegenfischer zum Nachbinden / Mike Dawes. Übers. u. dt. Bearb. Frank de la Porte. [Fotos: Mike Dawes. Zeichn.: Taff Price]. – München; Wien; Zürich: BLV Verlagsgesellschaft, 1987.
　　Einheitssacht.: Flytier's manual <dt.>
　　ISBN 3-405-13472-2

NE: La Porte, Frank de [Bearb.]

Fotos: Mike Dawes

Titel der englischen Originalausgabe:
The Flytier's Manual
© 1985 Johnston & Company AB, Gothenburg, Schweden

© der deutschsprachigen Ausgabe:
1987 BLV Verlagsgesellschaft mbH, München
8000 München 40

Das Werk einschließlich aller seiner Teile ist urheberrechtlich geschützt. Jede Verwertung außerhalb der engen Grenzen des Urheberrechtsgesetzes ist ohne Zustimmung des Verlags unzulässig und strafbar. Das gilt insbesondere für Vervielfältigungen, Übersetzungen, Mikroverfilmungen und die Einspeicherung und Verarbeitung in elektronischen Systemen.

Satz: Filmsatz Schröter GmbH, München

Printed in Italy · ISBN 3-405-13472-2

Ich widme dieses Buch meiner Frau Ali, deren Geduld, Hilfe und Ermutigung – (sogar, als das halbe Haus als Fotostudio in Beschlag genommen war) seine Fertigstellung schließlich ermöglichte.
Mein verbindlicher Dank gilt Taff Price für seine hervorragenden Strichzeichnungen, die für dieses Buch so unendlich wertvoll sind. Mein Dank gilt aber auch seinem Fachwissen, das er immer freimütig mit mir teilte – und nun auch mit den Lesern teilt. Seine Kenntnisse von den Fliegenmustern auf der ganzen Welt waren eine unschätzbare Hilfe, ebenso wie seine Kenntnisse der Entomologie und einiger schwieriger Probleme beim Binden, die während der Aufbereitung der Muster entstanden waren.
Bei dieser Gelegenheit möchte ich auch Bev Harper-Smith danken, aus dessen Händen viele der herrlich gebundenen Fliegen stammen, die in diesem Buch vorkommen. Sie sind für den Leser ein Beispiel und eine Herausforderung zugleich.
Während der letzten Jahre habe ich viele begeisterte Fliegenbinder angeschrieben und Briefe aus allen Teilen der Welt erhalten – inhaltvolle, informative und oftmals hilfreiche kritische Briefe von Leuten, die ihr Hobby leidenschaftlich pflegen. Gern höre ich aber auch von Lesern dieses Buches, wenn sie zum einen oder anderen Muster etwas hinzuzufügen haben. Jegliche Hintergrundinformationen seitens der Leser erleichtert mir die Aufgabe, dieses Buch zu überarbeiten und auf den neuesten Stand zu bringen, falls einmal Bedarf an einer Neuauflage besteht.

　　　　　　　　　　　　　　　　　　　　　　　　Mike Dawes

INHALT

Werkzeuge, Materialien und elementarer Aufbau _____ 6

Fliegenmuster _____ 14

Nymphen 15
Trockenfliegen 39
Naßfliegen 65
Lures und Streamers 96
Lachsfliegen 123

Fachbegriffe _____ 155

Allgemeine Begriffe 155
Farbbezeichnungen 156

Register _____ 157

WERKZEUGE, MATERIALIEN UND ELEMENTARER AUFBAU

WERKZEUGE, MATERIALIEN

Für den Uneingeweihten mag es geradezu absurd erscheinen, daß ein Angler Faden, Federn, verschiedenfarbige Fellstücke und ähnliche Materialien zur Hand nimmt und einen Haken damit bestückt in der Absicht, einen Fisch hereinzulegen, indem er ihm einen unentbehrlichen Happen vorgaukelt. Wie dem auch sei, genau das taten viele Angler seit Jahrhunderten, und heute werden es immer mehr. Fliegenbinden ist für viele eine Art Kunst. Der Begriff Kunst mag manchen als angemessen erscheinen, andere wiederum greifen sich an den Kopf. Aber, ob man es nun Kunst nennt oder nicht, für einen Angler gibt es keine größere Erfüllung, als einen Fisch mit einer Fliege zu fangen, die er selbst gebunden hat. Und je mehr Fliegen man bindet, desto mehr lernt man über die natürlichen Fliegen, desto größer wird das Verständnis, die richtige Kunstfliege als Gegenstück der natürlichen Insekten auszuwählen, die gerade an Fluß oder See aktiv sind. Um eine Fliege binden zu können, bedarf es keinesfalls der Fingerfertigkeit eines Chirurgen. Im Gegenteil: Einer der besten Binder, die ich kenne, hat riesige Hände, und doch bindet er feinste Fliegen hinunter bis Hakengröße 22. Der große G. E. M. Skues hatte Finger, die man nur als kurze dicke Mohrrüben bezeichnen kann, und doch fertigte er auch kleinste Fliegen bis in das hohe Alter von 90 Jahren. Wirklich ein Kunststück, wenn man bedenkt, daß er auch noch auf einem Auge blind war...

Ein Anfänger sollte immer daran denken, daß er stets etwa sechs Exemplare je Muster bindet. Bis er beim sechsten angekommen ist, wird er den einen oder anderen Fehler in seiner Bindetechnik ausgemerzt und die richtige Handhabung der Materialien gelernt haben. Nur durch Praxis kommt man der Perfektion näher. Und an den langen Winterabenden gibt es ohnehin keine bessere Beschäftigung als zuzusehen, daß die Fliegenschachtel aufgefüllt wird und am Saisonbeginn die richtige Fliege für jede denkbare Gelegenheit enthält. In der Anfangsphase empfiehlt es sich, an einem Bindekurs teilzunehmen oder sich an einen Bekannten zu wenden, der die Kniffe des Fliegenbindens preiszugeben bereit ist. Das erleichtert die ersten Schritte am Bindetisch, und die Unterstützung eines erfahrenen Binders bewahrt jeden Einsteiger davor, sich Fehler anzueignen, die man später nur mit größter Mühe wieder los wird. Fliegenbinden lernen hat eine gewisse Ähnlichkeit mit Golf: Übung macht den Meister.

Die Werkzeuge

Die erforderlichen Werkzeuge zum Binden sind weder zahlreich noch kostspielig. Und weil das Werkzeug nicht teuer ist, sollte man sich das beste zulegen, was man für sein Geld bekommt. Da hochwertige Werkzeuge zuverlässiger arbeiten, kann man ihrer Funktionsfähigkeit ein Leben lang sicher sein, vorausgesetzt, man pflegt sie entsprechend. Wer vor dem Kauf unentschlossen ist, sucht am besten einen gut sortierten Gerätehändler auf, der sich im Fliegenbinden auskennt, und fragt ihn um Rat. Überhaupt lohnt es sich, Freunde in der Branche zu haben. Das verhilft zu manch gutem Tip und einer Menge Unterstützung. Und da es immer schwieriger wird, an seltenes

WERKZEUGE, MATERIALIEN

Material heranzukommen, kann es nur von Nutzen sein, jemanden in der »Versorgungskette« zu kennen, der hier und da einmal eine Rarität für einen beiseite legt.

Der Schraubstock
Ein guter Schraubstock hält einen Haken sicher in Position und läßt noch soviel Raum um den Haken, daß man mit den Fingern unbehindert arbeiten kann. Der Schraubstock ist der wichtigste Teil der Ausrüstung, man sollte deshalb bereit sein, soviel dafür auszugeben, wie man sich nur leisten kann. Und kaufen Sie ein Markengerät! Wenn es möglich ist, sollte man ihn vor dem Kauf ausprobieren (bitten Sie einen Freund, der einen Stock besitzt, damit einmal arbeiten zu dürfen oder suchen Sie einen hilfsbereiten Händler. während der ruhigen Geschäftszeiten auf). Man sollte daran denken, daß es auf dem Markt bei weitem mehr minderwertige Bindestöcke als solche in guter Qualität gibt. Deshalb ist es lohnend, beim Kauf kritisch zu sein.

Scheren
Das sind die zweitwichtigsten Geräte. Eine robuste Ausführung benötigt man für grobe Arbeiten, etwa dem Schneiden von Kielen und fester Materialien wie Tinsel. Mittelgroße Scheren für Maniküre- oder Pediküreszwecke erfüllen diesen Zweck.
Die zweite Ausführung sollte etwas kleiner sein und leicht gekrümmte Schneiden aus sehr gutem Stahl haben. Sie sollte zum Stutzen der Hecheln und der Arbeit mit feinsten Materialien dienen. Sehr scharfe Scheren mit feinster Spitze, wie sie von den Chirurgen verwendet werden, sind hier die beste Wahl.

Die Dubbing Nadel
Sie besteht aus einer Nähnadel mit einem Griff an dem Ende, wo sich das Öhr befindet. Sie ist ein äußerst vielseitiges Gerät, das bei vielen der weniger wichtigen Arbeiten wertvolle Dienste leistet: dem Lackieren der Kopfknoten, dem Auseinanderhalten von Federsegmenten, dem Auflockern zu fest gebundenen Dubbings, dem Verteilen von Dubbingmaterial am Faden etc.
Natürlich kann man eine Dubbingnadel kaufen, sie ist aber auch leicht selbst herzustellen. Man braucht nur einen Griff (ein Dübel aus Holz eignet sich am besten), bohrt ein Loch in ein Ende, füllt es mit Epoxykleber und steckt das Öhr der Nadel hinein. Wenn der Kleber fest ist, ist die Nadel gebrauchsfertig.

Hechelklemmen
Die Hechelklemme ist eine Klemmfeder, mit der man die Hechelfeder an der Spitze festhalten kann, während man sie um den Körper der Fliege windet. Erfahrene Binder ziehen es häufig vor, die Hechel mit ihren Fingern festzuhalten, da sie beim Anwinden die Spannung »erfühlen« möchten. Wenn sie eine Fliege mit verschiedenen Materialien behecheln, ist dieses Gefühl wichtig, weil jedes Material eine andere Spannung erfordert, die Backen der Hechelklemme hingegen lassen keinerlei Veränderung der Schließkraft zu.

Die Backen der Hechelklemme sollten nach Möglichkeit über die gesamte Länge schließen und frei von scharfen Graten sein. Deswegen haben viele Backen einen Überzug aus Ventilgummi, damit die empfindlichen Hecheln geschont werden.

Der Spulenhalter
Während des gesamten Bindevorganges muß der Bindefaden unter Spannung stehen. Nimmt man die Spannung aus dem Faden, während man Material vorbereitet, läuft man Gefahr, daß sich die Windungen lockern. Das kann man zwar verhindern, indem man jedesmal, wenn der Faden losgelassen wird, einen halben Schlag macht, aber das ist zeitraubend und kann zu einem klobigen Körper führen. Der Spulenhalter hält die gesamte Spule, so daß der Faden ständig unter Spannung steht und bei Bedarf abgezogen wird.

Der Whip Finisher (Kopfknotenbinder)
Wenn eine Fliege dauerhaft sein und nicht nach ein paar Würfen aufgehen soll, muß der Kopf mit einem verborgenen Knoten (Whip Finish) mit eng aneinander liegenden Windungen gemacht werden. Ein Kopfknotenbinder ist dafür anfangs eine gute Hilfe (eine Benutzungsanleitung liegt den Geräten stets bei), aber es geht ebenso leicht per Hand nach der Anleitung auf Seite 13.

Materialien

Alle bei den Mustern in diesem Buch aufgeführten Materialien sind in jedem gut sortierten Fachgeschäft erhältlich. Einsteiger unterliegen beim Materialkauf oft dem Fehler, daß sie sich mengenmäßig zuviel und zuviel Verschiedenartiges anschaffen. Die Aufbewahrung der Materialien in einem Pult, einer Schublade oder einer Schachtel gewährt Ihnen die notwendige Übersicht. Man sollte am Anfang nur das kaufen, was man für die erste Serie von Fliegen benötigt, die man binden will. Die deutliche Kennzeichnung der Materialien und eine systematische Aufbewahrung (in alphabetischer Reihenfolge ist sie am einfachsten) ermöglichen einen gezielten Zugriff.
Im Laufe der Jahrhunderte ist von den Fliegenbindern ein spezielles Vokabular entwickelt worden, um die verschiedenen Farbtöne und -nuancen von Federn und anderen Materialien, mit denen sie arbeiten, zu kennzeichnen: dun, honey, honey dun, pale blue dun etc. Die beste Möglichkeit, sich mit den verschiedenen Farbtönen vertraut zu machen, ist die Anlegung einer kleinen Sammlung von Einzelstükken, die dann als Farbmuster dienen. Wer Jäger ist oder einen kennt, hat bereits eine fließende Versorgungsquelle, wenn Fasanen, Rebhühner, Stock- und Krickenten geschossen werden. Dabei ist es aber wichtig, daß die Farben richtig bestimmt werden, damit man später die richtige Feder für eine bestimmte Fliege verwendet. (Erklärungen der englischsprachigen Farbbezeichnungen finden Sie im Anhang Seite 156.)

ELEMENTARER AUFBAU

Varianten von Trockenfliegen-Flügeln

1 Hechelfliege (ohne Flügel)

2 Federsegmente, aufrecht

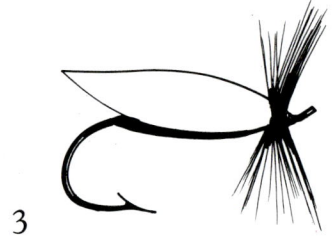

3 Sedgeflügel

4 Hechelfederspitzen, aufrecht

5 Hechelfederspitzen, spent

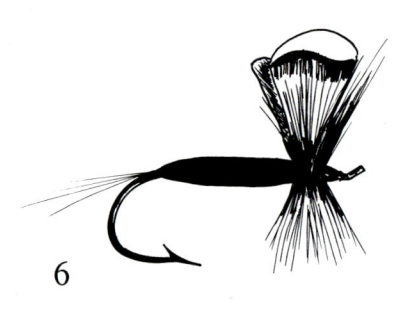

6 Rupffederspitzen

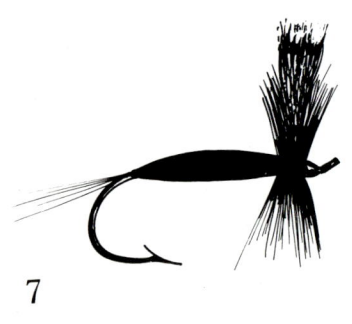

7 Aufrechte Haarflügel

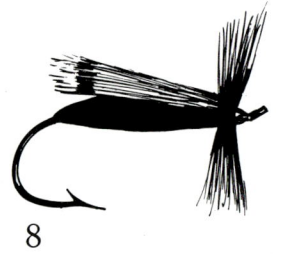

8 Sedgeflügel aus Haaren

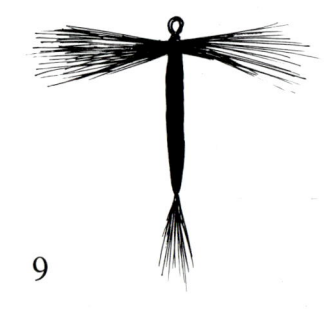

9 Haare oder Federfibern, spent

ELEMENTARER AUFBAU

Einbinden von Trockenfliegen-Flügeln
(Federsegmente aufrecht)

1 Zwei Segmente einer Kielfeder werden auf den Hakenschenkel gelegt und mit Daumen und Zeigefinger der linken Hand gehalten. Mit drei Windungen mit dem Bindefaden werden sie sicher eingebunden.

2 Mit denselben beiden Fingern werden die Segmente in eine senkrechte Position gebracht. Drei Wicklungen mit dem Bindefaden auf der anderen Seite der Flügelbasis sichern die aufrechte Stellung. Einige Binder bestehen darauf, daß jetzt die Flügel mittels Achterwicklungen zwischen den Segmenten geteilt werden. Ich halte das nicht für notwendig; nach vorsichtigem Trennen der Segmente mit einer Dubbingnadel bleiben meist die Flügel auseinander, bedingt durch den natürlichen Verlauf der Fibern nach außen.

Hechelformen

1 Die Trockenfliegenhechel ist eine Hahnenhechel, die unmittelbar hinter dem Hakenöhr kreisförmig um den Hakenschenkel gewunden wird.

2 Die Naßfliegenhechel ist eine Weichhechel, die vom Haushuhn oder von Flugwild stammt. Sie wird um den Haken gewunden und nach hinten gelegt wie ein Bart (siehe 3). Die Weichhechel bewegt sich und pulsiert im Wasser, so daß die Fliege mehr Spiel erhält.

3 Die Barthechel wird auf der Unterseite des Hakens in Form eines Fiberbüschels eingebunden, um die Beine eines Insekts zu imitieren.

4 Die Hechel im Palmerstil ist eine der ältesten Anordnungen. Die Feder wird auf der gesamten Länge des Hakens gewunden. Diese Formation erhöht die Schwimmfähigkeit von Trockenfliegen und bei den Naßfliegen das Spiel der Fibern.

5 Die Hechel von Schlitterfliegen hat überlange Fibern, damit der Haken die Wasseroberfläche nicht berührt. Die Fliege vermag sich, sehr naturgetreu zu bewegen, wenn sie auf dem Wasser aufsitzend abtreibt oder durch Bewegungen mit der Rute gezogen wird.

1

2

3

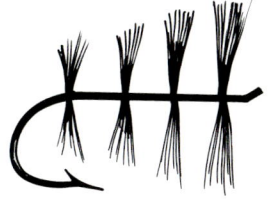
4

5

ELEMENTARER AUFBAU

Die ersten Schritte

Spannen Sie den Haken in den Schraubstock ein und kontrollieren Sie den Härtegrad des Hakenmaterials, indem Sie den Haken am Hakenöhr mit der Zeigefingerspitze einen knappen Zentimeter zur Seite drücken und ihn wieder zurückschnellen lassen. Wenn er zu wenig gehärtet ist, ist er weich und neigt dazu, im Bindestock zu verbiegen. Wenn er übermäßig gehärtet ist, ist er spröde und bricht gelegentlich. Ein vorschriftsmäßig gehärteter Haken verrät seine Qualität mit einem deutlichen »Ping«, wenn er nach dem seitwärtigen Drücken zurückschnellt.

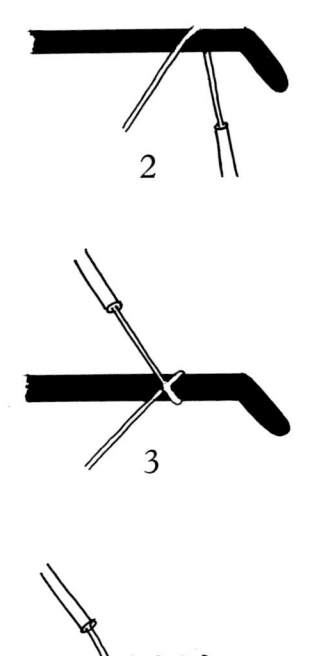

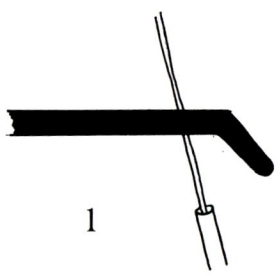

Nach dem Qualitätstest wird der Bindefaden eingebunden und eine Wicklung auf den Hakenschenkel gelegt.

1 Nehmen Sie den Spulenhalter und ziehen Sie mit der linken Hand etwas Bindegarn von der Spule. Halten Sie den Faden an den Haken.

2, 3 Während Sie das Fadenende mit dem Daumen und Zeigefinger der linken Hand halten, führen Sie den Spulenhalter um den Hakenschenkel.

4 Fahren Sie mit den Windungen fort und überwickeln Sie das Fadenende. Wenn genug Windungen auf den Hakenschenkel gelegt sind, schneiden Sie das überstehende Fadenende ab, sofern es zu lang ist.
Durch diese Wicklung über den Hakenschenkel haben Sie jetzt ein Polster, auf dem Sie Fellflusen und Federn einbinden können. Dieses Polster aus dem Bindefaden erleichtert Ihnen das sichere Einbinden von Flügeln, Schwänzen usw.

Normalerweise verwenden Sie einen Faden, der bereits gewachst ist, wenn Sie ihn kaufen. Nur selten erfordert ein Fliegenmuster einen speziell gewachsten Faden (Beispiel für eine Ausnahme ist die ›Greenwell's Glory‹ auf Seite 75, für die spezielles Wachs – ähnlich Schuhwichse – vorgesehen ist, damit sich das Gelb des Bindefadens in ein grünliches Gelb verfärbt). Eine wesentliche Regel sollten Sie immer beherzigen, wenn Sie den Rest der Fliege binden: Die Rippung sollte immer in der entgegengesetzten Richtung gewunden werden wie das Körpermaterial. Das macht den Körper nicht nur stabiler, der Rippungsfaden drückt sich auch nicht in das Körpermaterial hinein und wird von diesem überdeckt.
Ein Kennzeichen einer gut gebundenen Fliege ist ihre Ebenheit und Gleichmäßigkeit.

Dubbing

Einige Fliegenbinder mischen sich größere Mengen von Dubbingmaterial in einem Haushaltsmixer. Das ist eine ausgezeichnete Methode, um verschiedene Materialien oder Farbtöne gründlich zu mischen und den gewünschten Ton zu erzielen. Die folgende Methode zeigt, wie man die Dubbingflusen an den Faden spinnt. Wenn Sie die Farbe eines natürlichen Insekts imitieren wollen, denken Sie bitte daran, daß Sie beide Farben in nassem Zustand vergleichen. Das ist natürlich der Farbton im Wasser, aber auch der auf dem Wasser. Spinnen Sie einige Dubbingflusen an den Faden, winden Sie ihn um den Haken und machen Sie das Dubbing naß. Vergleichen Sie nun den nassen Körper mit dem der natürlichen Fliege, wenn diese naß ist.

1 Wachsen Sie Ihren Faden. Wie oben bereits erwähnt, ist das nicht notwendig, wenn Sie einen vom Hersteller vorgewachsten Faden verwenden. Nehmen Sie eine Portion Flusen und halten Sie sie an den Faden.

2 Das geht einfach, wenn Sie die Flusen von hinten mit dem Zeigefinger gegen den Faden drücken.

3 Verspinnen Sie Flusen und Faden durch gleichzeitiges Zusammendrücken und Rollen zu einem Seil. Es ist unbedingt erforderlich, daß die Rollbewegung in nur einer Richtung erfolgt (entweder im oder gegen den Uhrzeigersinn). Wenn Sie einen stark aufgetragenen Körper herstellen wollen, können Sie weitere Flusen anspinnen. (Es ist vorteilhafter, die Flusen in kleinen Portionen anzuspinnen, als größere Mengen auf einmal zu verwenden.)

4 Der fertige Dubbingfaden sollte so aussehen.

5 Der gedubbte Faden wird nun um den Hakenschenkel gewunden, nach vorn dicker werdend, um dem Fliegenkörper die richtige Form zu geben. Winden Sie den Faden immer im Uhrzeigersinn.

ELEMENTARER AUFBAU

Der Abschluß

Alle Fliegen werden mit einem Knoten abgeschlossen, der als Whip Finish bekannt ist, wenngleich einige Binder ihre Fliegen mit einer Serie von Halben Schlägen beenden. Ein sauberer Kopf wird immer mit dem Whip Finish erreicht.

1 Formen Sie mit dem Bindefaden eine Schlaufe und halten Sie sie mit dem Zeige- und Mittelfinger der rechten Hand offen.

2 Durch Drehen der Finger führen Sie den Faden um den Hakenschenkel. Dabei binden Sie den Faden auf dem Hakenschenkel ein.

3 Machen Sie das mehrmals. Normalerweise besteht ein Kopfknoten aus drei oder vier Windungen.

4 Ziehen Sie das Ende des Fadens stramm und schneiden Sie ihn dicht am Kopf ab.

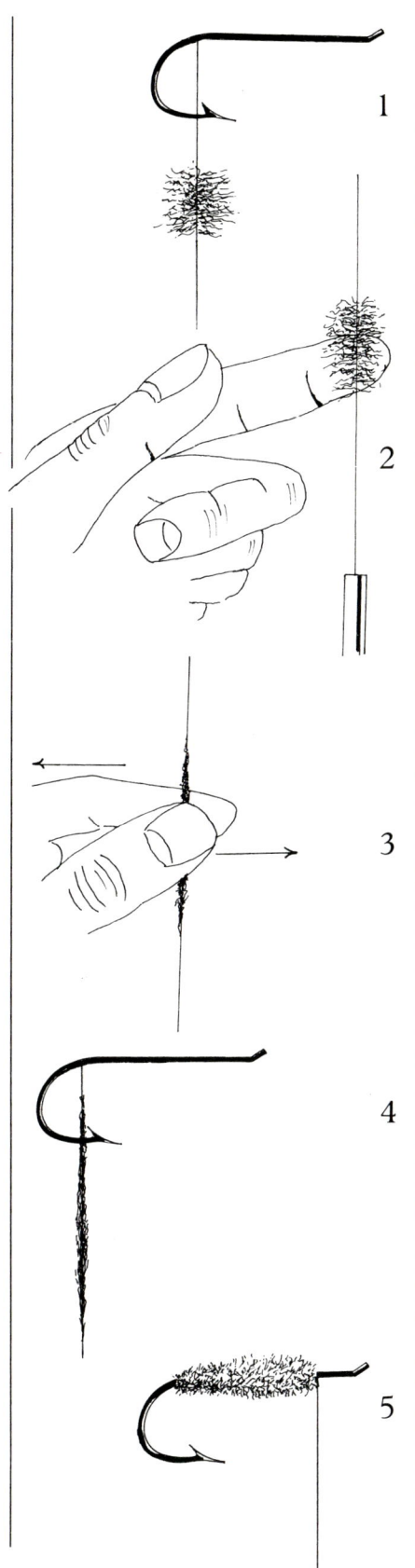

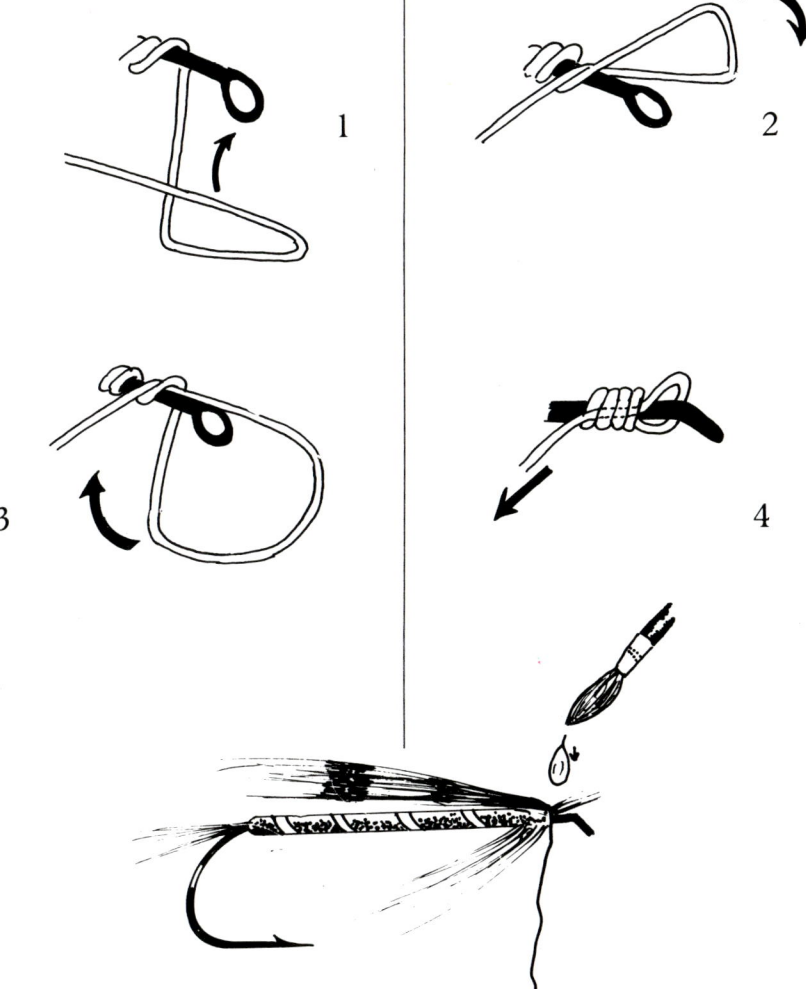

FLIEGENMUSTER

NYMPHEN

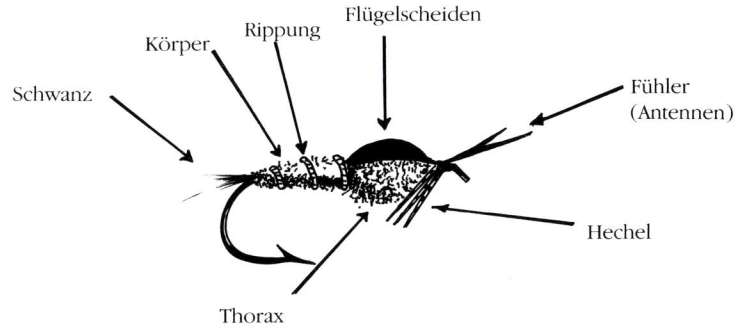

Der Fliegenfischer sieht eine Nymphe als die Imitation einer aquatischen Larve auf dem Grund eines Flusses oder Sees während des Aufstiegs zur Oberfläche an. Einige Nymphen steigen zum Schlüpfen direkt zur Oberfläche auf, indem sie das Wasser durchschwimmen, andere verweilen während der Aufstiegsphase auf oder an Hindernissen, etwa auf Steinen. Nymphen stellen einen großen Teil der Forellennahrung dar, und das ist der Grund, warum das Fischen mit der Nymphe in den letzten Jahren enorm zugenommen hat.

Es gibt grundsätzlich zwei Stadien, in denen Forellen aktiv Nymphen nehmen. Erstens, das Stadium des Heranwachsens auf dem Grund eines Flusses oder Sees – dann stehen die Fische bei der Nahrungsaufnahme tief; zweitens, das Stadium des Aufstiegs, wenn die reife Nymphe zur Oberfläche emporsteigt, ihre Hülle aufreißt und als flugfertiges Insekt schlüpft. Die Forelle folgt ihr dann auf dem Weg nach oben. Für den Fliegenfischer ist das letztgenannte das wichtigere Stadium. Im stehenden Gewässer besteht die Nahrung der Forellen bis zu 90% aus Nymphen im Wachstums- oder Aufstiegsstadium. Hinzu kommt, daß die Nymphen im Wachstumsstadium den Forellen schon Monate vor dem Schlupf, jener kurzen Phase, in der das Insekt aufsteigt, aus seiner Hülle kriecht und flugfertig wird, zur Verfügung stehen.

Während der letzten Tage vor dem Schlupf werden die Nymphen unruhig, schwimmen mehrere Male empor und sinken wieder zum Grund von Fluß oder See. Solch aktives Verhalten reizt die Forelle, die gierig nach ihnen jagt. Verfolgung und Nahrungsaufnahme lassen sich in einem stehenden Gewässer leicht erkennen, weil die Forelle dabei mit Kopf, Rücken oder Schwanz die Wasseroberfläche durchbricht.

Eine interessante Entwicklung des Nymphenbindens spiegelt sich in der Tatsache, daß immer mehr Binder einen Teil ihrer Nymphen mit Bleidraht beschweren, bevor sie den Körper formen. Der Grund dafür liegt in der Notwendigkeit, die Nymphe schneller hinunter zum Gewässergrund sinken zu lassen, wo die Nymphen den größten Teil ihres Lebens verbringen. Diese noch gar nicht so alte Modifizierung der herkömmlichen Bindeweise hat sich als sehr erfolgreich erwiesen, und die meisten Gerätehändler führen heutzutage solche Muster.

NYMPHEN

Amber

Eines der ganz frühen Muster für die Fischerei an Seen und Reservoirs, das ein natürliches Vorbild hat. Die Originalbindeweise stammt von dem Engländer Dr. Bell, der mit diesem Muster sehr erfolgreich fischte. Es besteht kaum ein Zweifel darüber, daß dieses Muster als Imitation für die vielen vornehmlich orange/braunen Sedgepuppen steht.
Ich habe zwei Muster abgebildet, die sich lediglich in der Farbe des Thorax und in der Hakengröße unterscheiden.

Haken:	Größe 10–14, Öhr nach unten
Faden:	Schwarz (für das größere Muster), gelb (für das kleinere Muster)
Rippung:	Gold
Flügelscheiden:	Eine braune Feder, über den Körper gezogen
Körper:	Bernsteingelbe Seehundwolle
Thorax:	Dunkelbraun (für das große Muster), kräftiges Orange (für das kleine Muster)
Hechel:	Honigfarbene Fibern der Hennenhechel – schräg nach hinten gerichtet unter den Thorax
Kopf:	Schwarz (für das große Muster), gelb (für das kleine Muster)

1 Wie immer beginnen Sie damit, eine Grundwicklung bis zum Schenkelende zu legen. Am Hakenbogen

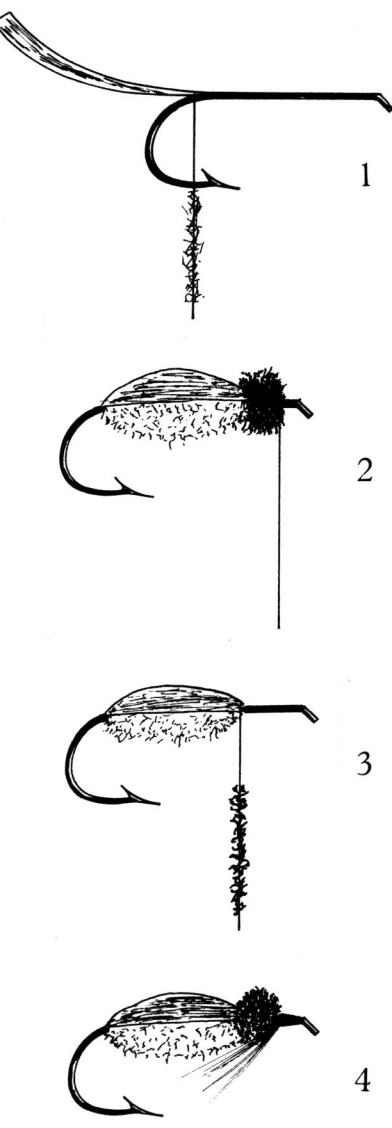

binden Sie ein Segment einer braunen Feder ein. Dubben Sie den Faden mit bernsteinfarbener Seehundwolle.

2 Führen Sie den gedubbten Faden nach vorn über eine Länge von 2/3 des Schenkels. Dann legen Sie die braune Feder nach vorn und binden sie ein. Dubben Sie den Faden für den Thorax; braun für die eine, orange für die andere Version.

3 Formen Sie den Thorax wie abgebildet.

4 Binden Sie ein paar hell-gingerfarbene oder honigfarbene Fibern als Bart ein und schließen Sie ab.

American March Brown

Das natürliche Vorbild der amerikanischen Märzbraunen (*Stenonema vicarium*) ist bekannt für ihre steifen Schwanzborsten. Beim Binden ist es ratsam, die mittlere Schwanzfiber zuerst einzubinden, danach erst die beiden äußeren Fibern, und zwar seitlich gespreizt im Winkel von je 45°. Die Bindeweise ist die gleiche wie bei der ›Catskill Hendrickson‹ (Seite 19).

Haken:	Größe 10 langschenklig, Öhr nach unten
Faden:	Braun
Schwanz:	Drei Elchhaare oder Fibern des männlichen Fasanenstoßes
Körper:	Bernsteinfarbene Seehundwolle, vermischt mit ein wenig hellbraunem Fuchsdubbing
Thorax:	Pfaugras
Rippung:	Braunes Stickgarn
Beine:	Eine braune Rebhuhnrupffeder, eingebunden als Bart
Flügelscheiden:	Fibern des männlichen Fasanenstoßes
Kopf:	Braun

NYMPHEN

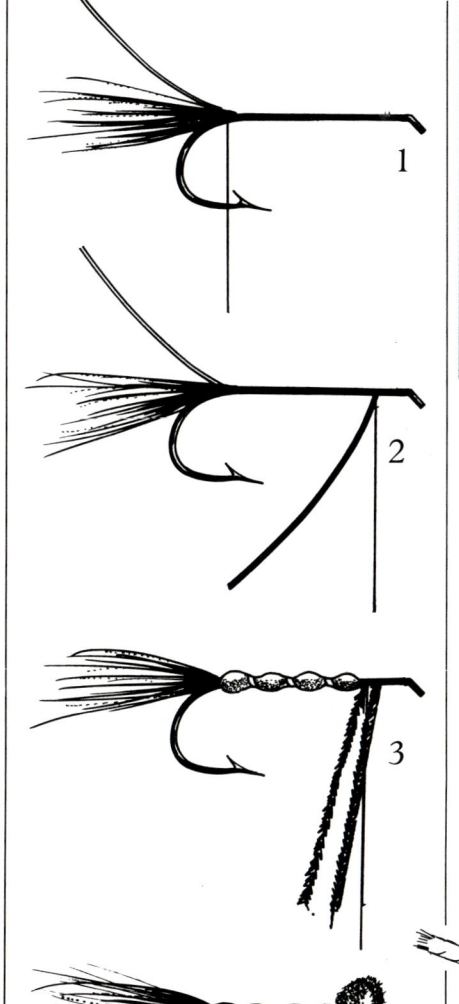

Bloodworm Larva

Bindeweise nach Taff Price. Forellen stellen gern den Egellarven nach, wenn diese den schlammigen Grund verlassen und aufsteigen.

Haken:	Größe 12–14 langschenklig, Öhr nach unten
Faden:	Schwarz
Schwanz:	Rotes Marabou
Körper:	Rotes Floss, mit gleichmäßigen Vertiefungen über den gesamten Hakenschenkel eingebunden
Rippung:	Fluoreszierendes rotes Floss
Kopf:	Pfaugras

1 Binden Sie ein Büschel rote Maraboufedern, die etwa die gleiche Länge wie der Haken haben sollten, am Hakenbogen ein. Danach wird das fluoreszierend rote Floss eingebunden.

2 Führen Sie den Faden nach vorn und binden Sie das rote Floss für den Körper ein.

3 Winden Sie das rote Floss zum Hakenbogen und zurück. Dabei führen Sie es so, daß der Körper geringe Vertiefungen erhält. In diese Vertiefungen führen Sie den Rippungsfaden, wenn Sie diesen nach vorn winden. Während Sie das Floss abbinden, binden Sie zwei Fibern bronzefarbenes Pfaugras ein.

4 Formen Sie den Kopf mit den Pfauenfibern und schließen Sie mit einer sauberen Kopfwicklung ab. Sichern Sie diese mit einem Tropfen Lack.

Breadcrust
Brotkruste

Ursprünglich gehörte dieses Muster zu den Naßfliegen, hat sich jedoch besser bewährt, wenn es wie eine Nymphe gefischt wird.

Haken:	Größe 10–14, Öhr nach unten
Faden:	Schwarz
Körper:	Oranges Wollgarn oder synthetisches Dubbing
Rippung:	Blanker Hechelkiel
Hechel:	Weiche grizzly Hennenhechel
Kopf:	Schwarz

1 Binden Sie einen von den Fibern befreiten Hechelkiel am Hakenbogen ein, danach die hellorange Wolle (manche Binder bevorzugen einen orangen Dubbingkörper).

2 Führen Sie erst den Faden nach vorn, dann die Wolle und schließlich den Hechelkiel für die Rippung. Binden Sie Wolle und Kiel ab und schneiden Sie den Überschuß ab.

3 Winden Sie eine grizzly Hennenhechel um den Haken und schließen Sie in gewohnter Weise ab.

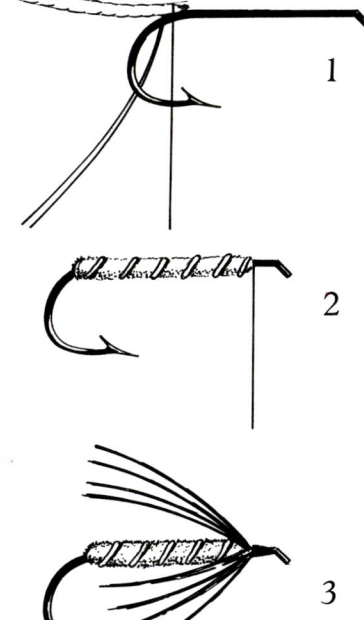

NYMPHEN

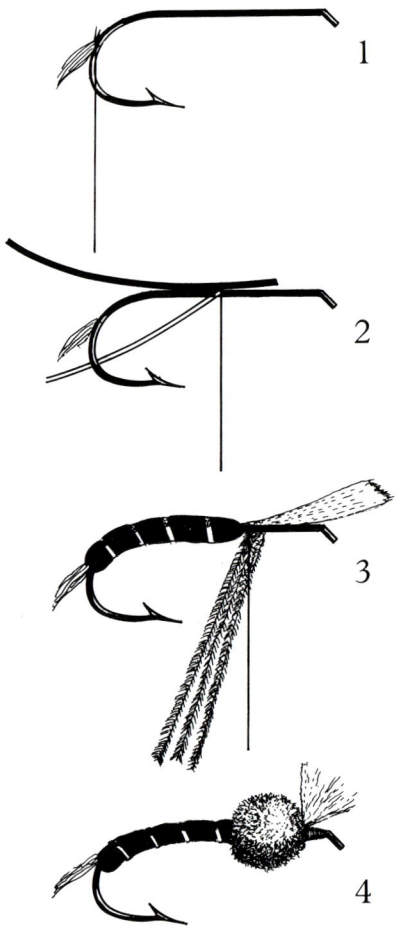

Brown Bomber
Brauner Bomber

Ein bekanntes Muster aus dem Osten der USA, das häufig an stehenden Gewässern eingesetzt wird.

Haken:	Größe 10–12 langschenklig, Öhr nach unten
Faden:	Braun
Körper:	Bisamdubbing ohne Grannen (Fellflusen vom Rücken)
Rippung:	Flaches Goldtinsel
Hechel:	Braunes Rebhuhn
Kopf:	Braun

1 Führen Sie den Faden zum Hakenbogen

2 Binden Sie das flache Goldtinsel ein.

3 Dubben Sie den Faden mit Bisam und formen Sie beim Winden nach vorn den Körper.

4 Rippen Sie den Körper mit dem Tinsel und schließen Sie es ab.

5 Binden Sie die Rebhuhnhechel ein.

6 Machen Sie einen Kopfknoten, der zum Schluß lackiert wird.

Buzzer
Mücke

Mücken oder Chironomiden sind gekrümmte schwarze Fliegen, die man gewöhnlich am Abend an stehenden Gewässern antrifft. Sie sehen bedrohlich aus, sind aber in Wirklichkeit recht harmlos. Das beschriebene Muster gehört zu den einfachsten.
Die Puppe ist das bei weitem erfolgreichste Muster und ihre Farbvariationen kennen keine Grenzen.

Haken:	Größe 10–14, Öhr nach unten
Faden:	Schwarz
Körper:	Schwarzes Floss
Rippung:	Flaches Silbertinsel
Thorax:	Bronzenes Pfaugras
Atmungsorgane:	Fibern der weißen Hahnenhechel (oder weißes fluoreszierendes Floss)
Schwanzfibern:	(wahlweise) Weiße Fibern der Hahnenhechel (oder weißes Floss)

1 Führen Sie den Faden bis in den Hakenbogen hinein. Wenn Sie wollen, können Sie am Körperende ein paar sehr kurze weiße Fibern einer Hahnenhechel, weißes Floss oder sogar dünne weiße Wolle einbinden.

2 Führen Sie den Faden bis zur Hakenmitte und binden Sie das Floss für den Körper und den Rippungsfaden ein, für den sehr oft flaches Silbertinsel bevorzugt wird.

3 Führen Sie den Faden abermals zum Hakenbogen, wobei Sie Floss und Tinsel mit überwickeln. Führen Sie nun den Faden allein wieder nach vorn, danach folgt das Floss für den Körper, danach das Tinsel. Binden Sie beide Materialien ab und schneiden Sie den Überschuß ab. Jetzt werden ein kurzes Stück weiße fluoreszierende Wolle (oder weiße Hechelfibern) und drei Pfauenfibern eingebunden.

4 Formen Sie einen üppigen Thorax mit dem Pfaugras, wobei Sie das weiße Floss oder die Hechelfibern nach vorn über das Öhr hinausragen lassen. Dann beenden Sie die Fliege wie gehabt.
Farbalternativen für das Körperfloss: schwarz, rot, orange, grün, oliv und braun.

NYMPHEN

Catskill Hendrickson

Dies ist ein weiteres Muster, das eine an der Ostküste der USA heimische Eintagsfliegenart imitiert. Dem Namen nach kommt diese Nymphe in den Catskills vor, wo das Insekt im späten Mai schlüpft.
Die meisten Nymphen mit einem Dubbingkörper werden wie diese gebunden. Beispiele dafür sind die ›Iron Blue Dun‹ und die ›Cahill‹-Muster.

Haken:	Größe 10–12, Öhr nach unten
Faden:	Oliv
Schwarz:	Fibern der gelben Mandarinentenfeder
Körper:	Graubraunes Dubbing
Rippung:	Feiner Golddraht
Flügelscheiden:	Hellgraue Gänse- oder Entenfedersegmente
Thorax:	Graubraunes Dubbing
Hechel:	Braunes Rebhuhn
Kopf:	Oliv

1 Führen Sie den Faden bis zum Hakenbogen. Binden sie einige Fibern der Mandarinente für den Schwanz und feinen Golddraht für die Rippung ein. Dann wird der Faden graubraun gedubbt.

2 Führen Sie den gedubbten Faden nach vorn, während Sie den Hinterleib formen. Dann wird der Körper gerippt und das Material für die Flügelscheiden eingebunden. Für den Thorax wird der Faden neu gedubbt.

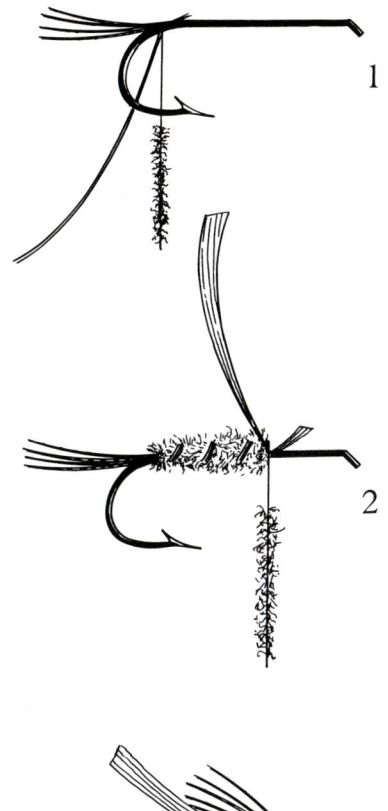

3 Mit dem Dubbing formen Sie den Thorax und binden vorn die Rebhuhnhechel ein.

4 Nun werden die Fibern für die Flügelscheiden nach vorn gelegt und eingebunden. Danach formen Sie den Kopf und schließen ihn ab.

Chomper

Diese Muster wurde von Richard Walker, dem bekannten englischen Fliegenfischer und -binder entwickelt. Es kann in verschiedenen Farben gebunden werden und sollte langsam gefischt werden. Es hat den Anschein, daß es in Verbindung mit einer Schwimmschnur und einem langen Vorfach, nach dem Absinken gezogen, den größten Erfolg verspricht. Als Walker diese Nymphe erband, beabsichtigte er nicht, damit ein bestimmtes Insekt zu imitieren, aber es sicht je nach Farbgebung aus wie ein Flohkrebs oder eine Ruderwanze.

Haken:	Größe 10–14, Öhr nach unten
Faden:	Wahlweise weiß, braun, oliv oder schwarz
Körper:	Straußenfibern, nach Wunsch gefärbt
Flügelscheiden:	Braunes Raffia (künstlich)
Kopf:	Wie Faden

1 Führen Sie den Faden zum Hakenbogen und lackieren Sie die Fadenwicklung. Wenn der Lack angetrocknet ist, binden Sie einen Streifen braunes Raffia und zwei Straußenfibern am Hakenbogen ein.

2 Führen Sie den Faden wieder nach vorn.

3 Formen Sie den Körper mit der Straußenfiber und schließen Sie diese ab.

4 Feuchten Sie das Raffia an und ziehen Sie es nach vorne über den Rücken, so daß er wie ein Rückenpanzer aussieht.

5 Binden Sie das Material ab und lackieren Sie den Knoten.

NYMPHEN

Collyer's Green
Collyers grüne Nymphe

Dieses Muster stammt von David Collyer. Es ist ein Gruppenmuster und hat kein natürliches Vorbild. Die Serie der ›Collyers‹ Nymphen sind auf der ganzen Welt sehr erfolgreich und haben sich auch auf kapitale Fische bewährt. Die grüne (olive) Version ist vielleicht das bekannteste Muster.

Haken:	Größe 10–12, Öhr nach unten
Faden:	Oliv
Körper und Schwanz:	Drei Gänse- oder Reiherfibern
Rippung:	Ovales Goldtinsel
Flügelscheiden:	Oliv gefärbte Gänsefibern
Thorax:	Oliv gefärbte Straußenfibern
Kopf:	Oliv

Alle ›Collyer‹ Nymphen werden auf die gleiche Weise gebunden. Nur die Farben variieren. Die Proportionen bleiben unverändert.

1 Führen Sie den Faden zum Hakenbogen wie gewohnt. Binden Sie die gefärbten Fibern der Gänse- oder Reiherfeder ein, wobei die Fiberspitzen über den Hakenbogen hinausragen und den Schwanz bilden. An gleicher Stelle binden Sie das ovale Goldtinsel ein.

2 Führen sie den Faden wieder nach vorn. Winden Sie die Körperfiber nach vorn. Das überschüssige Material darf nicht abgeschnitten werden, da es noch für die Flügelscheiden verwendet wird. Rippen Sie nun den Körper mit dem ovalen Tinsel und binden Sie für den Thorax die Straußenfiber ein.

Collyer's Brown

Haken:	Größe 10–12, Öhr nach unten
Faden:	Braun (Sherry Spinner)
Körper und Schwanz:	Drei Fibern des Fasanenhahnstoßes
Rippung:	Ovales Goldtinsel
Flügelscheiden:	Fibern des Fasanenhahnstoßes
Thorax:	Walnußbraune Straußenfibern
Kopf:	Dunkelbraun

Collyer's Grey

Haken:	Größe 10–12, Öhr nach unten
Faden:	Schwarz
Körper und Schwanz:	Ungefärbte Reiherschwungfedern
Rippung:	Ovales Silbertinsel
Thorax:	Straußenfibern, weiblich (dachsfarben)
Kopf:	Schwarz

3 Winden sie die Straußenfiber und schließen Sie sie ab. Legen Sie die Fibern der Gänsefeder über die Straußenfibern und formen Sie die Flügelscheiden. Schließen Sie wie gewöhnlich ab.

NYMPHEN

4 Drücken Sie nun die Fasanenfibern über den Körper. Wenn Sie sie abgebunden haben, wird das überständige Material abgeschnitten. Zwei Fibern kann man stehenlassen als Imitation der Ruder.

5 Schließen Sie die Fliege wie üblich mit einem sauberen Kopf ab.

Hin und wieder wird eine Weichhechel eingebunden. Diese Technik ist bekannt als eine Möglichkeit, gepanzerte Leiber zu binden.

Corixa
Ruderwanze

Diese Nymphe gehört zu den populärsten in Europa. Die natürliche Ruderwanze ist ein kleines aquatisches Insekt, das sich hauptsächlich von Algen und Pflanzen ernährt. Man kann es häufig beobachten, wie es flink an die Oberfläche schwimmt, um Luft zu schnappen. Während es Luft aufnimmt, bleiben kleine Luftblasen auf ihren Hinterleib haften, die den Körper silber erscheinen lassen, was wiederum die Forellen anzieht.
Am erfolgreichsten fischt man dieses Insekt, wenn man es sehr schnell einzieht.

Haken:	Größe 10–12, Öhr nach unten
Faden:	Braun
Körper:	Weißes Floss
Rippung:	Ovales Silbertinsel
Flügelscheiden:	Fibern des Fasanenhahnstoßes – zwei Fibern nach hinten stehend als Ruder
Barthechel:	(wahlweise) Sechs Fibern des Moorhuhns
Kopf:	Braun

1 Binden Sie am Hakenbogen ein paar Fibern des Fasanenhahnstoßes und das ovale Silbertinsel ein.

2 Führen Sie den Faden nach vorn zum Öhr und binden Sie das Floss ein.

3 Formen Sie einen Körper mit dem weißen Floss. Binden Sie den Körper ab und rippen Sie ihn mit Tinsel.

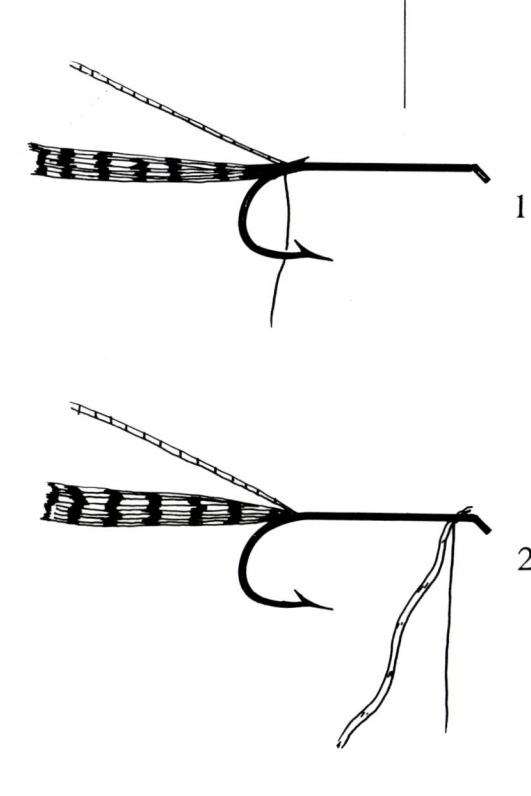

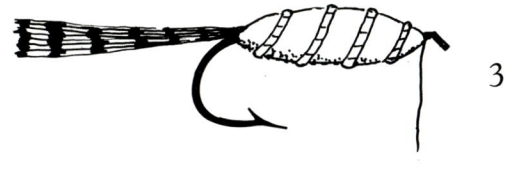

NYMPHEN

Damsel
Jungfer

Eine sehr populäre und erfolgreiche Nymphe nach John Goddard.
Die ›Damsel‹ Nymphe ist leicht zu binden, wenn sie das Endstadium ihrer Entwicklung imitieren soll, wenn die reife Nymphe zur Oberfläche aufsteigt und sich zum Ufer begibt, wo sie aus dem Wasser steigt, trocknet und zum Fluginsekt schlüpfen kann. In diesem Stadium kann das Muster auf einem Haken Gr. 8, langschenklig, gebunden werden. Mit einer Schwimmschnur wird es unmittelbar unter der Wasseroberfläche gefischt.

Haken:	Größe 8–14 langschenklig, Öhr nach unten
Faden:	Grün
Schwanz:	Spitzen von drei oliv gefärbten Hahnenhecheln, die etwa 1 cm über den Hakenbogen hinausragen
Körper:	Mittelolive Seehundwolle, nach vorn hin dicker werdend, ⅔ des Hakenschenkels bedeckend
Rippung:	Golddraht
Thorax:	Dunkle olivbraune Seehundwolle
Flügelscheiden:	Fibern der braunen Erpelschulterfeder
Kopf:	Dunkelgrün

1 Wie üblich wird der Faden bis zum Hakenbogen gewunden. Dort werden der Schwanz, bestehend aus drei Hechelspitzen und der Golddraht eingebunden. Dubben Sie nun den Faden mit oliver Seehundwolle.

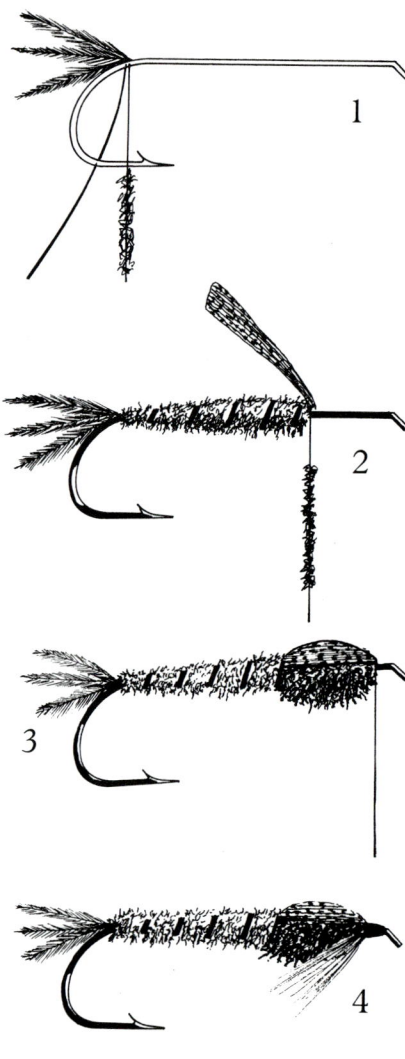

2 Führen Sie nun den Faden nach vorn und formen Sie mit dem Dubbingfaden einen konischen Körper. Es folgt die Rippung mit dem Golddraht. Wenn dieser abgebunden ist, binden Sie das Segment einer braungesprenkelten Erpelfeder ein und dubben den Faden mit dunkeloliver Seehundwolle.

3 Damit formen Sie den Thorax. Zur Formgebung der Flügelscheiden drücken Sie das Federsegment nach vorn und binden es am Öhr ab.

4 Abschließend binden Sie eine kleine olive Hennenhechel ein und schneiden die Fibern auf der Oberseite des Hakens ab.

Dragonfly Larva
Libellenlarve

Bindeweise nach Taff Price.

Haken:	Größe 8–12 langschenklig, Öhr nach unten
Faden:	Schwarz
Schwanz:	Oliv gefärbte Grannen der Gänseschwungfeder
Körper:	Braune und grüne Wolle, vermischt, braun dominierend
Rippung:	Gelbe oder grüne Seide
Hechel:	Braune Rebhuhnfeder
Kopf:	Pfaugras

1 Etwa ⅓ der Schenkellänge vom Öhr entfernt binden Sie die grünbraun gesprenkelte Wolle ein und führen den Faden bis zum Schenkelende. Dort werden für den Schwanz drei Biots der Gänsefeder eingebunden und der grüne oder gelbe Seidenfaden für die Rippung.

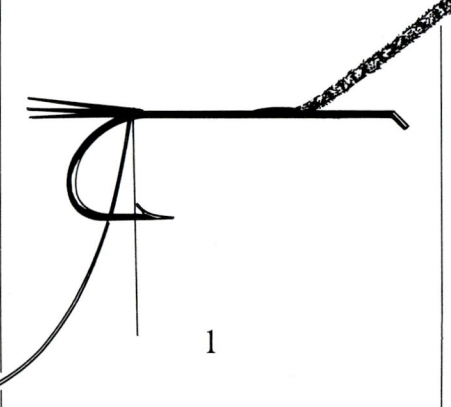

NYMPHEN

Golden Shrimp
Olive Shrimp
Flohkrebs

Haken:	Sedgehaken, Größe 10–12 Öhr nach unten
Faden:	Gelb
Schwanz:	Goldene Hechelfibern
Körper:	Goldene Seehundwolle (oder ähnliches)
Rippung:	Ovales Goldtinsel
Hechel:	Goldgelbe Hahnenhechel
Rückenpanzer:	Gelbes Raffia oder natürliches Latex
Kopf:	Gelb

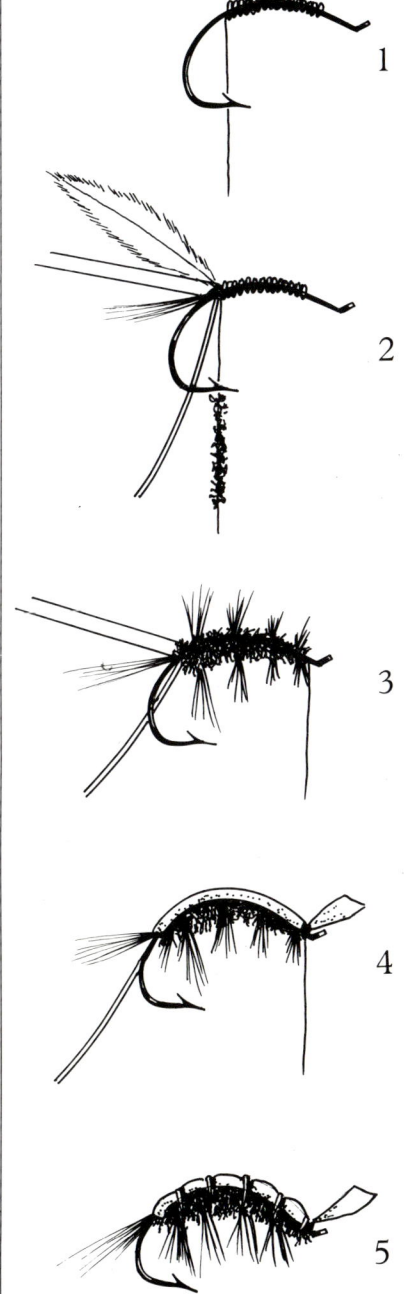

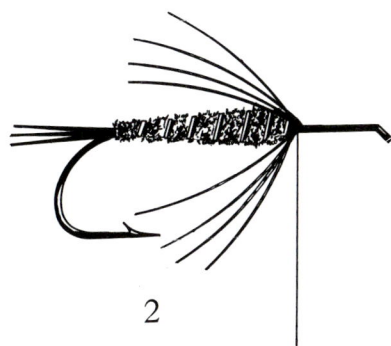

2

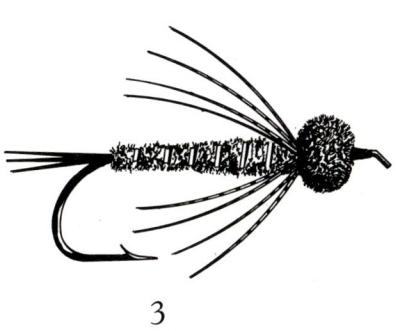

3

2 Führen Sie nun den Faden nach vorn bis zur Wolle und winden Sie die Wolle bis zum Hakenbogen und zurück. Dabei formen Sie den Körper, den Sie anschließend rippen. Alles überstehende Material wird nun abgeschlossen und die braune Rebhuhnhechel eingebunden.

3 Binden Sie drei Pfauenfibern ein und formen Sie einen runden Kopf, indem Sie die Fibern um den Haken winden. Dann wird die Fliege wie üblich abgeschlossen.

1 Faden zum Hakenbogen führen und den Schenkel mit weichem Bleidraht umwickeln.

2 Überdecken Sie die Lage Blei mit dem Faden. Zur Sicherung wird das Ganze mit Lack bestrichen. Wenn dieser angetrocknet ist, werden ein paar goldgelbe Hechelfibern am Schwanz eingebunden. Danach an gleicher Stelle eine goldgelbe Hechelfeder mit dem Kiel zuerst, ein Streifen gelbes Raffia und das ovale goldene Tinsel. Anschließend wird der Faden mit goldgelber Seehundwolle oder ähnlichem gedubbt.

3 Führen Sie den Faden nun nach vorn bis vor das Öhr. Dann winden Sie die Hechelfeder nach vorn.

4 Feuchten Sie das Raffia an und legen Sie es über den Schenkel. Es sollte so breit sein, daß es auch die Seiten etwas überdeckt.

5 Mit dem Tinsel binden Sie nun das Raffia am Schenkel ein. Bitte achten Sie darauf, daß Sie die Hechel nicht verdrücken. Der Abschluß der Fliege erfolgt wie gewöhnlich. Das Raffia (oder Latex) kann über das Öhr hinausragen, um den Schwanz des Flohkrebses zu imitieren.

Für die ›Olive Shrimps‹ verwenden Sie olives statt gelbes Material.

NYMPHEN

Gold-ribbed Hare's Ear
(Amerikanische Version)
Goldgeripptes Hasenohr

Ein äußerst erfolgreiches Muster aus den Vereinigten Staaten, das schon Fische auf der ganzen Welt an den Haken gebracht hat. Es kann in beliebiger Tiefe angeboten werden und wird sowohl auf langschenkligen als auch auf kurzschenkligen Haken gebunden.

Haken: Größe 10–14, Öhr nach unten, kurz- oder langschenklig
Faden: Schwarz oder braun
Schwanz: Hasendubbing (die Körperwolle ist länger und reichlicher vorhanden als das Dubbing des Ohres)
Körper: Wie Schwanz
Rippung: Ovaler Golddraht
Flügelscheiden: Schwarzgefärbte Truthahnschwanzfedern oder Schwungfedern der Gans
Thorax: Die längsten Grannen des Körperhaares des Hasen
Kopf: Schwarz

1 Binden Sie ein Bündel Grannen des Hasenfelles am Hakenbogen ein. Binden Sie den Golddraht ein und dubben Sie den Faden mit Hasenohrflusen.

2 Winden Sie den gedubbten Faden zum Öhr. Rippen sie mit dem Golddraht den Körper und binden Sie für die Flügelscheiden ein Segment einer schwarz gefärbten Truthahnfeder oder einer anderen Feder ein. Formen Sie den Thorax mit dem gedubbten Faden.

3 Führen Sie die schwarze Feder über den Thorax, binden Sie sie ein und schließen Sie sie ab.

4 Die traditionelle englische Version der ›Gold-ribbed Hare's Ear‹.

5 Die ›Gold-ribbed Hare's Ear‹ als Trockenfliege. Im Bereich des Thorax wird das Dubbing sehr locker gebunden oder mit einer Dubbingnadel aufgelockert.

6 Die Verwendung grauer Enten- oder Starenfedern ergibt die geflügelte Version. Sie unterscheidet sich von der amerikanischen Version dadurch, daß sie keinen Thorax besitzt.

Goldgeripptes Hasenohr
(engl. Version)

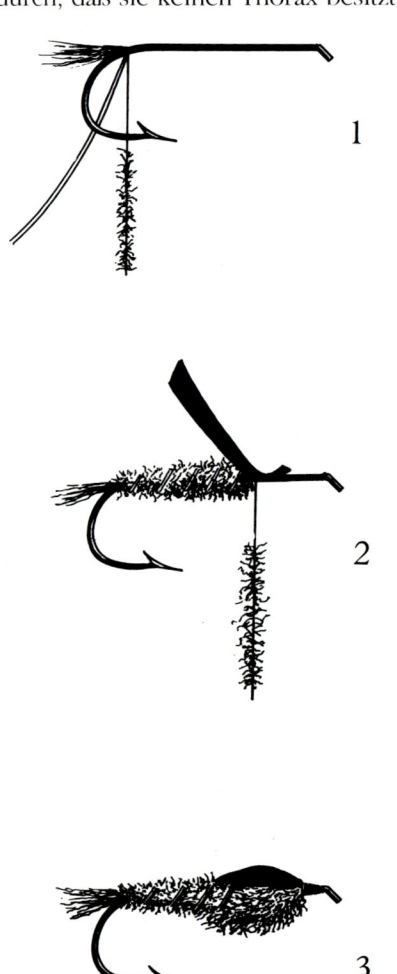

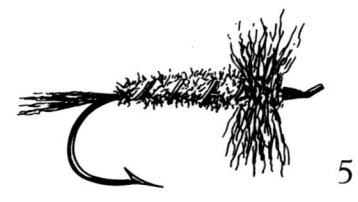

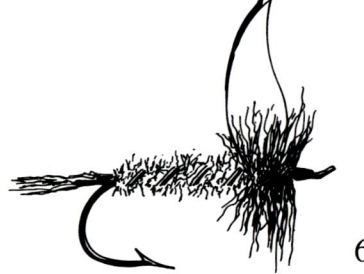

NYMPHEN

Hare Caddis

Haken:	Größe 10 langschenklig, Öhr nach unten
Faden:	Braun
Körper:	Braune Seehundwolle und Grannen der Hasendecke, gemischt
Rippung:	Kupferdraht
Flügelscheiden:	Fibern des Fasanenhahnstoßes
Thorax:	Fasanenfibern
Hechel:	Braune oder mittelrote Hahnenhechel
Kopf:	Braun

Hatching Sedge Pupa
Schlüpfende Sedge-Puppe

Dies ist die Bindeweise von John Goddard.

Haken:	Größe 12, Öhr nach unten
Faden:	Orange
Körper:	Orange Seehundwolle
Rippung:	Silberdraht
Flügel:	Segmente der grauen Erpelschwungfeder
Thorax:	Wie Körper
Antennen:	Zwei braune Erpelfibern
Hechel:	Braunes Rebhuhn

Die olive Version entspricht der obigen, aber die Seehundwolle für den Körper und den Thorax ist oliv gefärbt, und die Hechel besteht aus einer grün gefärbten grauen Rebhuhnfeder.

Hendrickson

Dieses Muster wird auf die gleiche Weise gebunden wie die ›Catskill Hendrickson‹ Seite 19.
Ursprünglich gebunden, um *Ephemerella subvaria*, eine in den USA heimische Eintagsfliege, zu imitieren. Die ›Hendrickson‹ wird in Europa immer populärer.

Haken:	Größe 12–16, Öhr nach unten
Faden:	Oliv
Schwanz:	Flankenfeder der Mandarinente
Körper:	Grau-braunes Dubbing
Rippung:	Braunes Floss
Thorax:	Wie Körper
Beine:	Braunes Rebhuhn
Flügelscheiden:	Dunkelbraune Truthahnfeder

NYMPHEN

Iron Blue Dun
Eisenblaue

Haken: Größe 14–16, Öhr nach unten
Faden: Weinrot
Schwanz: Weiße Fibern der Hahnenhechel
Körper: Maulwurfdubbing
Hechel: Eisenblaue Hennenhechel
Kopf: Weinrot

1 Führen Sie den Faden zum Hakenbogen und binden Sie die Fibern der weißen Hechelfeder ein, die den Schwanz darstellen.

2 Dubben Sie den Faden mit dem Maulwurfsfell und winden Sie ihn nach vorn, um den Körper zu formen.

3 Binden Sie die eisenblaue Hennenhechel ein (nicht zu dicht).

4 Schließen Sie mit dem Kopfknoten und einem Tropfen Lack ab.

Light Cahill

Das ist die Nymphe der berühmten ›Cahill‹ Trockenfliege, wie sie von Dan Cahill aus Port Jervis, New York, erbunden wurde. Es handelt sich um die Imitation einer natürlichen Eintagsfliege *(Stenonema ithaca)*, die häufig in den Flüssen im Osten der USA vorkommt. Die ›Light Cahill‹ ist äußerst fängig in ganz Europa, und zwar sowohl als Nymphe als auch als Trockenfliege. Sie wird gebunden wie die ›Catskill Hendrickson‹ (Seite 19).

Haken: Größe 10–14 langschenklig, Öhr nach unten
Faden: Creme oder hellbraun
Schwanz: Drei bis vier gelbliche Fibern der Mandarinentenfeder
Körper: Hellbraunes Dubbing
Flügelscheiden: Gelbliche Mandarinentenfeder
Thorax: Wie Körper
Hechel: Gelbliche Mandarinentenfeder (geteilt und nach den Seiten ragend)

Mayfly
(Collyer's pattern)
Maifliege nach Collyer

Dies ist ein Muster, das in der Maifliegenzeit an stehenden Gewässern möglicherweise erfolgreicher ist als an Fließwassern. Gelegentlich wird es von den Forellen als Jungfer oder Libellenlarve genommen. Es wird in der gleichen Weise gebunden wie die Libellenlarve (Seite 22).

Haken: Größe 10 langschenklig, Öhr nach unten
Faden: Oliv
Schwanz: Drei Fiberspitzen des männlichen Fasanenstoßes
Körper: Olives und braunes Seehunddubbing, gemischt
Rippung: Golddraht
Flügelscheiden: Fibern des weiblichen Fasanenstoßes
Beine: Graue Rebhuhn-Brustfedern
Kopf: Oliv

Rechts ist eine Variante der ›Mayfly‹ von Richard Walker

NYMPHEN

Montana

Wie der Name schon vermuten läßt, stammt diese Fliege aus Montana, dem Staat mit so hervorragenden Gewässern wie dem Yellowstone, dem Big Hole und dem Missouri. Sie wird in Europa immer populärer.
Die Nymphe wurde ursprünglich gebunden, um die große Nymphe der Black Willow Steinfliege zu imitieren. Es könnte auch sein, daß die Forellen sie für eine große Libellenlarve nehmen. Wer weiß das schon; jedenfalls fängt sie Fische.
Die ›Montana‹ ist leicht zu binden und wird häufig beschwert gefischt.

Haken:	Größe 8–10 langschenklig, Öhr nach unten
Faden:	Schwarz
Schwanz:	Drei schwarze Hechelspitzen
Körper:	Schwarze Chenille
Flügelscheiden:	Schwarze Chenille
Thorax:	Gelbe Chenille
Hechel:	Schwarze Hechel, über den Thorax gewunden
Kopf:	Schwarz

1 Binden Sie am Hakenbogen die drei schwarzen Hechelspitzen und die schwarze Chenille ein.

2 Führen Sie die Chenille nach vorne und formen Sie den Körper. Schneiden Sie den Chenille-Faden nicht ab, dieser wird noch zum Formen der Flügelscheiden benötigt. Jetzt müssen Sie jedoch die schwarze Hechel und auch die gelbe Chenille für den Thorax einbinden.

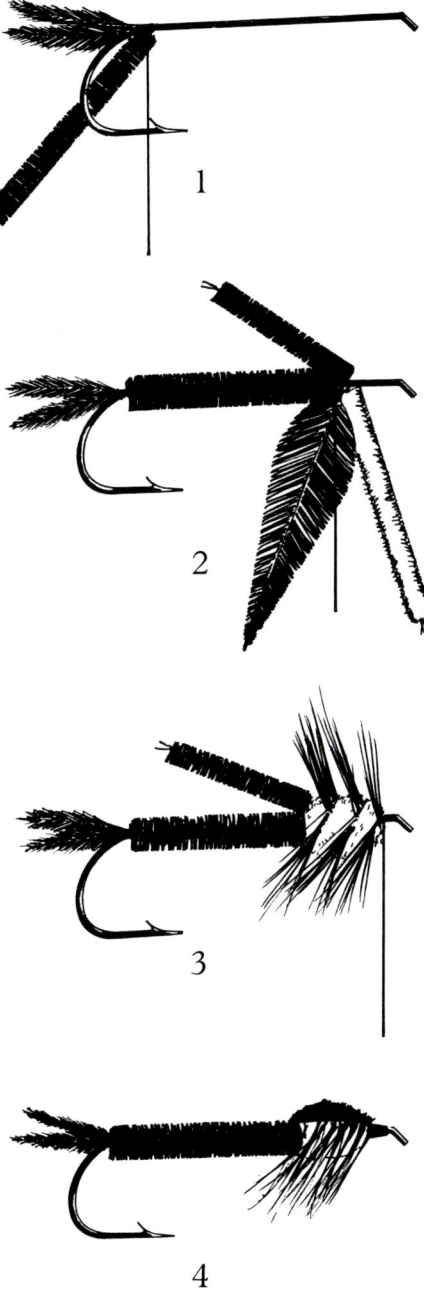

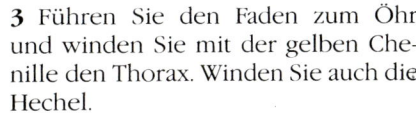

3 Führen Sie den Faden zum Öhr und winden Sie mit der gelben Chenille den Thorax. Winden Sie auch die Hechel.

4 Legen Sie die schwarze Chenille über den gelben Thorax und binden Sie sie ab. Beenden Sie die Fliege wie üblich.

Mosquito Larva
Mückenlarve

Ein sehr populäres Muster aus den Vereinigten Staaten.
Im Allgemeinen nehmen die Forellen in stehenden Gewässern Mücken und ähnliche Insekten, wie es ihnen gefällt. Aber manchmal bringt man es sogar fertig, eine Forelle durch eine so einfache Nymphe zum Steigen zu bringen.

Haken:	Größe 14–16, Öhr nach unten
Faden:	Grau
Schwanz:	Grizzly Hechelfibern
Körper:	Grizzly Hechelfibern, über das Öhr hinaus gebunden
Thorax:	Grizzly Sattelhechel, gestutzt

NYMPHEN

Olive Dun

Ein weiteres Nymphenmuster, das ein großes Spektrum an natürlichen Vorbildern unter den oliven Nymphen abdeckt. Es kann sowohl im stehenden als auch im fließenden Wasser eingesetzt werden. Diese Art von Nymphen ist häufig in großen Stückzahlen in den Fachgeschäften erhältlich und wird immer dann angeboten, wenn irgendeine Olivfarbene verlangt wird.

Haken: Größe 12–14, Öhr nach unten
Faden: Braun
Schwanz: Drei Fibern des Fasanenhahnstoßes
Körper: Olives Seehunddubbing oder eine Mischung aus olivem Kaninchendubbing und hellem Bisamdubbing (vorzugsweise von der Bauchseite)
Rippung: Gold
Flügelscheiden: Graue Gänsefeder oder Starenfeder
Hechel: Eine Windung einer kurzen olivfarbenen Hennenhechel
Kopf: Braun

Otter

Ein bekanntes amerikanisches und kanadisches Muster, das ein weites Spektrum von Nymphen in Bächen und Flüssen abdeckt. In Europa ist Otterpelz schwierig zu bekommen. Ich empfehle daher gegebenenfalls einen Ersatz.
Einige Fliegenbinder bevorzugen einen fülligeren Körper, um eine markante Kontur zu erreichen. Dazu tragen sie sehr viel Dubbingmaterial auf und lockern die Flusen mit einer Dubbingnadel.
Die ›Otter‹ wird auf die gleiche Weise gebunden wie die ›Catskill Hendrickson‹ (Seite 19).

Haken: Größe 10–16, Öhr nach unten
Faden: Schwarz
Schwanz: Fibern der grauen Erpelrupffeder
Körper: Otterdubbing
Flügelscheiden: Wie Schwanz
Thorax: Fibern der grauen Erpelrupffeder – geteilt
Kopf: Schwarz

Pheasant Tail
Fasanenstoßnymphe

Über dieses Nymphenmuster kann man allein ein Buch füllen. Es gibt so viele Varianten, von denen jede eine eigene Modifizierung darstellt, daß ich mir größte Mühe geben muß, um die Herkunft der verschiedenen Muster abzuklären.
Frank Sawyer band die erste Fasanenstoßnymphe etwa vor 30 Jahren an einem kurzschenkligen Haken, die er mit größtem Erfolg beim Nymphenfischen stromauf verwendete.
Jahre später band Arthur Cove dieses Muster ebenfalls auf einen kurzschenkligen Haken und bestückte die Nymphe im Bereich des Hakenbogens in der gleichen Weise, wie man das bei den ›Buzzer‹-Nymphen tut. Er segmentierte den Körper mit Kupferdraht bis zum Thorax, der aus Hasendubbing bestand, und band die Flügelscheiden mit Fasanenstoßfibern. Arthur Cove band diese Nymphe, um die großen braunen Mücken zu imitieren, die es am Reservoir bei Grafham häufig gibt.
Von da an wurde die Fasanenstoßnymphe mit allen möglichen Materialien gebunden, z. B. mit allen Farben von Seehundwolle oder mit Chenille. Es hat plötzlich ausgewachsene Schwanzfibern bekommen, Beine, ein fülliges Hechelrad, wechselte von einer Kupferrippung über zu einer Gold- oder Silberrippung, wurde an langschenkligen Haken und schließlich beschwert gebunden. Ich habe hier beide Varianten, die von Sawyer und Cove, angeführt.

Sawyer
Haken: Größe 10–16, kurzschenklig, Öhr nach unten
Faden: Braun
Schwanz: Fiberspitzen des Fasanenhahnstoßes, die auch für den Körper benutzt werden
Körper: Fibern des Fasanenhahnstoßes
Rippung: Kupferdraht
Flügelscheiden: Wie Körper
Kopf: Braun

NYMPHEN

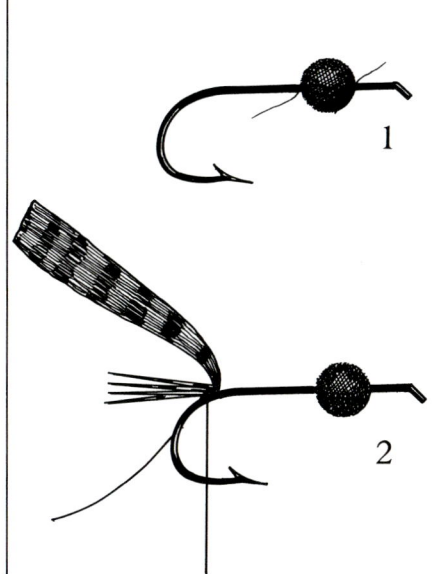

Diese Methode weicht geringfügig von Frank Sawyers Methode ab. Es ist die Technik, die ich benutze (Frank Sawyer verwendete Kupferdraht als Bindeseide).

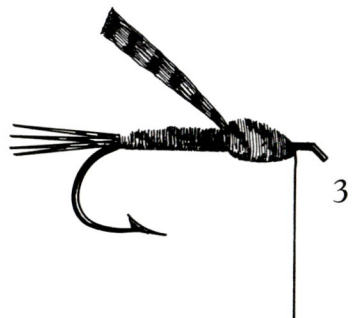

1 Mit dünnem Kupferdraht formen Sie auf dem Hakenschenkel, wo der Thorax eingebunden werden soll, einen Ball.

2 Führen Sie den Faden bis zum Hakenbogen und binden Sie ein paar Fiberspitzen des Fasanenhahnstoßes ein. Dabei lassen Sie die Spitzen nach hinten hinausragen als Imitation des Schwanzes. Der Rest der Fibern wird verwendet für den Körper. Binden Sie auch das Rippungsmaterial ein.

3 Verzwirnen Sie den Kupferdraht und die Fasanenfibern und winden Sie beide nach vorn bis zu dem Ball aus Kupferdraht. Binden Sie nun weiter Fibern des Fasanenstoßes ein. Mit den verzwirnten Fäden wickeln Sie nun über den Ball aus Kupferdraht hinweg. Vor dem Öhr binden Sie den verzwirnten Faden ab.

4 Die extra eingebundenen Fasanenfibern legen Sie nun über den Thorax und schließen die Fliege ab.

NYMPHEN

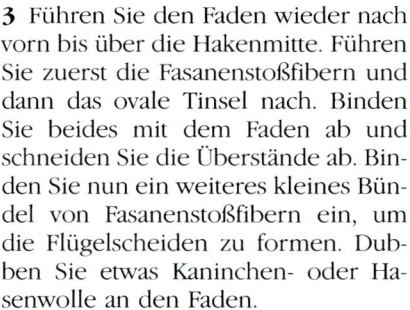

Cove

Haken:	Größe 8–14 kurzschenklig, Öhr nach unten
Faden:	Braun
Körper:	Fibern des Fasanenhahnstoßes
Rippung:	Kupferdraht, Silber- oder Golddraht
Thorax:	Kaninchenunterwolle, vermischt mit ein paar Grannen
Flügelscheiden:	Fibern des Fasanenstoßes

1 Binden Sie ein kleines Bündel von Fasanenstoßfibern und das ovale Goldtinsel etwa in Schenkelmitte ein.

2 Führen Sie den Faden zum Hakenbogen, wobei Sie die Fibern und das Rippungsmaterial überwickeln.

3 Führen Sie den Faden wieder nach vorn bis über die Hakenmitte. Führen Sie zuerst die Fasanenstoßfibern und dann das ovale Tinsel nach. Binden Sie beides mit dem Faden ab und schneiden Sie die Überstände ab. Binden Sie nun ein weiteres kleines Bündel von Fasanenstoßfibern ein, um die Flügelscheiden zu formen. Dubben Sie etwas Kaninchen- oder Hasenwolle an den Faden.

4 Führen Sie den Faden mit dem Dubbing nach vorn, während Sie den Thorax formen. Legen Sie dann die Fasanenstoßfibern nach vorn und schließen Sie sie mit einem Knoten ab.

5 Es gibt unzählige Variationen dieser Nymphe. Abb. 5 zeigt eine langschenklige Version mit einem Schwanz. Der Thorax kann aus beliebigem Dubbingmaterial und diversen Farben bestehen.

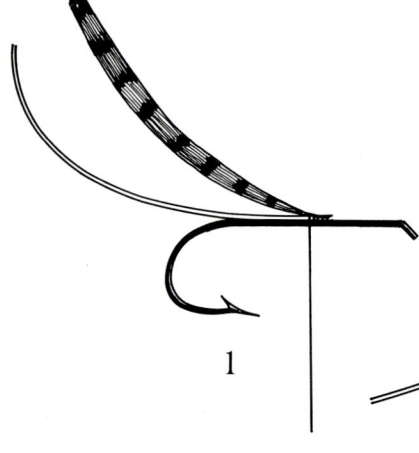

1

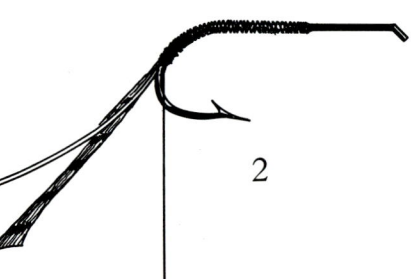

2

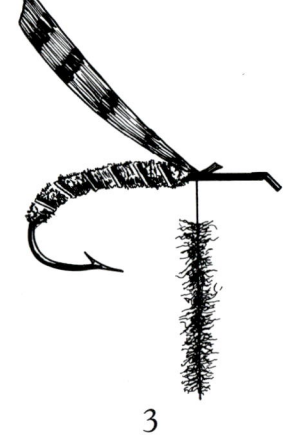

3

4

5

NYMPHEN

Sedge Pupa
Sedge Puppe

Dies ist eines von John Goddards bekanntesten Mustern, das er bereits 1950 erbunden hatte. Es imitiert das Puppenstadium der Sedge, die in großen Mengen in den Mägen der Forellen in Blagdon und Chew gefunden wurden.
Es ist vom Hochsommer an am erfolgreichsten und wird in den folgenden Grundfarben gebunden: orange, grün, braun und creme.

Haken:	Größe 10–12, Öhr nach unten
Faden:	Braun
Körper:	Oranges, grünes, braunes oder cremefarbenes Seehunddubbing (Farbe nach Belieben); ein feiner Faden fluoreszierendes Floss kann in großen Windungen über das orange oder grüne Dubbing gewunden werden
Rippung:	Silbertinsel, dicht gewunden
Thorax:	Dunkelbraune Kondorfibern oder gefärbte Truthahnfibern (hellbraun mit braunem Zentrum)

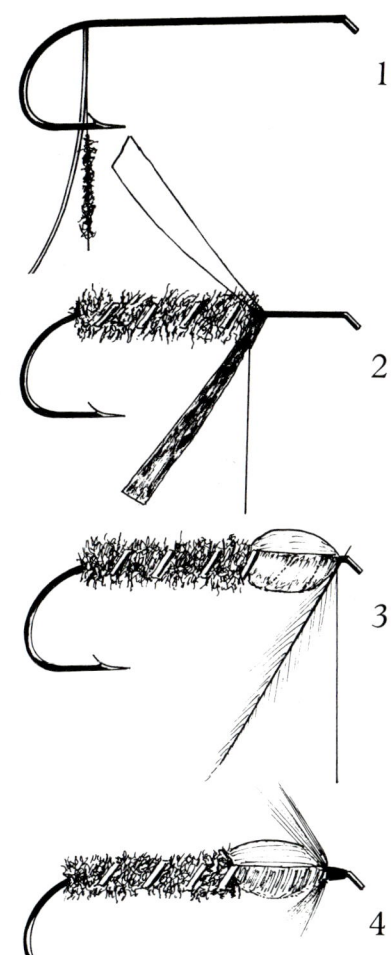

1 Binden Sie am Hakenbogen das feine Silbertinsel ein. Dubben Sie die Seehundwolle in der gewünschten Farbe an den Faden.

2 Winden Sie den gedubbten Faden über eine Länge von 2/3 des Schenkels nach vorn. Führen Sie den Rippungsfaden nach vorn. Nun binden Sie Kondor- oder Gänsefibern für die Flügelscheiden und eine große Fiber des Kondors für den Thorax ein.

3 Winden Sie die Kondorfibern und formen Sie dabei den Thorax. Die feineren Fibern ziehen Sie nach vorn über den Thorax. Wenn diese abgebunden sind, binden Sie eine honigfarbene Hennenhechel vor dem Öhr ein.

4 Winden Sie die Hechel und schließen Sie die Fliege ab.

Slate-wing Olive
Olive mit schieferfarbenen Flügeln

Dieses Muster stellt die Nymphe der *Ephemerella fluvilinea* dar, eine weitere amerikanische Eintagsfliegenart, die in großen Mengen an zahlreichen Flüssen Montanas, etwa dem Snake oder dem Yellowstone, schlüpft. Man findet sie überwiegend an den schnelleren Fließstrecken. Dieses Muster wird wie die ›Catskill Hendrickson‹ gebunden (Seite 19).

Haken:	Größe 12–14, Öhr nach unten
Faden:	Oliv
Schwanz:	Drei Kielfederfibern der Kanadischen Gans
Körper:	Graubraunes Dubbing
Rippung:	Graue Seide oder Floss
Flügelscheiden:	Kielfedersegment der Kanadischen Gans
Thorax:	Wie Körper
Hechel:	Medium-dun Hennenhechel
Kopf:	Oliv

NYMPHEN

Stick Fly
Stabfliege

Dieses Muster gibt es in vielen Variationen. Wahrscheinlich imitiert es die Köcherfliege in ihrem Gehäuse. Es kann sehr erfolgreich gefischt werden.

Haken:	Größe 8–10, Öhr nach unten
Faden:	Braun (oder schwarz)
Schwanz:	Zwei bis drei Goldfasan Tippet Fibern
Körper:	Eine dünne Wicklung mit Pfaugras
Hechel:	Wenige Wicklungen einer roten Hahnenhechel
Kopf:	Braun (oder schwarz)

1 Binden Sie ein paar Fibern der Goldfasan Tippets am Hakenbogen ein. Danach binden Sie drei bis vier Pfauenfibern ein.

2 Führen Sie den Faden nach vorn, gehen Sie anschließend mit den Pfauenfibern nach vorn, wobei Sie einen dünnen Körper formen. Den Überschuß schneiden Sie ab. Binden Sie nun eine kurze, steife Hechel ein (rotbraun ist üblich, aber nicht zwingend).

3 Winden Sie die Hechel und schließen Sie die Fliege ab.

4 Eine Variante der ›Stick Fly‹ besitzt keinen Schwanz und hat einen Thorax aus fluoreszierender Seide (häufig fluoreszierend grün). Wunschweise kann mit Silberdraht gerippt werden.

Stonefly Creeper
Kriechende Steinfliege

In Amerika gibt es zahlreiche Steinfliegenarten mit unzähligen Farbvariationen. Nach neuesten Schätzungen bewegt sich die Zahl zwischen 400 und 500. Sie sind räuberisch und bevorzugen fließendes Wasser. Die durchschnittliche Lebensdauer beträgt zwölf Monate, und es ist interessant festzustellen, daß große Konzentrationen von Steinfliegenlarven Maifliegenlarven in den Flüssen verfolgen und vernichten. Sie können im Westen der USA bis zu sieben Zentimeter groß werden. Die großen Schlüpfe finden im Frühjahr und im frühen Sommer statt. Der ›Stonefly Creeper‹ ist möglicherweise eines der populären Steinfliegenmuster.

Haken:	Größe 8–12 langschenklig, Öhr nach unten
Faden:	Gelb
Schwanz:	Dunkle Fibern des Fasanenhahnstoßes
Flügelscheiden:	Quergestreifte Mandarinentenflankenfedern
Körper:	(Abdomen) Abgestreifter ginger Hechelkiel
Thorax:	Bernsteinfarbene afrikanische Ziege oder ähnliches
Beine:	Braune Rebhuhnhecheln
Kopf:	Gelb

1 Binden Sie zwei Fasanenfibern, ein Segment der Mandarinentenflankenfeder (oder ähnliches) und den abgestreiften Kiel am Hakenbogen ein.

2 Führen Sie zuerst den Faden bis zur Schenkelmitte, dann den Hechelkiel, um den Abdomen der Fliege zu formen. Dubben Sie den Faden mit bernsteinfarbener Wolle.

3 Formen Sie den Thorax mit dem Dubbing und winden Sie die Rebhuhnhechel wie einen Hechelkranz.

4 Legen Sie die Mandarinentenfedern längs über den Hakenschenkel nach vorne und binden Sie sie ab. Dadurch wird der Hechelkranz geteilt. Beenden Sie die Fliege mit einem sauberen Kopf.

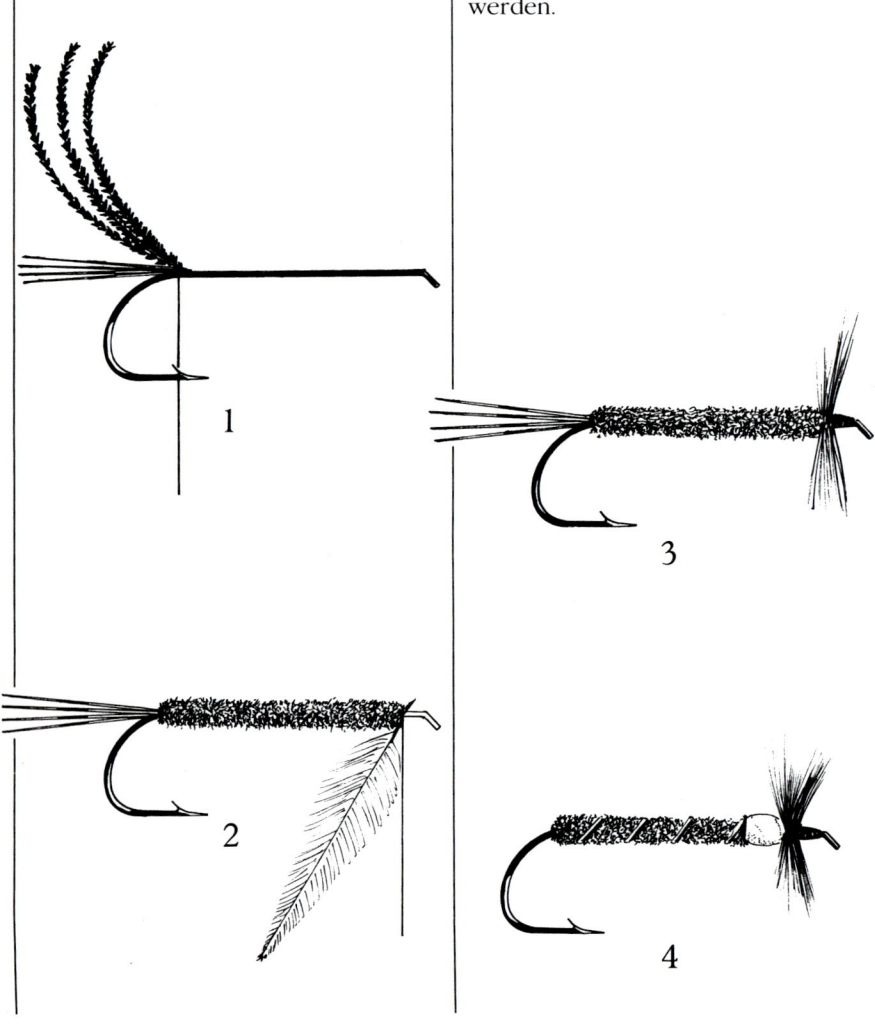

NYMPHEN

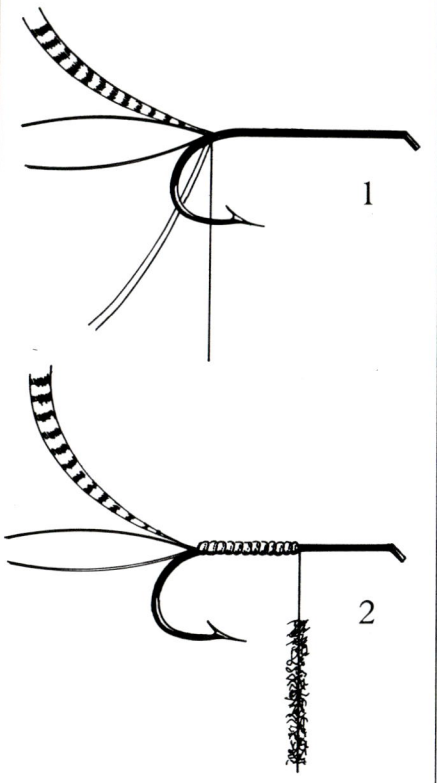

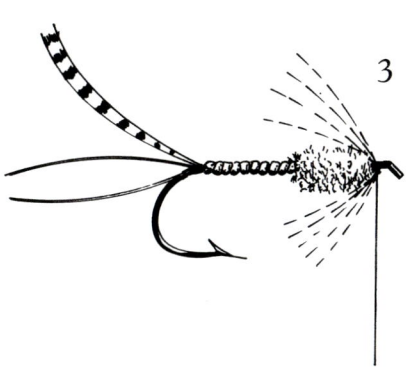

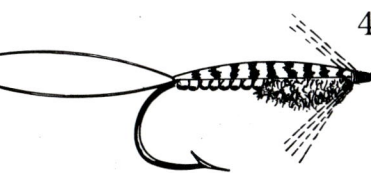

Taddy
Tadpole/Kaulquappe

Das hier vorgestellte Muster ist sehr leicht zu binden und hat einen hohen Imitationswert. Die ›Taddy‹ wird am erfolgreichsten im Frühjahr angeboten. Einige Fischer empfehlen, die ›Taddy‹ an einem langen Vorfach und einer langsam oder schnell sinkenden Schnur zu fischen. Andere wiederum, fischen sie als Springer zusammen mit einem kleinen Streamer (beispielsweise dem ›Walker's Killer‹).

Haken: Größe 10–4, Öhr nach unten
Faden: Schwarz
Schwanz: Gefärbtes schwarzes Eichhörnchen
Körper: Bindefaden
Kopf: Schwarz

1 Binden Sie am Hakenbogen ein Bündel schwarzer Eichhörnchenhaare ein.

2 Formen Sie einen runden Körper mit dem Bindefaden. Schließen Sie die Fliege wie gewohnt ab.

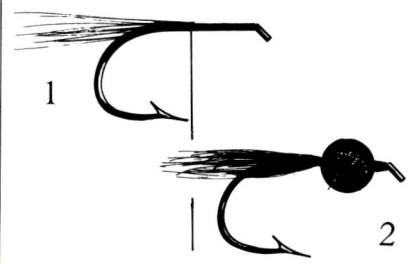

NYMPHEN

Ted's Stonefly

Diese Nymphe wurde von Ted Trueblood erbunden und wird in der gleichen Weise hergestellt wie die ›Montana‹-Nymphe. Die Angaben unten beziehen sich auf die Anleitungen für die ›Montana‹ auf Seite 27.

Haken:	Größe 8–12 langschenklig, Öhr nach unten
Faden:	Schwarz
Schwanz:	Zwei rot/braune Fibern der Gänsefeder
Körper:	Braune Chenille
Flügelscheiden:	Braune Chenille
Thorax:	Orange Chenille
Hechel:	Eine schwarze Hechel im Palmerstil über dem Thorax
Kopf:	Schwarz

1 Binden Sie am Hakenbogen zwei rotbraune Fibern der Gänsefeder ein. An gleicher Stelle binden Sie die braune Chenille ein.

2 Winden Sie die braune Chenille bis zum Thorax und formen Sie den Körper. Schneiden Sie den Überschuß nicht ab, denn dieser wird für die Flügelscheiden benötigt. Binden Sie vor dem Körper eine schwarze Hechel und die orange Chenille ein.

3 Führen Sie den schwarzen Faden bis zum Öhr und winden Sie die orange Chenille nach vorn.

4 Winden Sie die braune Chenille über den orangenen Thorax, schließen Sie die Fliege ab.

Tellico

Dieses Muster stammt aus dem Süden der USA und ist in den letzten Jahren in England und einigen Ländern Europas sehr populär geworden. Die ›Tellico‹ wird gewöhnlich beschwert gefischt.

Haken:	Größe 8–14 langschenklig, Öhr nach unten
Faden:	Schwarz
Schwanz:	Gesprenkelte Perlhuhnfibern
Flügelscheiden:	Fibern des Fasanenhahnstoßes
Körper:	Gelbes Floss oder gelbe Wolle
Rippung:	Pfauenfiber
Hechel:	Ginger oder honigfarben
Kopf:	Schwarz

1 Für den Schwanz binden Sie einige Fibern der schwarzen und weißen Perlhuhnrupfhechel zusammen mit einer Pfauenfiber und wenigen Fibern des Fasanenhahnstoßes für den Rücken ein.

2 Führen Sie den Faden nach vorn und binden Sie gelbes Floss oder Wolle ein.

3 Formen Sie den Körper, indem Sie das Floss nach vorne winden und wieder zurück. Schneiden Sie den Überschuß ab. Rippen Sie den Körper mit der Pfauenfiber, dann legen Sie die Fasanenfibern über den Rücken, binden sie ab und schneiden den Überschuß ab.

4 Formen Sie ein Hechelrad mit der ginger- oder honigfarbenen Hechel, das leicht nach hinten steht. Schließen Sie die Fliege wie gewöhnlich ab.

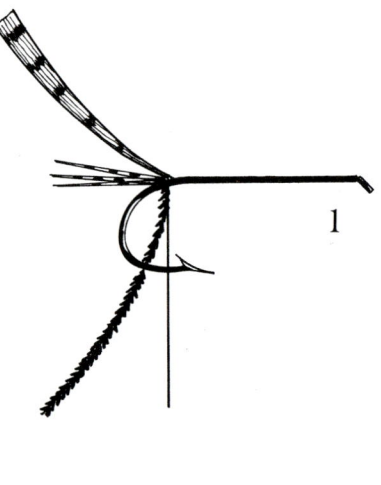

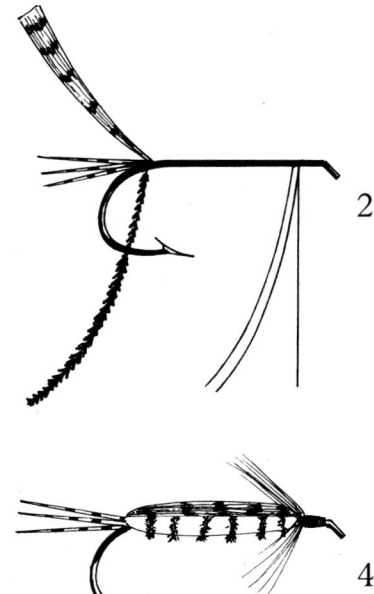

NYMPHEN

Walker's Longhorn Sedge Pupa
Sedgepuppe mit langen Fühlern

Gelegentlich falsch dargestellt. Die Sedgepuppe als Muster imitiert ein schlüpfendes erwachsenes Insekt, wogegen die wirkliche Puppe unbeweglich ist. Das Muster kann in verschiedenen Farbvariationen gebunden werden, beispielsweise grün oder bernsteinfarben.

Haken:	Größe 10–14, Öhr nach unten
Faden:	Braun oder oliv
Körper:	Die hinteren ⅔ grüne oder bernsteinfarbene Straußenfibern, verzwirnt und üppig aufgetragen und mit feinem Goldfaden gerippt; das vordere Drittel sepiabraune Straußenfibern
Hechel:	Braunes Rebhuhn
Fühler:	Zwei Fibern einer langen Stoßfeder eines Fasanenhahns, doppelt so lang wie der Haken
Kopf:	Braun

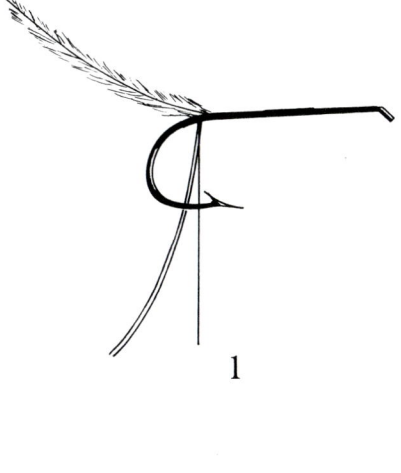

1

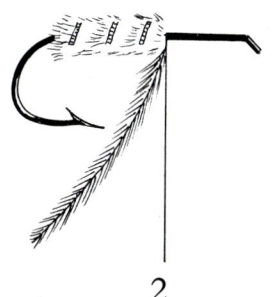

2

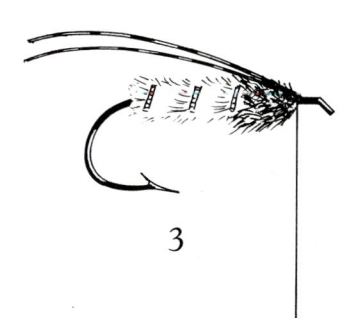

3

4

1 Binden Sie am Hakenbogen ein oder zwei Straußenfibern (bernstein oder grün) und das ovale Goldtinsel ein.

2 Führen Sie den Faden ⅔ des Hakenschenkels nach vorn und winden Sie über die gleiche Länge die Straußenfiber und den Rippungsfaden. Binden Sie beides ab und binden Sie ein oder zwei Fibern der sepiabraunen Straußenfiber ein, die Sie nach hinten wegstehen lassen.

3 Führen Sie den Faden zum Öhr und winden Sie die Straußenfiber, um den Thorax zu formen. Schließen Sie ab und schneiden Sie den Überschuß ab. Binden Sie nun zwei Fibern der Fasanenhahnstoßfeder ein für die Fühler.

4 Binden Sie eine braune Rebhuhnhechel ein und formen Sie ein leicht nach hinten stehendes Hechelrad. Schließen Sie mit einem sauberen Kopf ab.

NYMPHEN

Wonder Nymphe
Wundernymphe

Ein amerikanisches Muster, das in Europa normalerweise bleibeschwert gebunden wird. Es wird in Bodennäher geführt und wird mitunter sehr heftig genommen.

Haken:	Größe 6–12 langschenklig, Ohr nach unten
Faden:	Schwarz
Schwanz:	Schwarze Stachelschweinborsten, ersatzweise Mähnenhaar des Elches (Moose Mane)
Körper:	Bisam Dubbing
Rippung:	Blue dun und mittelbraune Hechel, zuammen gewunden und bis auf ca. 3 mm beschnitten
Kopf:	Schwarze Straußenfiber

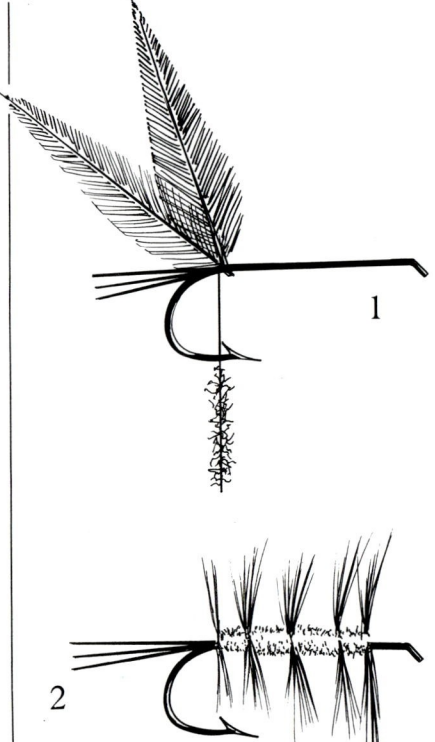

1 Führen Sie den Faden zum Hakenbogen und binden Sie drei Stachelschweinborsten oder drei Haare der Elchmähne für den Schwanz ein. An gleicher Stelle binden Sie die beiden Hechelfedern ein. Dubben Sie den Faden mit Bisamflusen.

2 Führen Sie zuerst den gedubbten Faden nach vorn, dann die beiden Hecheln. Binden Sie die Hecheln ab.

3 Beschneiden Sie die Hecheln und binden Sie die Straußenfiber ein und vervollständigen Sie die Fliege wie gewohnt.

NYMPHEN

Zug Bug

Eine populäre amerikanische Nymphe, die auch unter den Namen Davis Special und Kemps' Bug (Bug = Wanze) bekannt ist. Sie hat sich in den letzten Jahren auch in England durchgesetzt.

Haken: Größe 10–14, Öhr nach unten
Faden: Schwarz
Körper: Bronzenes Pfaugras
Rippung: Silbertinsel
Flügelscheiden: Gelbe, gebänderte Brautentenfeder, vorn eingebunden und 1/3 des Körpers überdeckend (ersatzweise gelb gefärbte Erpelfedern)
Hechel: Zwei Windungen mit einer furnace Hechel, als Bart eingebunden (alternativ: braune Hennenhechel)
Kopf: Schwarz

1 Am Hakenbogen binden Sie drei oder vier Spitzen einer Pfau Schwertfeder ein. An gleicher Stelle binden Sie das Pfaugras und das Tinsel ein.

2 Winden Sie zuerst das Pfaugras nach vorn, dann den Rippungsfaden.

3 Binden Sie nun die Brautentenfibern oder ein ähnliches Material auf dem Haken und die Fibern für den Bart auf der Unterseite des Hakens ein. Manche Binder winden die Hechel und drücken sie dann nach unten. Schließen Sie die Fliege ab.

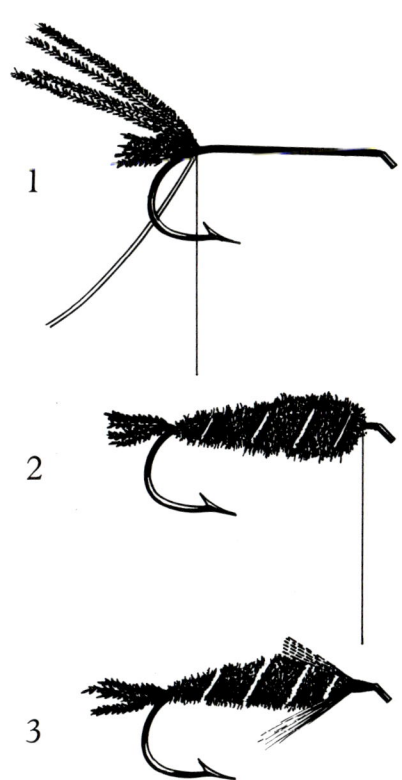

TROCKENFLIEGEN

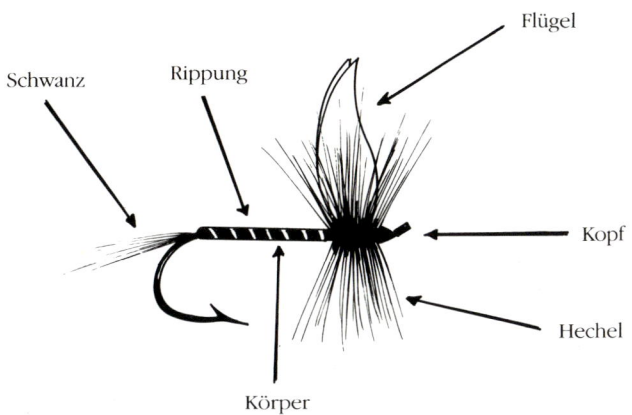

Grundsätzlich imitiert die Trockenfliege eine Fliege, die auf der Oberfläche des Wassers schwimmt. Es kann sich um ein terrestrisches Insekt handeln, wie etwa die gewöhnliche ›Schwarze Ameise‹ oder einen Käfer, den es auf die Wasseroberfläche getragen hat. Es kann aber auch ein soeben geschlüpftes erwachsenes Insekt darstellen, das auf der Wasseroberfläche aufsitzt und wartet, bis seine Flügel getrocknet sind. Es kann weiterhin eine abgestorbene Fliege darstellen, die soeben ihre Eier abgelegt hat und nun auf der Wasseroberfläche treibend stirbt. Fliegen sitzen sehr graziös auf der Wasseroberfläche auf, und es ist eine große Aufgabe für den Fliegenbinder, das Imitat entsprechend zu binden.

Die Kunst des Trockenfliegenfischens besteht grundsätzlich darin, die Fliege so graziös auf dem Oberflächenfilm aufsitzen zu lassen wie das natürliche Vorbild. Sie muß in aufrechter Position dem ahnungslosen Fisch zutreiben. Eine gut gebundene Trockenfliege hat alle Eigenschaften, um gut und auf realistische Weise zu schwimmen. In diesem Punkt spielt die Wahl des Materials eine entscheidende Rolle. Die Hechel von einem Hahn sollte überragende Schwimmqualitäten aufweisen; sie soll steif genug sein, um der Fliege eine aufrechte Schwimmposition auf dem Oberflächenfilm zu gewähren. Der Haken soll leicht und mit einem nach oben gerichteten Öhr sein und wohlproportioniert gebunden werden, damit ein richtiges Aufsitzen auf dem Wasser gewährleistet ist.

In den meisten Fällen ist größte Deckung erforderlich, wenn man sich steigenden Fischen nähert. Manchmal genügt es auch, in die Knie zu gehen oder sich auf den Knien in die richtige Wurfposition zu bringen. Man sollte aber immer bedenken, die Rute so zu bewegen, daß sie vom Fisch nicht gegen den Himmel gesehen werden kann, da sie durch die Lichtreflexe dem Fisch vergrößert erscheint. Ist die richtige Position erreicht, legen Sie Ihre Fliege ein paar Meter oberhalb des steigenden Fisches ab und lassen sie abwärts in den Sichtbereich der Forelle treiben, ohne dabei irgendwelche störenden Bewegungen auf der Wasseroberfläche zu verursachen. Wenn die Forelle Ihre Fliege genommen hat, Sie aber den Anhieb verpassen, lassen Sie am besten die Fliege weiter stromabwärts treiben, bevor Sie die Leine wieder aufnehmen, einen Leerwurf machen und sie erneut stromauf ablegen.

TROCKENFLIEGEN

Adams

Ein amerikanisches Muster, das sehr erfolgreich um den Mai eingesetzt werden kann, wenn die ›Medium Olive‹ in großer Anzahl schlüpft. Die ›Adams‹ wird in der gleichen Weise gebunden wie die ›Light Hendrickson‹ (Seite 53).

Haken: Größe 14–16, Öhr nach unten
Faden: Schwarz
Schwanz: Grizzly Hechel
Körper: Graues Dubbing
Flügel: Grizzly Hechelspitzen
Hechel: Grizzly und braun gemischt
Kopf: Schwarz

Aurlandsfluen
Aurland Fliege

Das ist ein skandinavisches Muster für Meerforellen, genannt nach dem Aurland Fluß, einem schnellfließenden Gewässer, das in den Sognefjord in Norwegen fließt.

Haken: Größe 10, Öhr nach oben
Faden: Zitronengelb
Schwanz: 20 bis 30 lange und steife hellbraune Hechelfibern
Körper: Zitronengelbe Seide oder Wolle
Hechel: Drei lange und steife hellbraune Sattelhecheln, über die Hälfte des Hakenschenkels gebunden
Kopf: Zitronengelb, mit klarem Lack betupft

Badger Hackle
Dachs Hechel

Haken: Größe 12, Öhr nach oben
Faden: Schwarz
Schwanz: Schwarze Hahnenhechelfibern
Körper: Schwarzes Floss
Rippung: Silberdraht
Hechel: Ausgeprägte Dachshechel mit einem schwarzen Zentrum
Kopf: Schwarz

Beacon Beige

Das zunächst ›Beige‹ genannte Muster wurde zuerst im Jahre 1917 gebunden (Wills in Dulverton). Die ursprüngliche Bindeweise wurde in den späten 40er Jahren von Peter Deane etwas geändert. Dessen Fenster waren dem Leuchtturm von Culmstock im Culm Tal zugewandt. Seitdem wurde dieses Muster unter dem Namen ›Leuchtturm Beige‹ bekannt. Eine sehr populäre Fliege in Devon.

TROCKENFLIEGEN

Haken:	Größe 14–16, Öhr nach oben
Faden:	Hellbraun
Schwanz:	Vier starke Fibern der Plymouth Rock Hahnenhechel
Körper:	Abgestreiftes Pfaugras
Hechel:	Dunkelrotbraun und grizzly
Kopf:	Braun

1 Führen Sie den hellbraunen Faden bis zum Hakenbogen und binden Sie die vier Fibern des Plymouth Rock Hahnes als Schwanz ein. Binden Sie sie so ein, daß sie geringfügig nach unten zeigen. Danach binden Sie das abgestreifte Pfaugras mit der Spitze ein.

2 Führen Sie den Faden nach vorn und lackieren Sie die gesamte Wicklung auf dem Hakenschenkel.

3 Winden Sie den abgestreiften Pfauenkiel nach vorn, solange der Lack noch nicht abgetrocknet ist. Nun binden Sie die dunkelrote und gut durchgezeichnete grizzly Hechel ein und winden einen Hechelkranz.

4 Schließen Sie die Fliege wie gewöhnlich ab.

Bi-Visible
Zweifach Sichtbare

Von dieser Fliege gibt es viele Varianten: badger, braun, blue dun, schwarz, furnace, ginger, grizzle, oliv und pink. Mit Ausnahme der pinkfarbenen Version werden diese Fliegen häufig mit Körpern aus gehämmertem Tinsel gebunden. Die Erfindung dieses Musters wird Edward Hewitt zugeschrieben. Das schwarze Muster ist hier beschrieben.

Haken:	Größe 10–16, Öhr nach oben
Faden:	Schwarz
Schwanz:	Schwarze Hechelfibern oder Hechelspitzen
Hechel:	Schwarze Hecheln, im Palmerstil nach vorn gewunden, davor zwei bis drei Windungen mit einer weißen Hechel
Kopf:	Schwarz

TROCKENFLIEGEN

Black Ant
Schwarze Ameise

Das ist ein einfaches und effektives Ameisenmuster. Während der heißen Tage im Spätsommer kommt es zu einem großen Aufkommen von Ameisen, die, wenn sie vom Wind ergriffen werden, häufig auf der Wasseroberfläche landen, um dort von den Forellen genommen zu werden.

Haken:	Größe 14–16, Öhr nach oben
Faden:	Schwarz
Körper:	Schwarze Seide (in Form eines Ameisenkörpers gebunden)
Flügel:	Graue Hechelspitzen
Hechel:	Schwarzer Hahn
Kopf:	Schwarz

1 Führen Sie den Faden nach hinten und formen Sie den Hinterleib.

2 Formen Sie den Thorax in der gleichen Weise, lassen Sie aber zwischen beiden eine geringe Vertiefung.

3 Winden Sie nun die schwarze Hahnenhechel.

4 Alternativ können Sie auch die Hechel zwischen Abdomen und Thorax winden.

5 Eine geflügelte Version wird mit zwei Hechelspitzen gebunden, die Sie einbinden, bevor die Hechel gewunden wird.

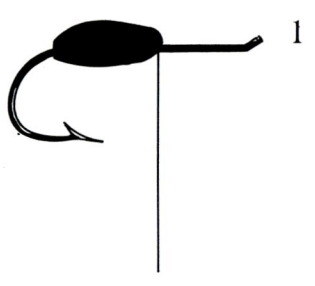

Black Gnat
Schwarze Mücke

Die ›Black Gnat‹ ist eine häufig verwendete Fliege. Die Region ihrer Herkunft könnte das Usk Tal sein, wo diese Mücken wie in »Wolken« auftreten. Während der Paarung fallen Sie sehr häufig auf das Wasser, wo sie hilflos sind und von den Forellen genommen werden. Ich habe aus diesem Grunde auch eine Anleitung für ein sich paarendes Mückenpaar angeführt.

Haken:	Größe 16, Ohr nach oben
Faden:	Schwarz
Körper:	Lagen mit schwarzer Seide oder schwarz gefärbtem Schwanenfedersegment, Gans oder Straußenfibern
Rippung:	(wahlweise) Silberdraht
Flügel:	Graue Wildente
Hechel:	Schwarze Hahnenhechel
Kopf:	Schwarz

1 Gemäß Zeichnung binden Sie die beiden Segmente der grauen Wildentenfeder aufrecht ein. Führen Sie den Faden zum Hakenbogen. Dort binden Sie den Silberdraht ein.

2 Formen Sie den Körper mit dem Faden (für größere Fliegen können Sie auch Floss verwenden). Dann winden Sie den Rippungsfaden nach vorn.

3 Binden Sie hinter den Flügeln eine schwarze Hechel ein und winden Sie sie um den Hakenschenkel. Schließen Sie die Fliege mit einem Whip Finish und einem Tropfen Lack ab.

TROCKENFLIEGEN

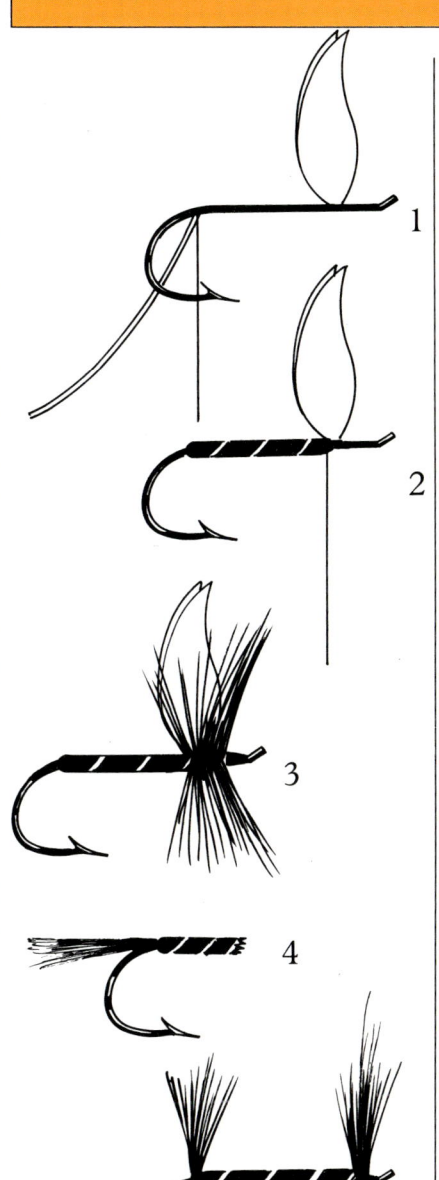

Cinnamon Sedge
Zimtfarbene Sedge

Eine Imitation einer der größeren Sedgearten, die ab dem Hochsommer schlüpft und einige Wochen später geschlechtsreif wird. Eine Fliege, die sich am besten in der Dämmerung einsetzen läßt. Es ist auch ein erstklassiges Muster für Meerforellen.

Haken:	Größe 10–14, Öhr nach oben
Faden:	Braun
Körper:	Fibern des männlichen Fasanenstoßes
Rippung:	Feiner Golddraht
Flügel:	Zimtfarbene Hennenfedersegmente
Hechel:	Ginger Hechel im Palmerstil

Blue Winged Olive
Blau geflügelte Olive

Ausgezeichnete Fliege in Kalkflüssen. Das natürliche Vorbild ist ab dem späten Frühjahr die Saison hindurch bis zu den ersten Frosttagen anzutreffen. Es ist größer als die eisenblaue oder blaßwasserfarbene Dun.
Die geschlechtsreifen Fliegen sind als ›Sherry Spinner‹ wohlbekannt.

Haken:	Größe 12, Öhr nach oben
Faden:	Schwarz
Körperende:	Flachgold
Schwanz:	Blasse Dun Hechel
Körper:	Grün-olives Seehunddubbing
Hechel:	Mittelolive
Flügel:	Sehr dunkle Starenfeder
Kopf:	Schwarz

4 Eine Version ohne Schwanz.

5 ›Black Gnats‹ bei der Paarung werden so imitiert. Zuerst wird eine Hechel am Hakenbogen gebunden, dann der Rippungsfaden nach vorn geführt und die andere Hechel am Kopf gewunden.

TROCKENFLIEGEN

Coachman
Kutscher

Ein populäres Muster, das keine Ähnlichkeit mit einem natürlichen Insekt hat. Es kann sowohl naß als auch trocken gefischt werden. Es wird angenommen, daß sein Name von einem Kutscher mit dem Namen Tom Bosworth stammt, der drei britischen Herrschern diente: George IV., William IV. und Queen Victoria. Es wird erzählt, daß er dieses Muster mit Materialien band, die er gerade zur Verfügung hatte, als er vergeblich eines Abends einen Fisch zum Steigen bringen wollte. Wie dem auch sei, es ist im Laufe der Jahre sehr populär geworden und wird heute als Standardmuster anerkannt, das auch in Nordamerika sehr beliebt ist.

Haken:	Größe 10–16, Öhr nach oben
Faden:	Schwarz
Körper:	Bronzenes Pfaugras
Hechel:	Ginger Hahnenhechel
Flügel:	Weiße Federsegmente von Ente oder Gans
Kopf:	Schwarz

1 Winden Sie den Faden zum Hakenschenkel und führen Sie ihn an den Punkt zurück, der in der Darstellung abgebildet ist. Hier binden Sie zwei Segmente der weißen Feder ein und binden sie aufrecht, so wie es für Trockenfliegen normal ist.

2 Führen Sie den Faden zum Hakenbogen und binden Sie vier Fibern bronzenes Pfauengras aus der Augenfeder ein.

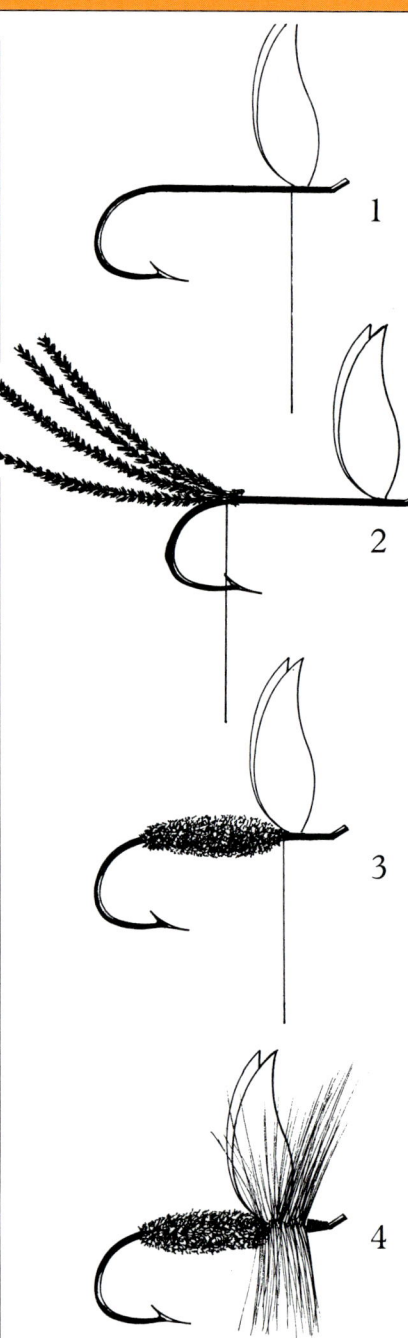

3 Führen Sie den Faden bis zu den Flügeln und formen Sie den Körper, indem Sie das Pfaugras in sich verdrehen und um den Hakenschenkel winden. Schließen Sie das Pfaugras ab.

4 Binden Sie eine Hechelfeder ein und winden Sie sie nach vorne. Schließen Sie die Fliege wie gewöhnlich ab.

Coch y Bondhu

Ein traditionelles Waliser Käfermuster; naß und trocken zu fischen.

Haken:	Größe 12–14, Öhr nach oben (Öhr nach unten für die Naßfliegenversion)
Faden:	Schwarz
Körperende:	Feines flaches Goldtinsel (oder Lurex)
Körper:	Vier oder fünf Pfauenfibern
Hechel:	Coch y Bondhu (Hahnenhechel für die Trockenfliege, Hennenhechel für die Naßfliege)

1 Am Hakenbogen binden Sie das flache Goldtinsel und vier oder fünf Fibern Pfaugras ein.

2 Winden Sie das Goldtinsel zwei- bis dreimal um den Hakenschenkel und binden Sie es ab. Führen Sie den Faden nach vorn und formen Sie mit dem Pfaugras einen konischen Fliegenkörper. Schließen Sie das Pfaugras ab. Binden Sie nun eine Coch y Bondhu-Hechelfeder am Kiel ein.

3 Winden Sie die Hechel und schließen Sie die Fliege wie gewöhnlich ab.

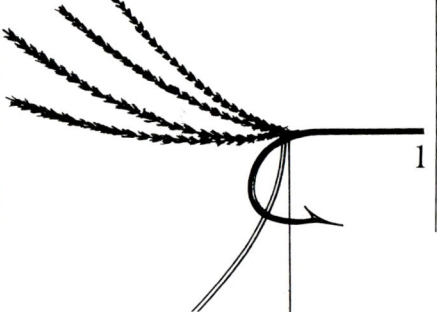

TROCKENFLIEGEN

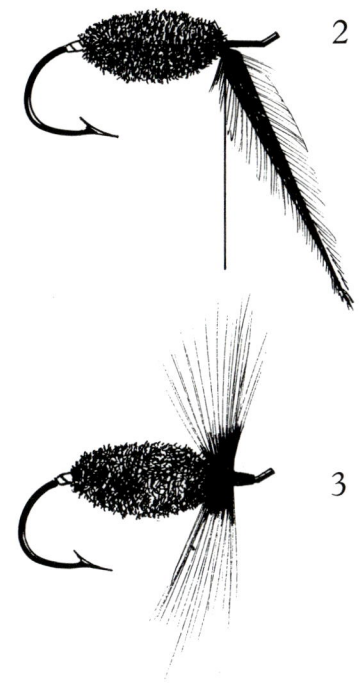

Haken:	Größe 10–12, langschenklig, Öhr nach oben
Faden:	Sherry Spinner
Körper:	Vier bis sechs zimtfarbene Truthahnfibern oder Latex
Beine:	Sechs Fibern des Fasanenhahnstoßes (geknotet)
Flügel:	Hellrotbraune oder gingerfarbene Hechelspitzen, im Spent-Stil gebunden
Hechel:	Hellrotbraun oder ginger Hahnenhechel
Kopf:	Braun (oder schwarz)

1 Bereiten Sie sechs Fibern des Fasanenhahnstoßes vor, indem Sie in jede jeweils zwei Knoten machen. Damit sollen die Gelenke der Beine imitiert werden.

2 Führen Sie den Faden zum Hakenbogen und binden Sie ein Segment einer zimtfarbenen Truthahnfeder oder Latex ein.

3 Führen Sie den Faden wieder nach vorn, wie in der Zeichnung dargestellt. Binden Sie die Truthahnfiber oder das Latex für den Körper ein.

4 Binden Sie die mit Knoten versehenen Fasanenfibern auf der Unterseite des Hakens ein.

5 Binden Sie nun die zwei hellbraunen oder gingerfarbenen Hechelfedern im Spent-Stil ein.

6 Winden Sie eine hellbraune oder gingerfarbene Hahnenhechel und schließen Sie die Fliege wie gewöhnlich ab.

Crane Fly (Daddy Long-Legs)
Schusterfliege

Ein Muster von Richard Walker, das schon viele Fische an den Haken gebracht hat. Die ›Daddy‹ verführt größere Fische, vom Gewässerboden aufzusteigen und sich an ihnen zu mästen, wenn genügend natürliche Fliegen auf das Wasser geweht werden. Wenn Sie da nicht das richtige Muster in Ihrer Fliegenschachtel haben, werden Sie eine triste Zeit erleben. Die natürliche ›Daddy‹ wird häufig mit der Dapping-Schnur im ›Loch-Stil‹ gefischt und bringt wirklich viele Fische an den Haken. Wenn Sie jedoch an einem der vielen Stauseen fischen, an denen eine große Anzahl solcher Insekten vorkommen, wird die ›Crane Fly‹ möglicherweise am besten still treibend angeboten. Das heißt, daß sie ablegen und die Fliege treiben lassen, bis eine Forelle steigt und sie einsaugt. Setzen Sie nicht sofort den Haken, sondern warten Sie ein wenig. Es gibt zwei Bindeversionen für den Körper. Die eine wird mit einer zimtfarbenen Truthahnfiber und die zweite mit einem Latexstreifen gebunden.

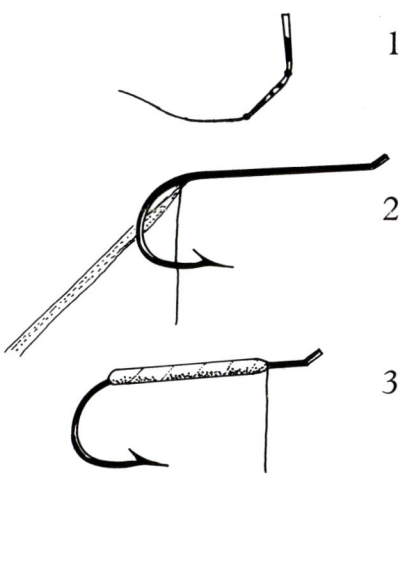

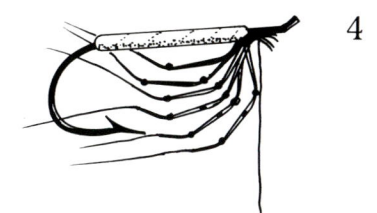

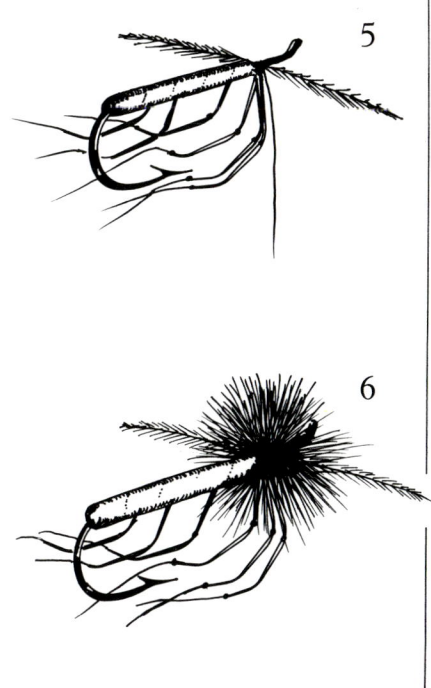

TROCKENFLIEGEN

Dark Cahill

Dieses Muster wird wie die ›Light Cahill‹ (Seite 52) gebunden.

Haken:	Größe 12–16, Öhr nach oben
Faden:	Hellbraun
Schwanz:	Braune Hechelfibern
Körper:	Bisam oder ein ähnliches dünnes, braunes Dubbing
Hechel:	Mittelrotbraune Gans
Flügel:	Mandarinente (aufrecht eingebunden und geteilt)
Kopf:	Braun

Dave's Hopper
Daves Grashüpfer

Eine Version von Dave Whitlock, das in den Vereinigten Staaten ein sehr populäres Muster ist. Einige Binder lackieren die Flügel, um sie haltbarer zu machen.

Haken:	Größe 6–14, Öhr nach oben
Faden:	Braun
Schwanz:	Natur graubraunes Rehhaar vom Körper (oder Bucktail), rot gefärbt, und eine Schlaufe aus gelben Körpergarn
Rippung:	Braune Hechel
Körper:	Gelbes Garn
Unterflügel:	Gelbes Bucktail
Deckflügel:	Braun gesprenkelte Truthahnfedersegmente
Kopf:	Rehhaar, beschnitten. Lassen Sie ein paar Haare an den Seiten nach hinten wegstehen. Der Kopf sollte breit und flach sein

1 Binden Sie am Hakenbogen das rotgefärbte Rehhaar oder Bucktail, die gelbe Wolle sowie eine braune Hechelfeder ein.

2 Formen Sie eine Schlaufe mit dem gelben Garn (diese ist zusätzlich zum roten Schwänzchen). Der Rest des Wollgarnes wird verwendet, um den Körper nach vorn zu winden. Zuletzt führen Sie die Hechel im Palmer-Stil nach vorn.

3 Beschneiden Sie die Hechel gemäß Zeichnung und binden Sie etwas gelbes Bucktail ein.

4 Binden Sie an den Körperseiten zwei Segmente der gesprenkelten Truthahnfeder ein und stellen Sie den Kopf her nach der Methode des ›Muddler Minnow‹ auf Seite 111.

5 Vervollständigen Sie die Kontur des Kopfes mit Rehhaar und beschneiden Sie dieses, aber lassen Sie einige Haare nach hinten stehen.

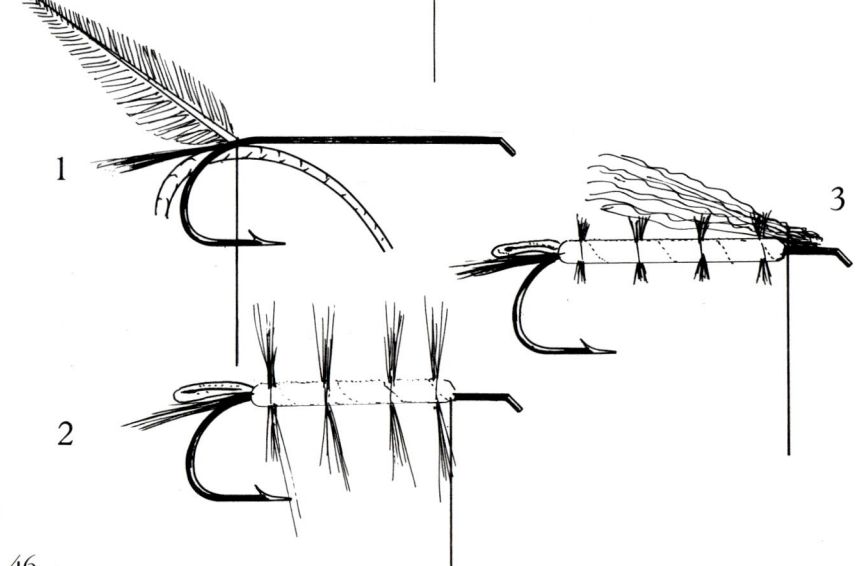
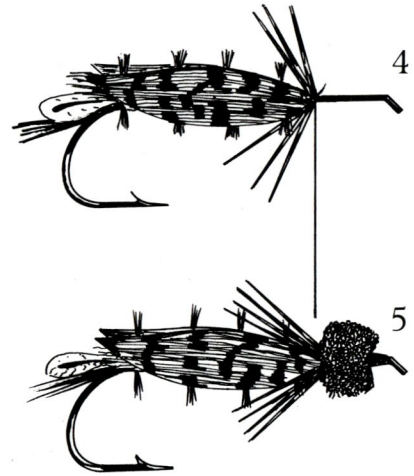

TROCKENFLIEGEN

3 Winden Sie die Hechel im Palmer-Stil bis zum Hakenbogen und sichern Sie sie mit dem Rippungsmaterial ab. Führen Sie nun den Rippungsfaden nach vorn, wobei Sie die Hechel wiederum einbinden.

4 Binden Sie eine gestreifte Feder des Rothuhns an der Spitze ein und winden Sie sie um den Hakenschenkel. Schließen Sie die Fliege mit einem sauberen Kopf ab.

French Partridge Mayfly
Maifliege mit Rothuhn-Federn

Haken:	Größe 10 langschenklig, Öhr nach oben
Faden:	Schwarz oder braun
Schwanz:	Fibern des Fasanenhahnstoßes (mittlere Feder)
Körper:	Natürliches Raffia
Rippung:	Schwarze Seide, rote Seide oder Golddraht
Hechel:	Rotbraune Hahnenhechel, davor Rothuhn (wahlweise in Palmer-Stil mit oliver Hahnenhechel)
Kopf:	Schwarz oder braun

1 Am Hakenbogen binden Sie die Fibern des Fasanenstoßes für den Schwanz, einen Streifen natürliches Raffia und entweder schwarze oder rote Seide oder Golddraht ein. (Ich bevorzuge schwarze Seide, aber andere Muster erfordern rote Seide oder etwas Golddraht.)

2 Führen Sie den Faden nach vorn zum Öhr, danach winden Sie das Raffia, wobei Sie den Körper formen. Am vorderen Ende des Körpers binden Sie die olive Hechel ein.

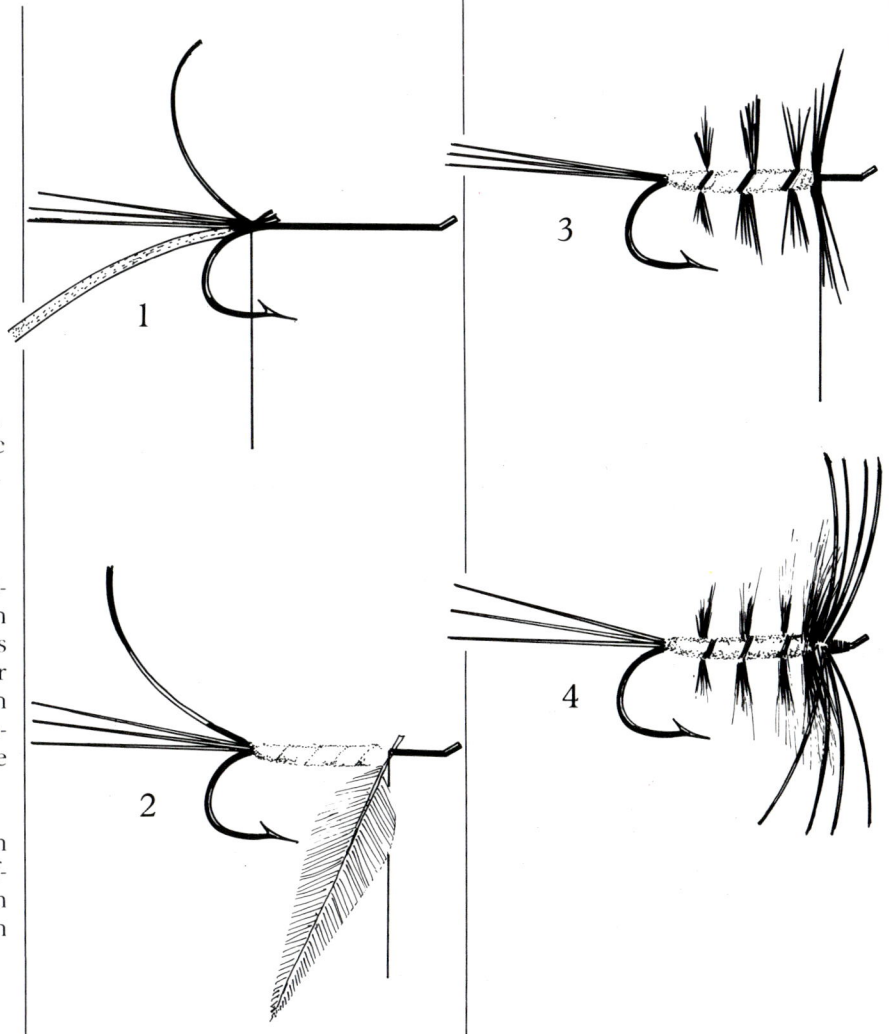

TROCKENFLIEGEN

G. & H. Sedge

Ein sehr gutes Muster, das zuerst von John Goddard und Cliff Henry gebunden wurde. Beide Initialen geben der Fliege ihren Namen.

Dies ist ein sehr vielseitiges Muster und kann in vielen Situationen eingesetzt werden: Vom Ufer aus, vom Boot aus als Springer oder furchend quer über das Wasser. Rehhaar hat die Eigenschaft, extrem schwimmfähig zu sein. Diese Fliege ist auch in den Vereinigten Staaten sehr populär geworden, obwohl sie nicht sehr leicht zu binden ist.

Haken:	Größe 10–12 langschenklig, Öhr nach oben
Faden:	Braun
Körper:	Rehhaar
Unterkörper:	Grüne oder gelbe Wolle (auch Seehundwolle, falls erwünscht)
Hechel:	Rote Hahnenhechel
Kopf:	Braun

1 Binden Sie am Hakenbogen die grüne oder gelbe Wolle ein. Das Originalmuster erfordert einen Körper aus gedubbter Seehundwolle, aber mit einem Wollfaden ist es leichter.

2 Binden Sie einzelne Rehhaare auf den Hakenschenkel in der gleichen Weise, wie Sie es für den ›Muddler Minnow‹-Kopf tun (Seite 111).

3 Beschneiden Sie das Rehhaar in der Weise, wie in der Zeichnung dargestellt. Legen Sie nun die Wolle auf der Unterseite des Hakens nach vorn

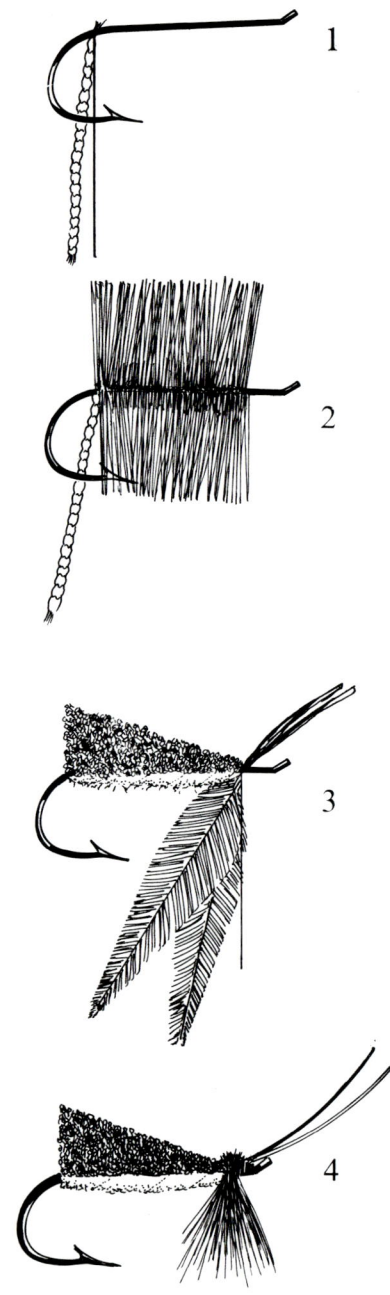

und binden Sie sie ab (das imitiert den Hinterleib der Köcherfliege). Binden Sie nun zwei rotbraune Hechelfedern ein (die Kiele werden nicht abgeschnitten).

4 Winden Sie die Hecheln und beschneiden Sie die obere Hälfte des Hechelkranzes. Lassen Sie die Kiele der Hechelfeder als Antennen nach vorn überstehen und binden Sie den Kopf.

Ginger Quill
Ginger Kiel

Eine gute Variante der ›Red Quill‹ (Rote Kielfliege), die die ›Pale Watery‹ (Blaßwasserfarbene) und ›Light Olive Dun‹ (Helle Olive Dun) imitieren soll. Bindeweise wie ›Quill Gordon‹ (Seite 57).

Haken:	Größe 14–16, Öhr nach oben
Faden:	Hellbraun
Schwanz:	Blasses Beigebraun
Körper:	Helle Pfauenkiele
Hechel:	Blaßhellbraun
Flügel:	Hellste Starenfedern
Kopf:	Braun

Ginger Kiel (geflügelte)

TROCKENFLIEGEN

Grannom

Eine Frühjahrsfliege von Pat Russell. Das befruchtete Weibchen des natürlichen Vorbildes ist sehr begehrt von den Forellen und ist zu erkennen an dem grünen Eiersack, den es nach dem Hochzeitsflug am Hinterleib trägt. Die Fliege wird in der gleichen Weise gebunden wie die ›Green Peter‹ (rechts). Das ist vorwiegend ein Trockenfliegenmuster, aber es gibt auch eine Naßfliegenversion, die sehr erfolgreich gefischt werden kann.

Haken: Größe 14, Öhr nach oben
Faden: Hellgrün
Körper: Dubbing aus dem unteren Bereich des Hasenohres oder braune Seide
Eiersack: Wenige Windungen mit grüner Wolle oder Floss am Ende des Körpers
Flügel: Segmente der Fasanenhennenschwungfeder
Hechel: Graubraun

Green Drake Mayfly
Grüne Maifliege

Haken: Größe 10 langschenklig, Öhr nach oben
Faden: Braun
Schwanz: Drei Fibern des Fasanenhahnstoßes
Körper: Hellolives Plastikraffia
Flügel: Brustfeder des Stockentenerpels, grün gefärbt und beschnitten
Hechel: Gelbgrüne Hahnenhechel
Kopf: Braun

Green Peter

Eine sehr populäre Fliege für die großen Forellen an den irischen Seen. Die ›Green Peter‹ ähnelt einer Sedge, die an der Wasseroberfläche zum Ufer schwimmt. Einige Bindeweisen erfordern eine Hechel im Palmerstil.

Haken: Größe 12–14, Öhr nach oben
Faden: Oliv
Körper: Olives Seehunddubbing
Flügel: Bronzene Stockerpelfeder
Rippung: Feiner Golddraht
Hechel: Dunkle Ginger Hahnenhechel
Kopf: Oliv

1 Führen Sie den oliven Faden zum Hakenbogen.

2 Dubben Sie den Faden mit oliver Seehundwolle.

3 Winden Sie den Faden nach vorn, um den Körper zu formen. Führen Sie den Rippungsfaden hinterher.

4 Binden Sie die Erpelfedern für die Flügel ein und legen Sie sie nach hinten, wie bei einer Sedge.

5 Binden Sie die dunkle Hahnenhechel ein und winden Sie sie an der Basis der Flügel. Abschluß wie üblich.

TROCKENFLIEGEN

Grey Duster
Grauer Staubwedel

Ein traditionelles Muster aus Wales, das Sie über die ganze Saison fischen können. Hervorragend geeignet für rauhes Wasser und eine Fliege, die Sie bei einem Schlupf der *Caenis* bei sich haben sollten. Die Fliege kann bei rauher Wasseroberfläche gut verfolgt werden und hat eine erstklassige Schwimmfähigkeit. Das Muster ist sehr leicht zu binden.

Haken: Größe 12–14, Öhr nach oben
Faden: Schwarz
Körper: Graues Dubbing
Hechel: Dachsfarben mit guter Zeichnung
Kopf: Schwarz

1 Führen Sie den Faden zum Hakenbogen und dubben Sie ihn.

2 Formen Sie den Körper, indem Sie den Dubbingfaden nach vorn führen.

3 Binden Sie eine gut durchgezeichnete Dachshechel und vervollständigen Sie die Fliege wie gewöhnlich.

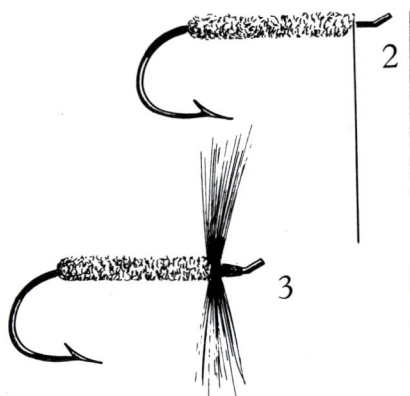

Grey Wulff

Eine amerikanische Fliege, die in den 30er Jahren von Lee Wulff erbunden wurde, der ausschließlich Tierhaar verwendete. Diese Bindeweise ist heute überall üblich und identisch mit Wulffs Anleitungen. Die ›Grey Wulff‹ ist sehr fängig und wird mit großem Erfolg als Maifliegenimitation angeboten. Ihre Schwimmfähigkeit ist herausragend. Wulff verwendete ursprünglich Elchhaar für die Flügel und den Schwanz, heute jedoch Bucktail, Eichhörnchen oder Kalbsschwanz, die zu befriedigenden Ergebnissen geführt haben. Varianten sind die ›Weiße‹, ›Braune‹ und die ›Royal Wulff‹.

Haken: Größe 8–14, Öhr nach oben
Faden: Schwarz
Schwanz: Braunes Elchhaar, Bucktail, Eichhörnchen- oder Kalbsschwanz
Körper: Maulwurf, graues Dubbing oder Wolle
Flügel: Wie Schwanz, nach vorn stehend gebunden
Hechel: Grau
Kopf: Schwarz

1 Zuerst werden die Flügel aus Bucktail in aufrechter Position gebunden, durch Kreuzwicklungen mittig geteilt und an der Basis festgebunden.

2 Dann wird der Faden zum Hakenbogen geführt, wobei die Enden des Flügelhaares eingebunden werden. Für den Schwanz werden einige Fibern Bucktail eingebunden. Binden Sie auch das Körpermaterial ein.

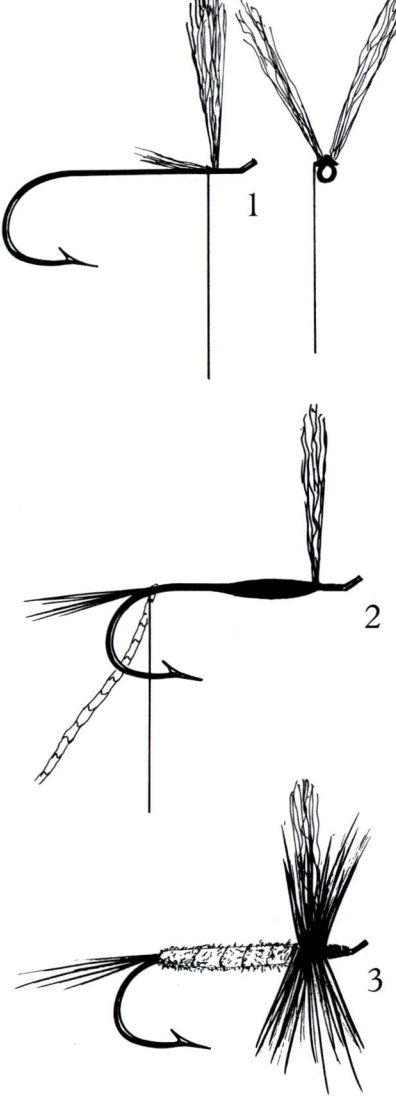

3 Führen Sie den Faden oder die Wolle nach vorn. Binden Sie die graue Hechel ein und winden Sie sie hinter und vor den Flügeln. Schließen Sie wie gewöhnlich ab.

TROCKENFLIEGEN

Iron Blue Dun
Eisenblaue Dun

Seit der Mitte des 18. Jahrhunderts wurden viele Muster der ›Iron Blue Dun‹ gebunden. Das natürliche Vorbild ist sehr produktiv und kann an allen schnellen und langsamen Gewässern angetroffen werden. Nach 48 Stunden, wenn sich die Fliege häutet, entsteht der ›Jenny Spinner‹.
Diese Fliege wird in vielen Variationen gebunden. Die folgende entspricht der Bindeweise von David Collyer.

Haken: Größe 12–14, Öhr nach oben
Faden: Blutrot
Schwanz: Zwei Fibern der weißen Hahnenhechel
Körper: Dunkle Reiherfibern
Rippung: Olive Seide
Hechel: Dunkel Blue Dun

1 Führen Sie den Faden zum Hakenbogen und binden Sie als Schwanz die beiden Hechelfibern ein.

2 An der gleichen Stelle binden Sie zwei dunkle Reiherfibern ein und winden Sie nach vorne.

3 Rippen Sie nun den Körper mit der oliven Seide.

4 Binden Sie die Hechel ein und schließen Sie die Fliege ab.
Wenn Sie die Fliege mit Flügeln versehen wollen, wählen Sie dafür dunkel gefärbte Starenflügelsegmente.

Kite's Imperial
Kites Königliche

Oliver Kite band diese Fliege im Jahre 1960. Zusammen mit der ›Olive Quill‹ und der ›Rough‹ imitieren sie die große dunkelolive Eintagsfliege. Grundsätzlich schlüpft die ›Dark Olive‹ im Frühjahr, dieses Muster ist jedoch für die ganze Saison geeignet.

Haken: Größe 14–16, Öhr nach oben
Faden: Purpur
Schwanz: Graubraune Hechelfibern (zum Saisonende honigfarben)
Körper: Reiherfibern
Rippung: Golddraht
Thorax: Reiherfibern
Hechel: Honig Dun Hahnenhechel (alternativ hellginger)

1 Am Hakenbogen binden Sie ein paar graubraune Hechelfibern für den Schwanz ein (diese Farbe gilt für die Fischerei im Frühjahr; später sollten Sie honig Dun verwenden). An gleicher Stelle binden Sie ein Segment der Reiherfeder (etwa drei Fibern) und den Golddraht ein.

2 Winden Sie die Reiherfibern nach vorn. Folgen Sie mit dem Golddraht. Mit den Enden der Reiherfibern formen Sie einen Thorax, indem Sie damit einen Rückenschild, wie bei einer Nymphe, einbinden. Schneiden Sie das überschüssige Material ab und binden Sie Ihre Hechelfeder ein, mit der Sie einen dichten Kranz winden.

3 Schließen Sie die Fliege ab.

TROCKENFLIEGEN

Lake Olive

Eines der wenigen Trockenfliegenmuster, das es wert ist, daß man es immer bei sich hat, wenn man während eines Schlupfes der ›Pond- oder Lake Olive‹ an einem großen Stillwasser fischt. Die Fliegen schlüpfen niemals in sehr großer Zahl, aber wenn Sie das Glück haben, einen Schlupf zu erleben, ist dieses Muster sehr erfolgreich.

Haken: Größe 12–14, Öhr nach oben
Faden: Hellbraun (›Sherry Spinner‹)
Schwanz: Ein paar Fibern der ginger Hechel
Körper: Scharlachrotes Wolldubbing
Rippung: Feiner Golddraht
Flügel: Helle grizzly Hechelspitzen
Hechel: Ginger
Kopf: Braun

1 Führen Sie den Faden zum Hakenbogen und binden Sie eine ginger Hahnenhechel ein für den Schwanz (interessanterweise ist es immer viel besser, wenn der Schwanz etwas nach unten gerichtet ist, da diese Anordnung die Schwimmfähigkeit der Fliege erhöht). An gleicher Stelle binden Sie den Golddraht für die Rippung ein.

2 Dubben Sie den Faden mit der scharlachroten Wolle und führen Sie ihn nach vorn (geben Sie acht, daß die Wolle dünn aufgetragen ist). Binden Sie den Faden am Öhr ab.

3 Wählen Sie zwei gut zueinanderpassende grizzly Hechelspitzen aus und binden Sie sie (die Vorderseiten aneinanderliegend) ein. Teilen Sie die Flügel durch eine Achterwicklung, um sie in der Spentposition zu halten.

4 Binden Sie die ginger Hahnenhechel ein und schließen Sie die Fliege wie gewöhnlich ab.

Light Cahill
Helle Cahill

Ein alter Favorit, der von Daniel Cahill aus dem Staat New York um 1880 gebunden wurde. Er machte sich für die Verwendung von gelben Mandarinentenfedern für die Flügel stark, aber diese stehen den Fliegenbindern nicht in ausreichender Zahl zur Verfügung. Sie werden daher in befriedigender Weise durch die Flankenfeder des Stockentenerpels ersetzt. Für einige Flüsse ist die ›Dunkle Cahill‹ möglicherweise besser geeignet. Ich habe daher eine alternative Bindeweise auf Seite 46 beschrieben. Die ›Cahill‹ wird auf die gleiche Weise gebunden wie die ›Light Hendrickson‹ (siehe rechts), und die Bindeschritte entsprechen den Strichzeichnungen, die für die ›Light Hendrickson‹ gelten.

Haken: Größe 12–16, Öhr nach oben
Faden: Cremefarbene Hechelfibern
Körper: Cremefarbenes Seehunddubbing
Hechel: Creme (dunkel oder ginger)
Flügel: Gelbe Mandarinentenfedern (aufrecht und geteilt, falls nicht erhältlich: Stockerpelrupf)
Kopf: Gelb

1 Legen Sie ein Bündel Mandarintenfibern auf den Hakenschenkel und binden Sie sie aufrecht ein und teilen Sie sie.

2 Führen Sie den gelben Faden zum Hakenbogen und binden Sie für den Schwanz ein paar cremefarbene Hechelfibern ein. Dubben Sie den Faden mit cremefarbener Seehundwolle.

3 Führen Sie den gedubbten Faden nach vorn bis zu den Flügeln.

4 Binden Sie eine ginger Hahnenhechel ein und vervollständigen Sie die Fliege.

TROCKENFLIEGEN

Light Hendrickson

Durch Austausch der einzelnen Materialien kann man die ›Dark Hendrickson‹, die ›Light‹ und ›Dark Cahill‹, die ›Light‹ und die ›Dark Adams‹ binden. In allen Fällen bestehen die Flügel aus dem gleichen Material.

Haken: Größe 12–14, Öhr nach oben
Faden: Braun
Schwanz: Mitteldun Hechelfibern
Körper: Rosa Fuchsdubbing
Flügel: Mandarinenten-Flankenfedern
Hechel: Medium Dun
Kopf: Braun

1 Nehmen Sie ein Bündel Mandarinentenfibern, binden Sie sie aufrecht ein und teilen Sie sie durch eine Kreuzwicklung, so daß die Flügel auseinanderstehen.

2 Führen Sie den Faden zum Hakenbogen und binden Sie für den Schwanz ein paar medium dun Hechelfibern ein. Dubben Sie den Faden mit Fuchswolle oder Polydubbing.

3 Winden Sie den Dubbingfaden nach vorn bis zur Flügelposition.

4 Binden Sie eine medium dun Hechel ein und vervollständigen Sie die Fliege.

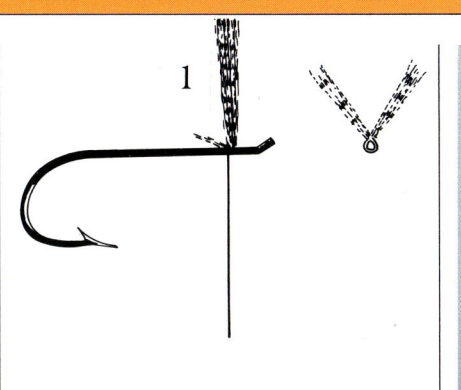

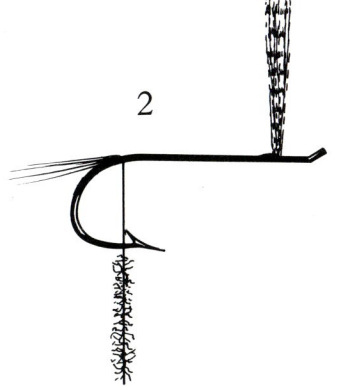

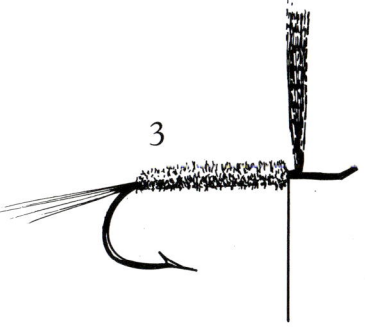

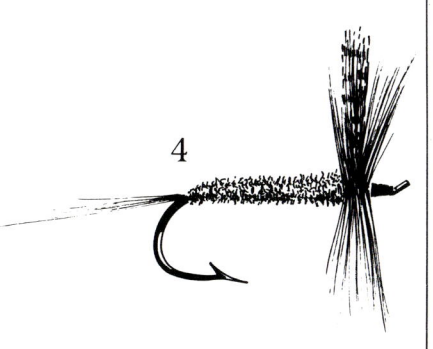

Lumme's Nalle Puh

Das ist eine Sedge-Imitation, die sehr häufig an schnellen Gewässern gefischt wird. Die Farbe variiert von ginger bis dunkelbraun. Eine populäre Fliege in Skandinavien für Äsche und Forelle.

Haken: Größe 8–14, Öhr nach oben
Faden: Braun
Körper: Eine Mischung aus ½ leuchtend oranger Seehundwolle, ¼ gelber Seehundwolle und ¼ brauner Wolle vom Hasenohr. Das Material wird bis in den Hakenbogen hinein gebunden.
Rippung: Rundes Goldtinsel
Hechel: Mittelbraun
Flügel: Zimtfarbene Bärenfibern oder rauhes Polygarn
Kopf: Klarer Lack über der orangenen Wicklung

TROCKENFLIEGEN

Lunn's Particular
Lunns Besondere

W. J. Lunn hat diese Fliege in den 30er Jahren gebunden. Es ist ein Muster, das typisch für die Fischerei in Hampshire ist und ausgiebig am Test und den anderen Kalkflüssen von Bukkinghamshire, Berkshire und Wiltshire gefischt wird. Es ist äußerst effektiv, wenn die Spinner der ›Medium Olive‹ auf dem Wasser anzutreffen sind.

Haken:	Größe 14–16, Öhr nach oben
Faden:	Blutrot
Schwanz:	Rotbraune Hechelfibern
Körper:	Ungefärbter Kiel einer rotbraunen Hahnenhechel
Flügel:	Medium blue dun Hechelspitzen
Hechel:	Wie Schwanz
Kopf:	Blutrot

1 Binden Sie ein paar Fibern einer rotbraunen Hechelfeder für den Schwanz ein. An gleicher Stelle binden Sie den ungefärbten Kiel ein.

2 Führen Sie den Faden nach vorn und binden Sie zwei blue dun Hechelspitzen ein. Diese werden durch eine Achterwicklung in Spent-Position gebracht.

3 Winden Sie den Hechelkiel um den Hakenschenkel, um den Körper zu formen und binden Sie eine rotbraune Hahnenhechel ein. Beenden Sie die Fliege wie gewöhnlich.

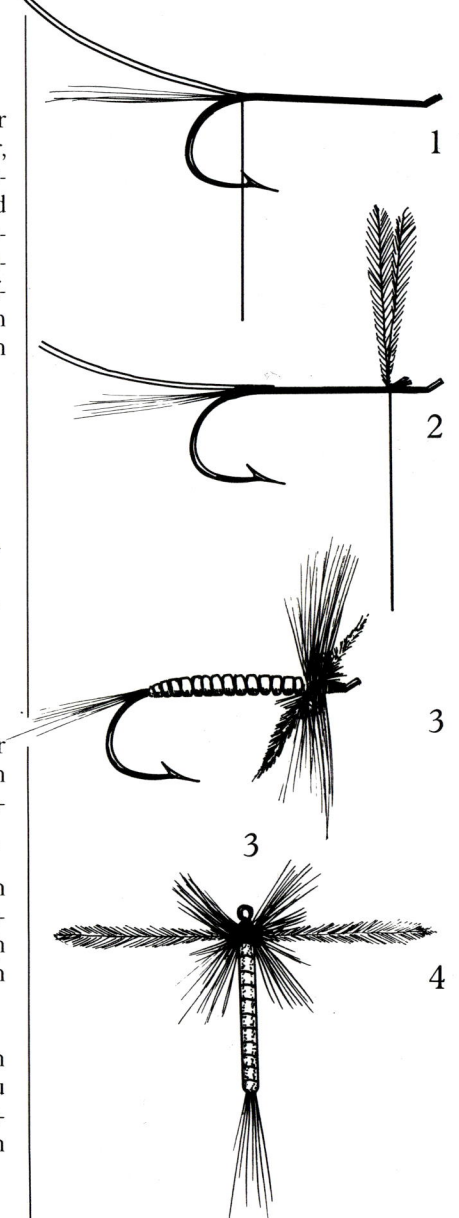

Mooi Moth
Mooi Motte

Ein Muster aus Südafrika, das im östlichen Teil dieses Landes viel verwendet wird. In diesem Land gibt es nicht so viele Insekten wie in der nördlichen Hemisphäre und wegen der großen Hitze befinden sich die Forellen überwiegend auf dem Gewässergrund. Bei den wenigen Gelegenheiten, wo es zu einem Schlupf kommt, hat sich dieses Muster sehr bewährt. Interessanterweise sind die Fliegen in diesem Land unseren sehr ähnlich, obwohl Südafrika etwa 10 000 km von uns entfernt ist. Ich habe einmal R. Rosettenstein (einen sehr bekannten Fliegenfischer) gefragt, was seine Lieblings-Trockenfliegenmuster sind, und er antwortete mir: »Red Tag, Blue Dun, Black Gnat, March Brown, Ginger Quill, Coachman, Black Flying Ant und die Mooi Moth!«

Haken:	Größe 12–14, Öhr nach oben
Faden:	Grau
Schwanz:	Einige Fibern der medium blue dun Hechel
Körper:	Farblich ausgeprägter Pfauenkiel
Hechel:	Medium blue dun
Flügel:	Stockerpelflügelfeder-Segment
Kopf:	Grau

TROCKENFLIEGEN

Olsen's Laerdal Fly
Olsens Laerdal Fliege

Dies ist eine Meerforellenfliege, die im schnellen Laerdal in Norwegen zuhause ist. Es ist eine Imitation der Köcherfliege (*Phryganea grandis*), die unter den Wasserinsekten der norwegischen Flüsse dominiert. Olsens Laerdal Fliege ist häufig an einem Wilson Trockenfliegenhaken gebunden, weil dort die Forellen bis 20 Pfund schwer werden.

Haken:	Größe 6–12, Öhr nach oben
Faden:	Schwarz
Schwanz:	Drei Fibern der Fasanenhahnstoßfeder
Flügel:	Zwei Bündel Dachshaar, im 30-Grad-Winkel nach vorn über das Öhr ragend
Hechel:	Zweifarbig, hell- bis dunkelbraun, ⅔ des Hakenschenkels bedeckend
Kopf:	Schwarz

Pale Watery Dun
Blaßwasserfarbene

Ein erstklassiges Muster von Freddy Rice. Es ist sehr nützlich, wenn die Bestimmung der Insekten schwierig ist und sie auf der Wasseroberfläche eine wäßrige Erscheinung abgeben. Normalerweise wird diese Fliege mit Flügeln gebunden, die aus Segmenten einer rechten und linken Schwungfeder des Staren bestehen.

Haken:	Größe 14–16, Öhr nach oben
Faden:	Hellgelb
Schwanz:	Vier helle blue dun oder blaß-honigfarbene Hechelfibern
Körperende:	Vier Umwicklungen mit gelber Seide
Unterkörper:	Hellgelbe Seide
Körper:	Drei Fibern der hellen Reiherfeder
Hechel:	Blaßolive oder blaß-honig dun Hechel

TROCKENFLIEGEN

Parachute Black Gnat
Schwarze Mücke, Parachute

William Brush aus Detroit erwirkte im Jahre 1933 ein Patent auf die Parachute-Bindeweise. Eine ›Parachute‹ Fliege schwimmt besser und stellt die Konturen eines Insektes für den Fisch besser dar.
Ein Bündel Haare vom Kalbsschwanz wird in Schenkelmitte als Flügel eingebunden. Die Hechel wird um die Flügelbasis gewunden.

Haken:	Größe 12–16, Öhr nach oben
Faden:	Schwarz
Flügel:	Kalbsschwanz, weiß
Hechel:	Schwarz
Schwanz:	(falls gewünscht) Schwarze Hechelfibern
Körper:	Schwarzes Dubbing
Kopf:	Schwarz

1 Etwa in Hakenmitte binden Sie das Bündel Kalbsschwanzhaare ein. Festigen Sie es an der Basis mit einem Tropfen Lack und lassen Sie es trocknen (das gibt einen besseren Halt für die Hechel). Wenn der Lack getrocknet ist, binden Sie eine langfibrige schwarze Hechel ein.

2 Winden Sie die Hechel um die Basis und schließen Sie sie ab.

3 Führen Sie den Faden zum Hakenbogen (ein Schwanz aus Hechelfibern kann auf Wunsch eingebunden werden). Dubben Sie den Faden mit schwarzer Wolle (natur oder Poly) und winden Sie sie nach vorne. Sie müssen darauf achten, daß Sie die waagerecht eingebundene Hechel nicht mit einbinden. Die Hechel können Sie mit einer Dubbingnadel leicht anheben. Beenden Sie die Fliege wie gewohnt.

Pheasant Tail
Fasanenschwanz

Diese Bindeweise mit einer ›blue dun‹ Hechel und einem Schwanz stammt von A. Courtney Williams' Empfehlungen für die ›Eisenblaue‹. Die Fliege kann auch mit einer honig dun Hechel gebunden werden.

Haken:	Größe 12–16, Öhr nach oben
Faden:	Grau
Schwanz:	Blue dun Hechelfibern
Körper:	Fibern des Fasanenhahnstoßes
Rippung:	Golddraht
Hechel:	Blue dun
Kopf:	Grau

1 Binden Sie den Faden direkt am Öhr ein und führen Sie ihn bis zum Hakenbogen.

2 Binden Sie die blue dun Hechelfibern für den Schwanz ein. An gleicher Stelle binden Sie den Golddraht ein und die Fasanenfibern für den Schwanz.

3 Führen Sie den Faden wieder zum Öhr und lackieren Sie den Hakenschenkel, dann winden Sie die Fasanenfibern über den noch nassen Schenkel nach vorn und formen den Körper. Sie folgen dann mit dem Rippungsmaterial und binden dieses ab.

4 Binden Sie die blue dun Hechel ein und winden Sie sie bis dicht vor das Öhr. Beenden Sie die Fliege wie gewohnt.

TROCKENFLIEGEN

3 Führen Sie den Faden nach vorn bis zu den Flügeln. Führen Sie den Pfauenkiel nach. Binden Sie eine medium dun Hechel ein und winden Sie sie wie üblich. Machen Sie einen kleinen sauberen Knoten.
Alle Kielkörper an Trockenfliegen werden auf diese Weise gebunden. Wenn die Fliege nur behechelt wird, übersehen Sie die Anleitungen für die Flügel.

Quill Gordon
Kiel Gordon

Diese Fliege wurde unmittelbar vor der Jahrhundertwende von Theodore Gordon gebunden. Er ist nicht sehr kooperativ gewesen und folglich gibt es einige Unklarheiten über die Original-Bindeweise, da er nie Details preisgab.
Er hat diese Fliege hin und wieder mit feinem Golddraht gerippt. Die Fliege ist lange Zeit ein Lieblingsmuster der amerikanischen Fliegenfischer gewesen, die ihr beiläufig den Namen ›Gordon Quill‹ gegeben haben.

Haken:	Größe 12–16, Öhr nach oben
Faden:	Grau
Schwanz:	Medium dun Hechelfibern (blaugraue Hechelfibern werden hin und wieder bevorzugt)
Körper:	Abgestreiftes Pfaugras
Rippung:	(wahlweise) Feiner Golddraht
Flügel:	Fibern der Mandarinentenfeder (gefärbte Erpelfedern können ebenso verwendet werden)
Hechel:	Wie Schwanz
Kopf:	Grau

1 Binden Sie ein Bündel Fibern der Mandarinentenfeder ein und teilen Sie sie gemäß den Abbildungen.

2 Führen Sie den Faden zum Hakenbogen und binden Sie ein paar medium blue dun Fibern und den abgestreiften Pfauenkiel ein.

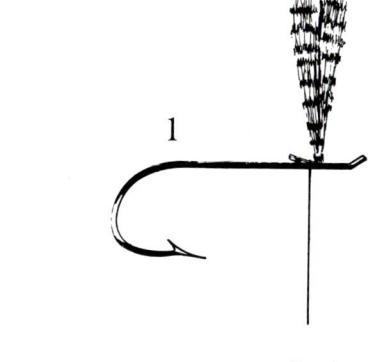

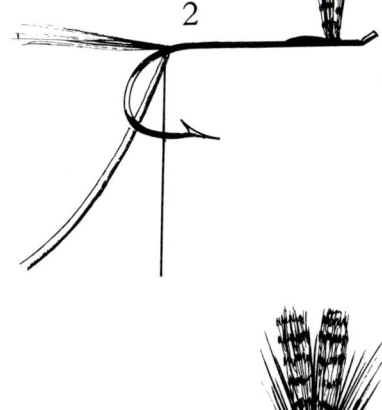

Rat-Faced McDougal
Hinterlistige McDougal

Haken:	Größe 10–14, Öhr nach oben
Faden:	Braun
Schwanz:	Dunkelginger Hechelfibern
Körper:	Hellgraues Rehhaar, beschnitten
Flügel:	Dunkelginger variant Hechelspitzen
Hechel:	Dunkelginger
Kopf:	Braun

Red Ant
Rote Ameise

Dieses Muster wird wie die ›Schwarze Ameise‹ (Seite 42) gebunden.

Haken:	Größe 14–16, Öhr nach oben
Faden:	Rötlich braun
Körper:	Rötlich braunes Floss, in zwei Buckeln gebunden
Flügel:	Graue Hechelspitzen
Hechel:	Rötlich braun (auch natur)
Kopf:	Braun

TROCKENFLIEGEN

Red Quill
Rote Kielfliege

Nahe verwandt mit ihrer in der Farbe etwas helleren Cousine, der ›Ginger Quill‹. Ein Muster, das an Kreideflüssen todsicher ist und auch an anderen Flüssen einfach nicht fehlen darf. Die ›Red Quill‹ wird Thomas Rushworth (1803) zugeschrieben und war auch für den Trockenfliegenpuristen F. M. Halford ein Favorit. Es sind viele Überlegungen angestellt worden, was denn diese Fliege eigentlich imitiert, allgemein ist man aber der Ansicht, daß sie die ›Claret Dun‹ (Weinrote Dun) imitiert. Das Muster wird gebunden wie die ›Quill Gordon‹ (Seite 57).

Haken: Größe 14–16, Öhr nach oben
Faden: Braun
Schwanz: Rotbraune Hahnenhechel
Körper: Pfauenfiber (blank) aus der Augenfeder. Sie soll helle und dunkle Ränder besitzen.
Hechel: Rotbraune Hahnenhechel
Kopf: Braun

Red Spinner
Rotspinner

Haken: Größe 12–14, Öhr nach oben
Faden: Braun
Schwanz: Helle ginger Hahnenfibern
Körper: Rotes Floss
Rippung: Golddraht
Hechel: Wie Schwanz
Kopf: Braun

1 Führen Sie den braunen Faden bis zum Hakenbogen und binden Sie vier helle ginger Hahnenfibern ein, die den Schwanz bilden. An gleicher Stelle binden Sie den Golddraht ein mit dem Sie den Körper in gleichmäßigen Windungen rippen.

2 Dann binden Sie das rote Floss ein und winden es nach vorn, wobei Sie den Körper formen. Danach folgt das Rippungsmaterial. Binden Sie alles ab. Bereiten Sie die Hechel vor und binden Sie sie ein.

3 Beenden Sie die Fliege wie gewöhnlich.

Rough Olive

Im Süden Englands ein populäres Frühjahrsmuster, das trocken oder naß gefischt werden kann. Es wird in der gleichen Weise gebunden wie der ›Grey Duster‹ (Seite 50).

Haken: Größe 12–16, Öhr nach oben
Faden: Oliv
Schwanz: Blue Dun Hahnenhechel
Körper: Olives Seehunddubbing, mit Golddraht gerippt.
Hechel: Olive badger Hahnenhechel
Kopf: Dunkelolive

TROCKENFLIEGEN

Saabye's Fly
Saabyes Fliege

Ein Muster, das von dem bekannten dänischen Fliegenbinder Svend Saabye zum Meerforellenfischen gebunden wurde. Es kann in der Farbgebung von einem leichten hellbraun oder grau bis zu einem dunklen, fast schwarzen Ton variieren.

Haken:	Größe 10 langschenklig, Öhr nach oben
Faden:	Schwarz
Schwanz:	Ein kurzes dickes Bündel brauner Hechelfibern, das geringfügig nach unten gerichtet ist.
Körper:	Hellbraunes Polydubbing, nur die Hälfte des Hakens bedeckend.
Flügel:	Grobes braunes Polygarn
Hechel:	Zwei lange steife Sattelhecheln (eine hellgrau und eine hellbraun), beide ineinander gebunden und vor und hinter den Flügeln gewunden.
Kopf:	Schwarz

Sherry Spinner

Diese Fliege stellt den Spinner der weiblichen ›Blue Winged Olive‹ dar. Ihr Name deutet zwar auf eine gewisse Farbgebung hin, in Wirklichkeit variiert diese aber vom äußerst blassen Ginger bis zu einem dunklen Rot. Das natürliche Insekt schlüpft gewöhnlich im Frühjahr. Der ›Sherry Spinner‹ ist am erfolgreichsten bei rauher Wasseroberfläche. Die Bindeweise stammt von David Collyer.

Haken:	Größe 14, Öhr nach oben
Faden:	Hellorange
Schwanz:	Hellginger Hahnenhechel
Körper:	Dunkeloranges Floss und ein orange gefärbter Hechelstamm, ohne Bänderung
Rippung:	Golddraht
Flügel:	Helle blue dun Hechel, spent
Hechel:	Rotbrauner Hahn

Sherry Spinner

TROCKENFLIEGEN

3 Winden Sie die Hechel bis zum Hakenbogen und sichern Sie sie mit dem Rippungsfaden. Schneiden Sie die Hechelspitze ab.

4 Schneiden Sie jeweils ein linkes und rechtes Segment aus einer Entenfeder und binden Sie diese auf dem Hakenschenkel ein. Zum Schluß binden Sie eine weitere Hahnenhechel ein und winden diese vor den Entenfedersegmenten.

Silver Sedge
Silberne Sedge

Auch bekannt als graue Sedge und normalerweise im Süden Englands häufig. Dort wird sie sehr erfolgreich an den Kreideflüssen von Hampshire gefischt. Ein gutes Muster, das so manche Forelle verführt hat, wenn kleinste Fliegen bevorzugt werden. Das Muster stammt von F. M. Halford.

Haken:	Größe 10–14, Öhr nach oben
Faden:	Hellbraun
Körper:	Weiße Seide, gerippt mit feinem flachen Silbertinsel
Körperhechel:	Ginger Hahnenhechel
Flügel:	Graue Ente
Hechel:	Hellginger
Kopf:	Hellbraun

1 Am Hakenbogen binden Sie das flache Silbertinsel ein. Führen Sie den Faden nach vorn und binden Sie das weiße Floss ein.

2 Formen Sie den Körper, indem Sie das Floss zum Hakenbogen und zurück führen. Dann binden Sie die helle ginger Hechel ein.

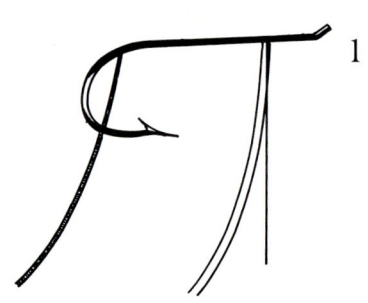

Sofa Pillow
Sofakissen

Dieses Muster ist sehr populär in den Vereinigten Staaten. Während der Schlupfperioden der großen Steinfliegen in den Rocky Mountains hat die ›Sofa Pillow‹ ihre Stunde, obwohl sie den natürlichen Fliegen recht wenig ähnelt. Das Muster wird in braun und grau gebunden. Ich habe das graue Muster beschrieben.

Braun

Haken:	Größe 4–12, Öhr nach unten
Faden:	Braun
Schwanz:	Dunkelrot gefärbte Segmente einer Gänsefeder
Körper:	Rotes Floss, nicht auftragend
Flügel:	Graues Eichhörnchenhaar, über dem Körper stehend und über den Schwanz hinausragend
Hechel:	Braun/natur-rotbraun

Grau

Wie oben, aber mit einem gelben Schwanz, gelbem Körper und grizzly Hechel. Der Flügel besteht aus grauem Eichhörnchenhaar.

1 Am Hakenbogen binden Sie ein Segment der Gänsefeder für den Schwanz ein. An gleicher Stelle binden Sie das flache dünne Silbertinsel ein.

2 Führen Sie den Faden nach vorn und binden Sie das rote Floss ein.

TROCKENFLIEGEN

Treacle Parkin

Das ist eine sehr populäre Fliege im Norden Englands, wo sie sehr häufig zum Fischen auf Äschen eingesetzt wird. Es ist eine Verwandte der ›Red Tag‹ und mit dieser Fliege identisch bis auf den orangen Schwanz. Die Herkunft der ›Red Tag‹ läßt sich zurückverfolgen bis zu Martyn Flynn aus Worcester, der diese Fliege erstmals in der Mitte des letzten Jahrhunderts gebunden hat, als sie noch unter dem Namen ›Worcester Gem‹ bekannt war.

Dieses Muster kann auch sehr erfolgreich naß gefischt werden, wobei der einzige Unterschied darin besteht, daß anstelle der roten Hahnenhechel eine rote Hennenhechel verwendet wird.

Haken: Größe 12–14, Öhr nach oben
Faden: Braun oder schwarz
Schwanz: Orange Wolle
Körper: Grün/bronze Pfauenfiber, vorzugsweise von der Augenfeder
Hechel: Rotbraun

1 Zuerst binden Sie den Schwanz aus orange gefärbter Wolle oder Seide. An gleicher Stelle binden Sie drei oder vier Fibern Pfaugras ein.

2 Verdrehen Sie die Pfauenfibern und den Faden zu einem »Seil« und winden Sie den Körper. Schließen Sie die Fibern vorn ab und binden Sie an der gleichen Stelle die Hahnenhechel ein.
Winden Sie die Hechel wie gewohnt und schließen Sie die Fliege wie in Abb. 3 ab.

3 Zum Binden einer Naßfliege verwenden Sie eine Hennenhechel, die weicher als eine Hahnenhechel ist. Fliegen wie die ›Red Tag‹, ›Ke-he‹, ›Wormfly‹ und andere Fliegen aus Pfaugras und Hecheln werden alle in der gleichen Weise gebunden.

3 Winden Sie das Floss zum Hakenbogen und zurück, wobei Sie den Körper formen. Rippen Sie sorgfältig mit dem Silbertinsel und schließen Sie den Faden ab. Auf dem Hakenschenkel binden Sie nun ein Büschel graue Eichhörnchenhaare ein. Zum Schluß binden Sie eine rotbraune Hechel ein und beenden die Fliege wie gewöhnlich.

TROCKENFLIEGEN

Tup's Indispensable

Diese weltbekannte Fliege ist die Erfindung des professionellen Fliegenbinders R. S. Austin, die um die Jahrhundertwende entstand. Die Tups kann sowohl naß als auch trocken (oder als Nymphe, sofern sie als Imitat der Blaßwasserfarbenen gebunden ist) gefischt werden. Die Naßfliegenversion erfordert gewöhnlich eine Blue dun Hechel. Ich habe zwei Bindeweisen angeführt, die Originalversion und eine moderne Ausführung zum praktischen Fischen.

Original
Haken: Größe 14–16, Öhr nach oben
Faden: Gelb
Schwanz: Honigdun oder hellblaue Körperfeder
Körper: Eine Mischung aus Schafswolle, cremefarbener Seehundwolle, gelbem Fell eines Spaniels und einigen Fasern Mohair (die Mohairwolle wurde von G. E. M Skues durch blutrote Seehundwolle ersetzt).
Hechel: Hellblaue Hechel (die Originalversion sieht goldene Tupfen auf der hellblauen Hechel vor)
Kopf: Gelb

Moderne Version
Haken: Größe 12–16, Öhr nach oben
Faden: Braun (Sherry Spinner)
Schwanz: Honigfarbene Hahnenhechelfibern

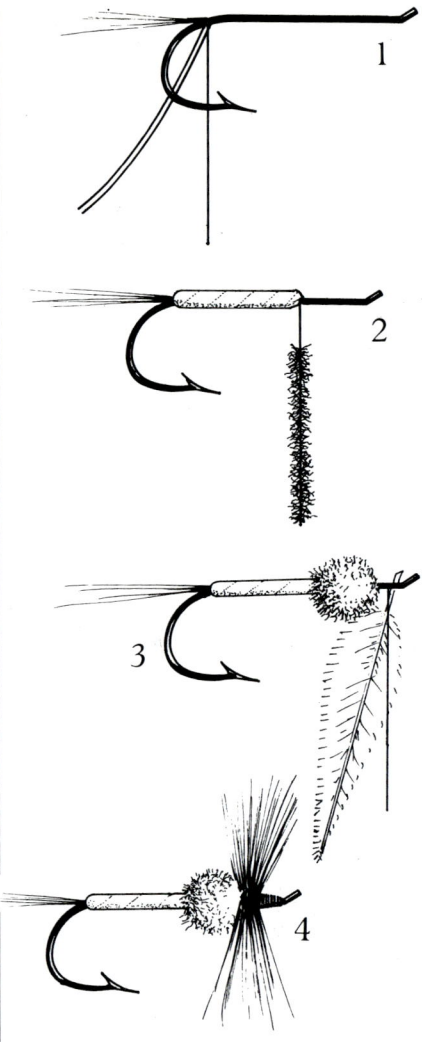

Körper: Gelbes Floss mit pinkfarbener Schafswolle oder Seehundwolle im vorderen Teil
Hechel: Honigfarbener Hahnenhechel
Kopf: Braun

1 Binden Sie am Hakenbogen die Fibern und das Floss ein.

2 Führen Sie den Faden nach vorn und winden Sie das gelbe Körperfloss zum Faden. Dubben Sie den Faden. Das Dubbing soll leicht ins Pinkfarbene gehen.

3 Formen Sie nun den Thorax und binden Sie die Hahnenhechel ein.

4 Winden Sie die Hechel und schließen Sie die Fliege ab.

Verre Enn Minken
Schlimmer als ein Nerz

Dies ist möglicherweise das bekannteste der vielen guten Muster des professionellen norwegischen Binders Erling Sand aus Engerdal.
Es ist äußerst erfolgreich und imitiert die Gelbe Maifliege *(Heptagenia sulphurea)*, die in den norwegischen Gewässern häufig vorkommt. Es ist sehr bekannt als Äschen- und Forellenfliege.

Haken: Größe 10–14, Öhr nach unten
Faden: Schwarz
Schwanz: Drei bis fünf Fibern der Fasanen-Stoßfeder
Körper: Gelbes Raffia
Rippung: Fibern des Fasanenstoßes
Hechel: Olive und braune Hahnenhechel, ineinander gebunden
Flügel: Zwei zimtfarbene Kielfedersegmente, nach hinten gerichtet
Kopf: Schwarz

TROCKENFLIEGEN

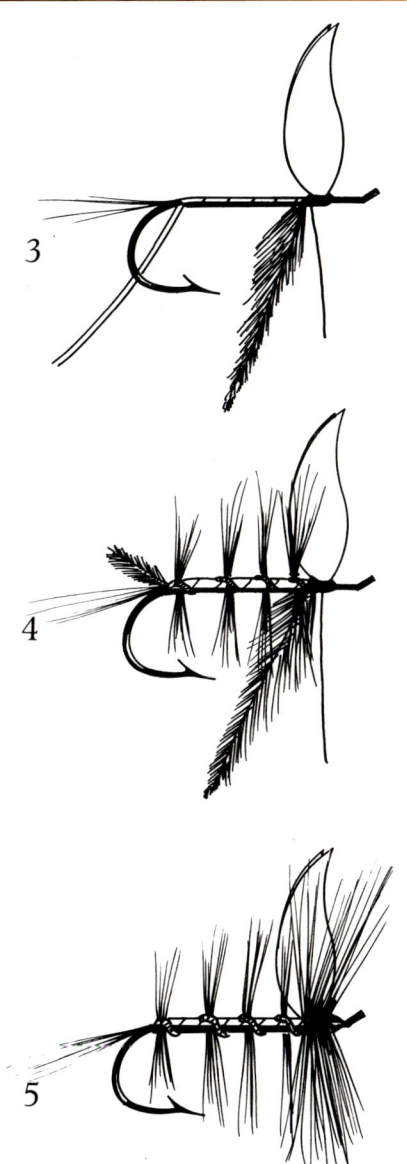

White Moth
Weiße Motte

Eines der besten Muster für das nächtliche Fischen. Die Fliege hat kein natürliches Vorbild.
Sie hat schon viele Meerforellen verführt und ist am erfolgreichsten zum Ende des Sommers.

Haken:	Größe 10–12, Öhr nach oben
Faden:	Weiß
Körper:	Weiße Wolle
Rippung:	Silberdraht
Hechel:	Weiße Hahnenhechel im Palmerstil
Flügel:	Kielfedersegmente von Gans oder Schwan

Wickham's Fancy

Haken:	Größe 12–16, Öhr nach oben
Faden:	Gelb
Schwanz:	Rotbraune Hechelfibern
Körper:	Flaches Goldtinsel
Rippung:	Feiner Golddraht
Hechel:	Rotbraun oder ginger, im Palmerstil
Flügel:	Kielfedersegmente vom Star für kleinere Muster, von der Gans für größere Muster
Kopf:	Gelb oder schwarz

1 Bereiten Sie aus je einer linken und rechten Feder von Star oder Gans das Flügelpaar vor. Entnehmen Sie die Segmente und legen Sie sie aufeinander. Die Wölbung beider Teile

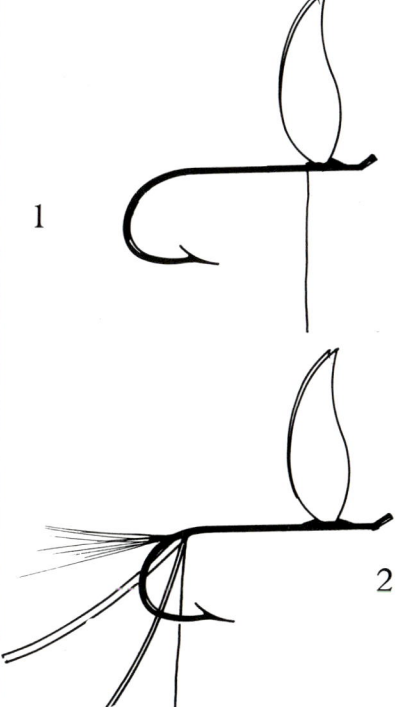

nach außen unterstützt die Formation der Flügel. Für die Naßfliegenversion werden die Segmente so angeordnet, daß sie nach innen gewölbt sind.
Binden Sie den Faden wie gewohnt ein und befestigen Sie die Flügel auf dem Hakenschenkel (siehe Seite 11).

2 Führen Sie den Faden zum Hakenbogen und binden Sie ein Büschel heller rotbrauner Hechelfibern für den Schwanz, das flache Goldtinsel und den Golddraht ein.

3 Führen Sie zuerst den Faden nach vorn, dann das Goldtinsel. Schließen

Sie es ab und binden Sie die Hahnenhechel ein.

4 Winden Sie die Hechel im Palmerstil nach hinten und sichern Sie sie mit dem Golddraht. Schneiden Sie die Hechelspitze ab, nachdem Sie den Rippungsfaden nach vorn geführt haben. Achten Sie darauf, daß mit dem Golddraht nicht zu viele Fibern flachgedrückt werden. Vorn binden Sie nun die Hechelfeder (gleiche Farbe) für den Hechelkranz ein.

5 Winden Sie die Kopfhechel und schließen Sie mit einem sauberen Kopf ab.

NASSFLIEGEN

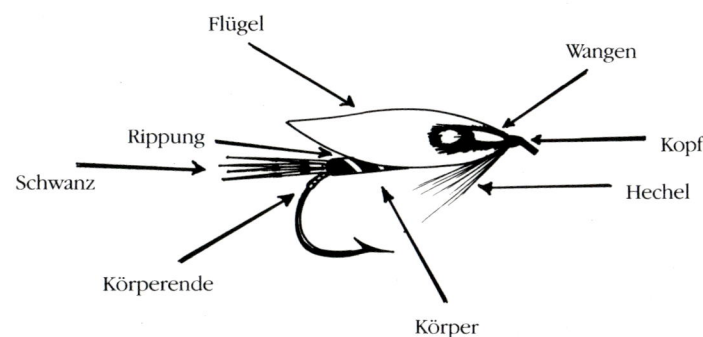

Ziel des Naßfliegenfischers ist es, dem Fisch mit dem unter Wasser geführten künstlichen Insekt einen begehrten Happen vorzugaukeln. Dem hungrigen oder neugierigen Fisch kann eine Naßfliege Nahrung verschiedener Art vortäuschen: Sie kann eine ertrunkene Fliege darstellen (gewöhnlich einen Spinner), eine aufsteigende Nymphe, eine weibliche Fliege auf dem Weg zum Gewässergrund, um dort Eier abzulegen, und sogar ein kleines Fischchen (bei der ›Parmachene Belle‹ soll mit den roten Segmenten die Flosse einer Forelle imitiert werden).

Normalerweise wird die Naßfliege mit einer Hennenhechel gebunden. Sie ist weicher als eine Hahnenhechel und verleiht der Fliege mehr Spiel unter Wasser. Machen Sie bitte nicht den Fehler, eine Naßfliege mit Material zu überladen (das gilt auch für andere Fliegen). Ganz besonders die Naßfliege soll mit wenig Material gebunden werden, auch im Hinblick auf ihre Sinkfähigkeit, die normalerweise nicht durch einen extra schweren Haken oder schweres Rippungsmaterial erreicht wird, sondern vor allem durch nicht schwimmfähiges und wasserabsorbierendes Material. Dies ist übrigens ein weiterer Grund, warum die weiche Hennenhechel der Hahnenhechel vorgezogen wird.

In England fischt man häufig zwei oder drei Naßfliegen an einem Vorfach, die man an einem Standplatz vorbeiführt. Dabei ist die Bewegung an der Schnur das einzige Anzeichen für einen Biß. Ich kenne Angler, die eingefleischte Naßfliegenfischer sind; wie es auch Trockenfliegenpuristen gibt. Beide Angelarten sind auf ihre Weise reizvoll, und es ist eigentlich unverständlich, warum nicht beide Arten von einem Angler praktiziert werden. Würde man auf diese Weise nicht viel tiefer in die Materie eindringen?

Während eines Schlupfes kann es passieren, daß die Forellen unter der Wasseroberfläche aktiv sind und dabei mit dem Kopf oder dem Schwanz den Oberflächenfilm durchbrechen. Aber glauben Sie nicht, daß es dann unbedingt an der Zeit ist, Trockenfliegen anzubieten. Man kann leicht beim näheren Beobachten erkennen, daß ihr Interesse Fliegen unmittelbar unter der Wasseroberfläche gilt.

NASSFLIEGEN

Alder

Nicht jedermanns Geschmackssache, aber ein Fliegenmuster, das schon lange Zeit unsere Fliegenboxen schmückt. Eine beträchtliche Zahl von Fischern schwört auf diese Fliege für Äschen. Charles Kingsley führte sie zum Ende des 19. Jahrhunderts ein als Imitat der Erlfliege, die zu den terrestrischen Fliegen gehört. Kingsleys original Bindeweise sieht für den Körper eine magenta(rötlich braun)farbene Pfauenfiber vor, die Materialempfehlungen haben sich aber im Laufe der Zeit geändert, und heute wird für den Leib eine ungefärbte Pfauenfiber verwendet. In Nordamerika wird sie manchmal mit einem Schwanz aus Goldfasan Tippets gebunden. Der Aufbau entspricht der ›Märzbraunen‹ (Seite 82).

Haken:	Größe 10–14, Öhr nach unten
Faden:	Schwarz
Körper:	Pfaugras
Flügel:	Dunkle, gesprenkelte Hennenflügel
Hechel:	Henne, schwarz gefärbt
Kopf:	Schwarz

Alexandra

Dieses Muster ist nach der Prinzessin Alexandra von Großbritannien benannt; früher war es jedoch allgemein bekannt unter dem Namen Lady of the Lake. Die ›Alexandra‹ stammt von W. G. Turle. Sie war im Laufe der Zeit so erfolgreich, daß sie an einigen Gewässern verboten wurde.

Vor einigen Jahren hatte ich das Vergnügen, einmal im Osten Transvaals in Südafrika zu fischen. Fünf meiner Fischerfreunde versuchten es ein ganzes Wochenende, aber sie hatten nur wenig Erfolg, obwohl sie alle verfänglichen Muster einsetzten, die sie hatten. Ich hingegen fing mit der ›Alexandra‹ an einem der folgenden Tage in nur drei Stunden elf Fische mit jeweils über einem Kilo Gewicht. Grundsätzlich ist die ›Alexandra‹ ein Muster für Stillwasser, das möglicherweise in den kälteren Wasserschichten in Bodennähe, wo es schnell eingeholt wird, erfolgreicher ist.

Haken:	Größe 8–12, Öhr nach unten
Faden:	Schwarz
Schwanz:	Scharlachrote Gans- oder Entenfeder
Körper:	Flaches Silbertinsel
Rippung:	Ovales Silbertinsel
Hechel:	Schwarz (Hahn/Henne)
Flügel:	Fibern des Pfauschwertes und scharlachrote Gänse- oder Entenfedersegmente
Kopf:	Schwarz

1 Führen Sie den Faden zum Hakenbogen und binden Sie ein paar Fibern scharlachroter Enten- oder Gänsefedern für den Schwanz ein. An gleicher Stelle binden Sie das ovale Silbertinsel ein.

2 Führen Sie den Faden zum Öhr und binden Sie das flache Silbertinsel ein.

3 Machen Sie die erste Körperwicklung mit dem flachen Tinsel, indem Sie es zum Hakenbogen und wieder zurück zum Öhr führen. Dort binden Sie es ab. Mit dem ovalen Tinsel rippen Sie den Körper und schließen es ebenfalls ab.

4 Binden Sie auf der Unterseite des Hakens die schwarzen Fibern für den Bart ein.

5 Nun binden Sie die Pfauenfibern ein. Wenn diese sicher sitzen, binden Sie auf jeder Seite ein schmales Segment der roten Kielfeder ein. Vervollständigen Sie die Fliege wie gewohnt. Statt der roten Fahnen können Sie auch zwei Jungle Cock Federn einbinden (›Jungle Alexandra‹).

NASSFLIEGEN

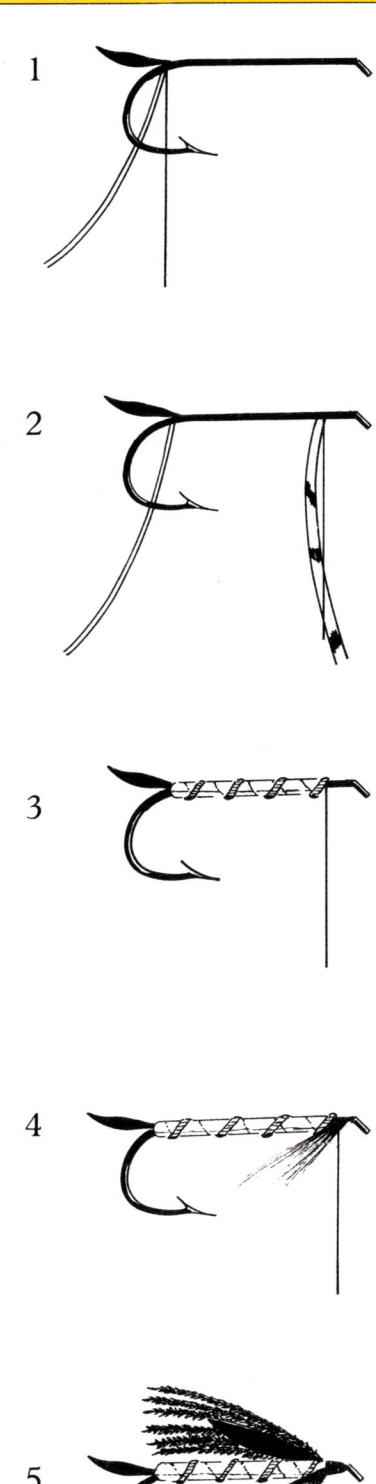

Black & Peacock Spider

Mit der Veröffentlichung seines Buches »Stillwater Fly Fishing« stellte Tom Ivens dieses Muster 1952 vor. Sein Ursprung geht zurück bis in das Jahr 1816, als es im »Fly Dressers Guide« von Bainbridge erwähnt wurde.

Es ist sicherlich eines der effektivsten Spider-Muster, die je erbunden wurden. Es kann auf verschiedene Weise gefischt werden: Im Frühjahr ist es, auf Gr. 8 oder 10 gebunden, tief und langsam geführt, sehr effektiv. Wenn man hingegen aufgestiegene Schnekken imitieren will, bietet man es an der Oberfläche an. Dabei verwendet man kleinere Größen (etwa 14) an der Schwimmschnur und einem gefetteten Vorfach von etwa 50 cm (Spitze). In beiden Fällen gilt: Je länger das Vorfach, desto größer die Erfolgsaussichten.

Dieses Muster wird wie die ›Partidge & Orange‹ (oder jedes andere Spider-Muster) gebunden. Die Bindeschritte beziehen sich auf die Abbildungen auf Seite 84.

Haken: Größe 8–14, Öhr nach unten
Faden: Schwarz
Körper: Bronzenes Pfaugras
Hechel: Henne, groß und weich
Kopf: Schwarz

1 Binden Sie das Pfaugras am Hakenbogen ein.

2 Winden Sie das Pfaugras nach vorn, binden Sie es ab und binden Sie eine Hechel ein.

3 Winden Sie die Hechel und schließen Sie mit einem sauberen Kopf ab. Der Körper kann mit einem Kupferdraht gerippt werden (wie abgebildet).

NASSFLIEGEN

Black Pennell

Dieses Muster wurde von M. Cholmondeley-Pennell zum Ende des 19. Jahrhunderts erbunden. Es wird sowohl vom Stillwasserfischer als auch vom Flußfischer bevorzugt. Auf Größe 8 gebunden nimmt es eine Spitzenposition bei den Meerforellenfischern ein. Es wird normalerweise auf Haken der Größen 10–14 gebunden, in Schottland jedoch zum Fischen in den Lochs aber auch bis Gr. 16 auf Wee-Doppelhaken. Im Norden Schottlands wird es vorzugsweise mit einer Hennenhechel im Palmerstil gebunden. Es wird auf die gleiche Weise gebunden wie die ›William's Favourite‹, und die Anleitungen beziehen sich auf die Abbildungen auf Seite 91.

Haken: Größe 10–14, Öhr nach unten
Faden: Schwarz
Körperende: Feines Silbertinsel
Schwanz: Goldfasan Tippets
Körper: Feines schwarzes Floss
Rippung: Ovales Silbertinsel
Hechel: Hahnenhechel mit langen Fibern, schwarz. Nur wenige Windungen
Kopf: Schwarz

1 Führen Sie den Faden zum Hakenbogen und binden Sie die Goldfasan Tippets für den Schwanz ein. An gleicher Stelle binden Sie das ovale Silbertinsel ein. Gehen Sie mit dem Faden nach vorn und binden Sie das Floss ein.

2 Formen Sie den Körper, indem Sie das Floss zum Hakenbogen und wieder nach vorn führen. Führen Sie dann den Rippungsfaden nach vorn und schließen Sie ab.

3 Binden Sie die Hechel ein und machen Sie zwei bis drei Windungen. Schließen Sie die Fliege wie gewohnt ab.

NASSFLIEGEN

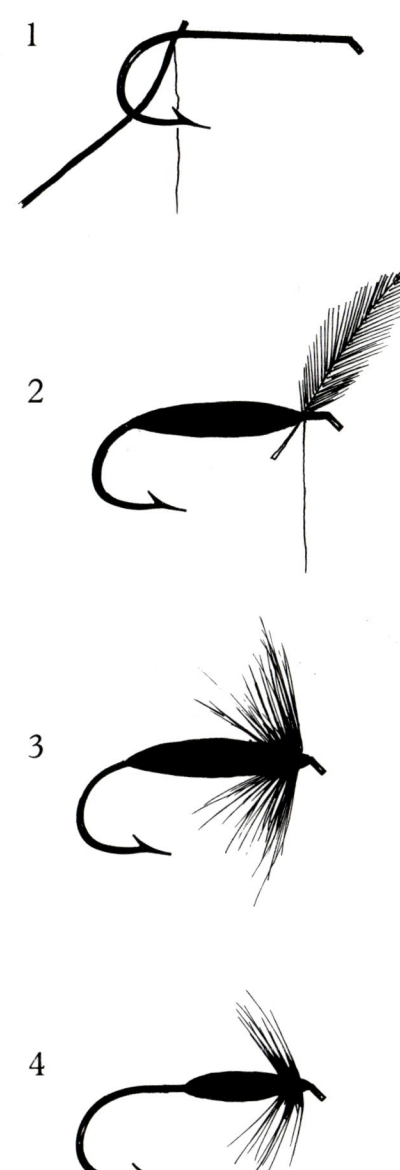

Black Spider
Schwarzer Spider

Dieses Muster stammt von James Baillie. Der Autor des Buches »The Practical Angler« (1857), W. C. Steward, verehrte diese Fliege. Er fing Unmengen von Forellen in seinem Leben, und nur selten, wenn überhaupt, hatte er keinen ›Black Spider‹ bei sich. Dieses Muster erfordert normalerweise einen lichten Hechelkranz.

Haken: Größe 10–16, Öhr nach unten
Faden: Schwarz
Körper: Schwarzes Floss
Hechel: Henne, schwarz
Kopf: Schwarz

1 Binden Sie das Floss am Hakenbogen ein.

2 Führen Sie das Floss nach vorn, formen Sie den Körper und schließen Sie es ab. Binden Sie eine weiche schwarze Hennenhechel ein (einige Binder ziehen es vor, die Hechel mit der Spitze einzubinden).

3 Winden Sie die Hechel und beenden Sie die Fliege wie gewohnt.

4 Einige Angler bevorzugen einen deutlich kurzen Körper.

Blae & Black

Ein traditionelles Muster, das wahrscheinlich aus der Jahrhundertwende stammt und in Irland als Meerforellenfliege sehr populär ist. Der genaue Ursprung ist nicht bekannt, aber in Wales wurde diese Fliege schon seit geraumer Zeit als Entenfliege bezeichnet. Das Muster ist zu empfehlen für die Loch-Fischerei im zeitigen Frühjahr. Es wird auf die gleiche Weise gebunden wie die ›Mallard & Claret‹, und die Anleitungen beziehen sich auf die Illustrationen auf Seite 81.

Haken: Größe 10–14, Öhr nach unten
Faden: Schwarz
Schwanz: Goldfasan Tippets
Körper: Schwarze Wolle
Rippung: Olives Silbertinsel
Hechel: Schwarze Henne
Flügel: Star
Kopf: Schwarz

1 Am Hakenbogen binden Sie einige Fibern der Goldfasan Tippets für den Schwanz der Fliege ein. An gleicher Stelle binden Sie das ovale Silbertinsel ein, das als Rippungsfaden dient. Danach dubben Sie den Faden mit schwarzer Wolle.

2 Winden Sie den gedubbten Faden nach vorn und rippen Sie den Körper mit dem Tinsel.

3 Binden Sie die schwarze Hennenhechel gemäß Zeichnung ein. Bereiten Sie zwei Segmente einer Starenflügelfeder (je ein linkes und ein rechtes Segment) vor, legen Sie beide zusammen und binden Sie sie auf dem Hakenschenkel ein.

4 Schließen Sie die Fliege mit einem sauberen Kopf ab und lackieren Sie ihn.
In der Version für Bachforellen wird die ›Blae & Black‹ in kleineren Größen vorgezogen. Die schwarze Hennenhechel wird dann oft durch eine schwarze Hahnenhechel ersetzt, da diese an kleinen Haken besser verarbeitet werden kann.

NASSFLIEGEN

Butcher
Fleischer

Bloody Butcher Blutiger Fleischer
Kingfisher Butcher Eisvogel Fleischer

Die beiden Schöpfer dieser bekannten Fliege, der Fleischer Moon und sein Freund Jewhurst, banden diese Fliege zu Beginn des 19. Jahrhunderts. Sie war ursprünglich bekannt als ›Moon-Fliege‹, berühmt wurde sie aber um 1936 unter dem gegenwärtigen Namen. Diese beiden Angler beabsichtigten mit den Farben dieser Fliege, ihren Stand zu symbolisieren: Der rote Schwanz stand für das Fleisch und die blauen Flügel für die traditionelle Fleischerschürze.

Die ›Butchers‹ sind exzellente Fliegen, die Weltruf genießen und vielen Anglern den Tag gerettet haben. Zum Saisonbeginn, wenn das Wetter kalt ist, vermögen sie sogar, Forellen aus der Tiefe zu locken..

In Hakengröße 8 werden sie sogar zum Meerforellenfischen eingesetzt, werden dort jedoch in einer Schwarz/Silber-Kombination gebunden.

Die Variante ›Bloody Butcher‹ hat eine scharlachrote Hechel anstelle einer schwarzen und der ›Kingfisher Butcher‹ einen blauen Schwanz, einen goldenen Körper und eine orange Hechel.

Haken:	Größe 10–16, Öhr nach unten, Größe 8 für Meerforellen
Faden:	Schwarz
Schwanz:	Roter Ibis oder ähnliches
Körper:	Flaches Silbertinsel
Rippung:	Ovales Silbertinsel
Hechel:	Schwarze Hahnen- oder Hennenhechel
Flügel:	Blau-schwarze Sektionen der Erpelschwungfeder
Kopf:	Schwarz

1 Führen Sie den Faden zum Hakenbogen und binden Sie die rote Ibisfeder oder ähnliches für den Schwanz ein. Binden Sie auch das ovale Silbertinsel ein.

2 Führen Sie den Faden nach vorn und binden Sie das flache Silbertinsel ein. Formen Sie den Körper, indem Sie das Tinsel zum Hakenbogen winden und wieder zurück zum Faden. Schließen Sie es dort ab. Rippen Sie nun mit dem ovalen Tinsel. Schließen Sie es ab. Binden Sie ein Bündel schwarzer Hechelfibern auf der Unterseite des Hakens ein.

3 Binden Sie zwei Segmente der blauen Erpelfeder (je ein linkes und ein rechtes) ein. Schließen Sie die Fliege mit einem Whip Finish wie gewöhnlich ab.

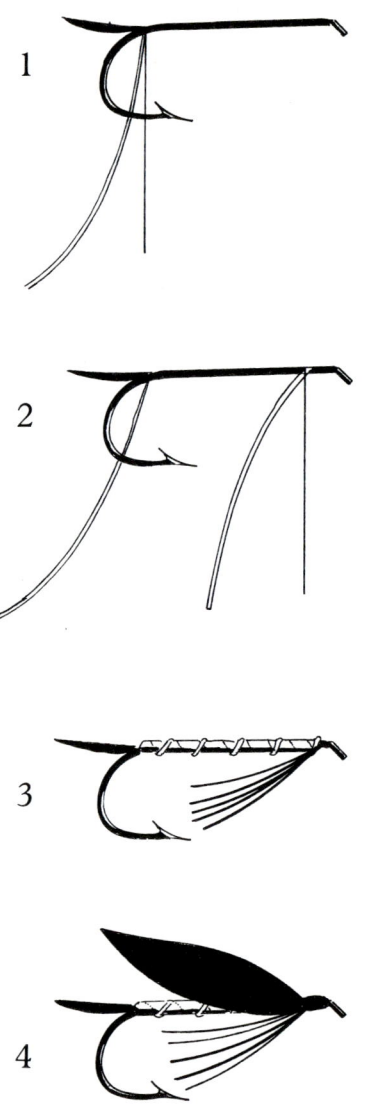

Blutiger Fleischer

NASSFLIEGEN

Cinnamon & Gold
Zimt und Gold

Ein gutes Meerforellenmuster, das am besten im Hochsommer gefischt wird. Es wird auf die gleiche Weise gebunden wie der ›Butcher‹, und die Anleitungen beziehen sich auf die Illustrationen für den ›Butcher‹ (Vorseite). In einigen Gegenden wird diese Fliege ohne Schwanz gebunden. Die Hecheln sind relativ lang und ragen über den Hakenbogen hinaus.

Haken: Größe 8–14, Öhr nach unten
Faden: Braun oder schwarz
Schwanz: (wahlweise) Goldfasan Tippets
Körper: Flaches Goldtinsel
Rippung: Ovales Goldtinsel
Hechel: Zimtfarbene Hahnenhechel
Flügel: Zimtfarbene Hennenflügelfedersegmente
Kopf: Braun oder schwarz

1 Führen Sie den Faden zum Hakenbogen und binden Sie die Goldfasan Tippets für den Schwanz ein. An gleicher Stelle binden Sie das ovale Goldtinsel ein.

2 Führen Sie den Faden nach vorn und binden Sie den flachen Goldfaden ein.

3 Formen Sie den Körper, indem Sie mit dem Goldfaden den Schenkel umwickeln und bis zum Hakenbogen und wieder zurück führen. Rippen Sie mit dem ovalen Goldtinsel. Schließen Sie beides ab und schneiden Sie den Überschuß ab. Binden Sie nun die zimtfarbenen Fibern der Hahnenhechel ein.

4 Auf dem Haken binden Sie zwei Segmente einer zimtfarbenen Hennenflügelfeder ein. Schließen Sie die Fliege wie gewohnt ab.

Cinnamon & Gold (alternativ)

Coachman
Kutscher

Eine traditionelle Fliege, deren Ursprung sich bis in das Jahr 1800 zurückverfolgen läßt. Die Fliege wird auf die gleiche Weise gebunden wie die ›Märzbraune‹ (Seite 82). Sie wird auf der ganzen Welt gefischt und hat eine Variante, den ›Royal Coachman‹. Der Name wurde ihr von den Amerikanern gegeben. Eine andere Variante, der ›Leadwing Coachman‹, hat die Flügel aus bleifarbenen Segmenten der Erpelschwungfeder.

Haken: Größe 10–14, Öhr nach unten für die Naßfliegen; Öhr nach oben in Größe 14 für die Trockenfliege
Faden: Braun oder schwarz
Körper: Pfaugras (von der Augenfeder)
Hechel: Rot oder ginger Hahn
Flügel: Segmente der weißen Entenschwungfeder
Kopf: Braun oder schwarz

Royal Coachman Königskutscher

NASSFLIEGEN

Connemara Black

Diese Fliege stammt aus dem Westen Irlands und hat schon sehr viele Forellen und Äschen an den Haken gebracht. Sie ist auch als Meerforellenfliege bekannt und bringt beste Erfolge, wenn sie unmittelbar unter der Wasseroberfläche gefischt wird. Sie hat sich besonders beim Fischen am späten Abend und bei warmem Wetter bewährt.
Die Schwarz-Silber-Kombination ist für bekannte Meerforellenfliegen typisch.

Haken:	Größe 10–14, Öhr nach unten; Größe 8 für Meerforellen
Faden:	Schwarz
Schwanz:	Goldfasanschopf
Körper:	Schwarze Seehundwolle oder schwarze Wolle
Rippung:	Feines ovales Silbertinsel
Hechel:	Schwarzer Hahn mit Eichelhäher an den Außenseiten
Flügel:	Bronze Mallard
Kopf:	Schwarz

1 Führen Sie den Faden zum Hakenbogen und binden Sie Fibern des Goldfasanschopfes für den Schwanz ein. An gleicher Stelle binden Sie das ovale Silbertinsel ein, dubben den Faden mit schwarzer Seehundwolle und winden diesen nach vorn, um den Körper zu formen.

2 Rippen Sie nun den Körper mit dem Tinsel.

3 Binden Sie eine schwarze Hechel auf der Unterseite des Hakens und einige Fibern des Eichelhähers an den Seiten der schwarzen Hechel ein.

4 Binden Sie die Flügel aus den Entenfedern auf dem Hakenschenkel ein und schließen Sie die Fliege mit einem Whip Finish ab.

Cowdung
Kuhfladen

Dieses Muster kann trocken oder naß angeboten werden. Das natürliche Vorbild ist ein Landinsekt, das gelegentlich auf das Wasser getrieben wird und von den Forellen gern genommen wird. Es gibt immer wieder Angler, die glauben, daß Landinsekten keinen Platz in der Fliegenschachtel haben sollten, aber dieses Muster (zusammen mit der Erlfliege und dem Schuster) hat schon viele Fische verführt. Das hier beschriebene Muster stammt aus dem 19. Jahrhundert und wurde von Alfred Ronalds erbunden. Es wird auf die gleiche Weise wie die ›Märzbraune‹ auf Seite 82 gebunden.

Haken:	Größe 12–14, Öhr nach unten
Faden:	Braun
Körper:	Chenille, oliv gefärbt
Rippung:	Hellgrüne Seide
Hechel:	Honigdun – etwas dunkler
Flügel:	Hechelspitzen, dunkles Honigdun
Kopf:	Braun

NASSFLIEGEN

Dai Ben

Eine klassische Fliege aus dem mittleren und südlichen Wales. Sie wird ausgiebig eingesetzt an Flüssen wie dem Teifi. Die originale Bindeweise sieht eine Hechel des seltenen andalusischen Blauen Hahnes vor. Es gibt eine ganze Reihe von Anglern im Süden von Wales, die für diese Fliege ihre Vögel selbst züchten. Es wird auf die gleiche Weise gebunden wie der ›Black Spider‹ (Seite 69).

Haken: Größe 10–14, Öhr nach unten
Faden: Braun
Körper: Kaninchen- oder Hasendubbing
Rippung: Goldtinsel
Hechel: Blue dun Hahn
Kopf: Braun

Dunkeld

Dunkeld

Dieses Muster ist sehr alt, und über seine Herkunft gibt es kaum Informationen. Bekannt wurde es jedoch als Lachsfliege und im Laufe der Zeit ist es modifiziert worden, um den Erfordernissen an stehenden Gewässern zu genügen. Heute wird es in Varianten für die Fischerei mit Springer und Strecker hergestellt. Es hat schon auf verschiedene Weise Fische an den Haken gebracht: In Verbindung mit der Wasserkugel, als Springer, Strecker und als Einzelfliege. Es kann langsam oder schnell eingeholt werden, tief oder hoch geführt werden. Nach meinen Erfahrungen ist es am erfolgreichsten am Ende der Saison. Früher war es im Handel mit einem Augenpaar aus Jungle Cock Federn, heute sind diese weitgehend verschwunden, da die Einfuhr dieser Federn verboten ist.

Haken: Größe 10–14, Öhr nach unten; Größe 8 für Meerforellen
Faden: Braun
Schwanz: Goldfasanschopffibern
Körper: Flaches Goldtinsel
Rippung: Golddraht oder ovales Goldtinsl
Hechel: Hellorange, im Palmerstil
Flügel: Bronze Mallard
Augen (wahlweise): Jungle Cock
Kopf: Braun (oder schwarz)

1 Führen Sie den Faden zum Hakenbogen und binden Sie die Fibern des Goldfasanschopfes für den Schwanz ein. Binden Sie ebenso das feine ovale Goldtinsel ein. Führen Sie den Faden zum Öhr und binden Sie das flache Goldtinsel ein.

2 Formen Sie den Körper, indem Sie das flache Goldtinsel zum Hakenbogen und zurückführen. Schließen es ab. Binden Sie die hellorange Hechel ein.

3 Winden Sie die Hechel im Palmerstil zum Hakenbogen und sichern Sie sie mit dem Rippungsmaterial. Führen Sie den Rippungsfaden zum Öhr und achten Sie darauf, daß Sie nicht zu viele Fibern der Hechel zur Seite drücken. Binden Sie das Tinsel ab und schneiden Sie die Spitze der Hechelfeder am Hakenbogen ab.

4 Bereiten Sie vier Segmente einer Bronze Mallard Feder (je zwei linke und zwei rechte) vor und binden Sie sie auf dem Hakenschenkel ein. Früher war es üblich, zwei Jungle Cock Federn an jede Seite zu binden, aber das ist aus den oben genannten Gründen heute nicht mehr möglich.

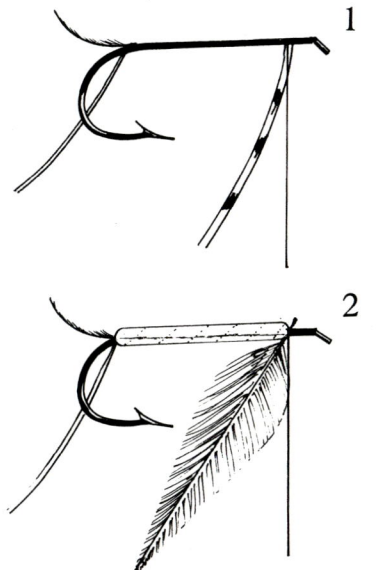

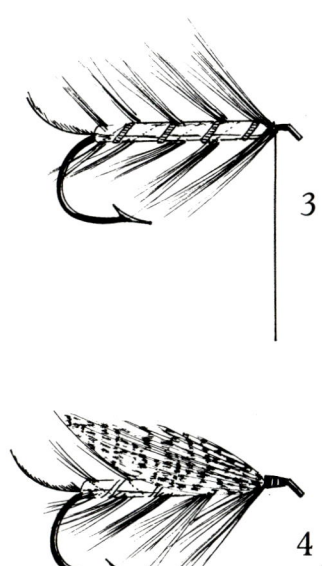

NASSFLIEGEN

Green Peter
Grüner Peter

Dies ist eine der traditionsreichen irischen Sedges und ein ganz sicherer Tip für die kalkreichen Seen der Grünen Insel. In früheren Jahren ist es zu einem gewissen Grad sehr populär auch an den Seen von Wales und den großen Reservoirs in England geworden. Es ist ein ausgezeichnetes Muster, wenn es während eines Schlupfes von Sedges eingesetzt wird.

Haken:	Größe 12–14, Öhr nach unten
Faden:	Oliv oder schwarz
Körper:	Hellgrüne Seehundwolle
Flügel:	Bronze Mallard
Rippung:	Feines Goldtinsel
Hechel:	Helle rotbraune Hahnenhechelfibern
Kopf:	Oliv

1 Am Hakenbogen binden Sie das Goldtinsel ein.

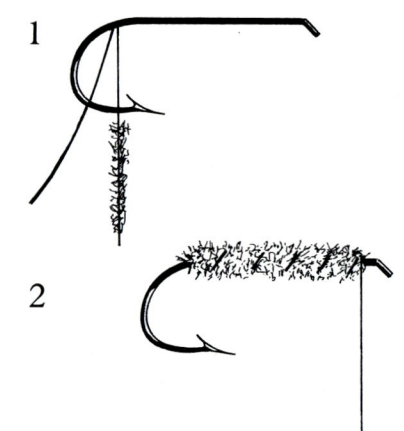

Goldgeripptes Hasenohr
(engl. Version)

Gold-ribbed Hare's Ear
Hasenohr, gold gerippt

Das ›Hasenohr‹ gehört zu den populärsten Fliegenbindematerialien aller Zeiten. Es wird verwendet für Trokkenfliegen, Nymphen (lang und kurzschenklig) und Naßfliegen (mit oder ohne Flügel). Die Naßfliege ohne Flügel sieht aus wie eine Nymphe, aber ich habe beide dargestellt zum Zwecke der Unterscheidung. Die Materialien sind in allen Fällen die gleichen. Verwenden Sie es wie bei der ›goldgerippten Hasenohrnymphe‹ (Seite 24)

Haken:	Größe 10–14 kurzschenklig, Öhr nach unten
Faden:	Braun
Schwanz:	Grannen des Hasenfells
Körper:	Wie Schwanz
Rippung:	Ovales Goldtinsel
Flügel:	Star
Kopf:	Braun

February Red
Februar Rote

Ein sehr altes Muster aus dem Norden Englands, das die im Frühjahr schlüpfenden Steinfliegen imitiert.

Haken:	Größe 14, Öhr nach unten
Faden:	Weinrot
Körper:	Orange Mohair oder Seehundwolle
Hechel:	Blue dun Hennenhechel
Kopf:	Weinrot

NASSFLIEGEN

Dubben Sie den Faden mit etwa hellgrüner Seehundwolle oder ähnlichem.

2 Führen Sie den gedubbten Faden nach vorn und rippen Sie den Körper.

3 Der nächste Schritt ist das Einbinden der Hechel; binden Sie einige Fibern einer hellen, rotbraunen Feder ein.

4 Bereiten Sie geeignete Segmente einer Bronze Mallard Feder für die Flügel vor (je zwei einer linken und rechten Seite). Binden Sie sie auf dem Hakenschenkel ein. Formen Sie den Kopf und beenden Sie die Fliege wie gewöhnlich.

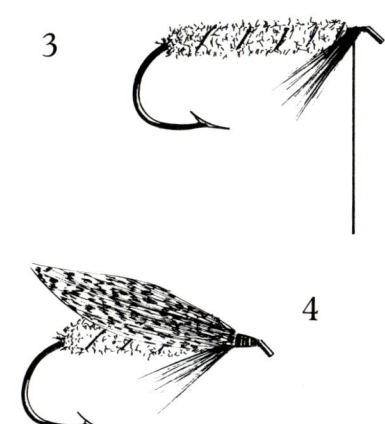

Greenwell's Glory

Dies ist eine weitere international bekannte Fliege, die um 1850 aus der Gegend des Flusses Tweed stammt. Es heißt, daß der Domherr William Greenwell eine natürliche ›Olive Dun‹ am Wasser fing, damit zu einem ortsansässigen professionellen Fliegenbinder Namens James Wright ging und ihn bat, das natürliche Insekt nachzubinden. Das Ergebnis war ein Erfolg. Auf der ganzen Welt wurde die ›Greenwell's Glory‹ wegen ihrer außergewöhnlichen Fängigkeit gelobt. Ursprünglich war sie eine Naßfliege, doch schnell wurde sie auch als Trockenfliege bekannt. Wie es so mit allen traditionellen Mustern geschieht, gibt es gewisse Unsicherheiten über die wirkliche Herkunft. Und diese Fliege ist keine Ausnahme: Ein Engländer namens Aitkin nimmt für sich in Anspruch, ein der ›Greenwell's Glory‹ zum Verwechseln ähnlich sehendes Muster schon Jahre zuvor erbunden zu haben.

Haken:	Größe 12–14, Öhr nach unten
Faden:	Gelb oder blaßgelb
Körper:	Gelbe oder blaßgelbe Seide, mit Schuhwachs präpariert
Rippung:	Feiner Golddraht
Hechel:	Furnace Hennenhechel, walnußfarben mit einem schwarzen Center oder Coch-y-Bondhu
Flügel:	Dunkle Starenflügelfedern
Kopf:	Blaßgelb

1 Binden Sie den Golddraht ein.

2 Formen Sie den Körper mit der Seide (oder mit Floss). Rippen Sie den Körper mit dem Golddraht.

3 Der nächste Schritt ist das Einbinden der Hechel. Binden Sie entweder einige Fibern einer hellen furnace Hennenhechel unter dem Haken als Barthechel ein oder winden Sie einen Hechelkranz, wobei Sie mit dem Faden die nach oben stehenden Hecheln zur Seite bzw. nach unten drücken.

4 Von jeweils einer linken und rechten Feder eines Staren bereiten Sie die Segmente für die Flügel vor. Binden Sie die Flügel auf dem Hakenschenkel ein und schließen Sie die Fliege wie gewohnt ab.

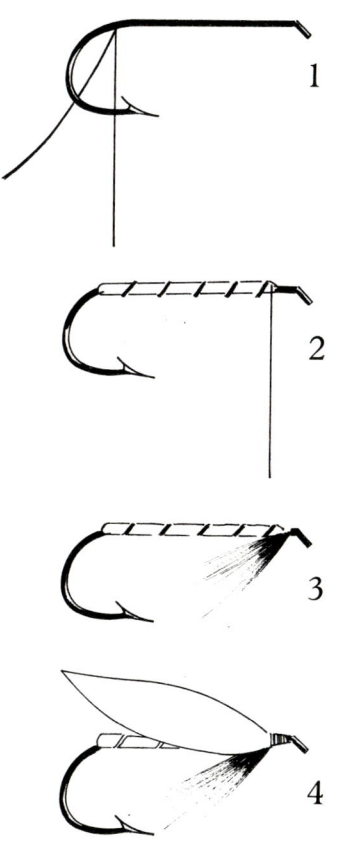

NASSFLIEGEN

Grouse & Claret

Grenadier

Dieses Muster stammt von Dr. Bell aus Wrington/Summerset, der die meiste Zeit seines Lebens in Blagdon fischte. Die Fliege ist sehr einfach zu binden.

Haken: Größe 12–14, Öhr nach unten
Faden: Braun oder schwarz
Körper: Hellorange Seehundwolle oder Floss
Rippung: Ovales Goldtinsel (einige Binder bevorzugen auch gehämmertes Tinsel)
Hechel: Helle furnace Hechel (licht gebunden)
Kopf: Braun oder schwarz

1 Führen Sie den Faden zum Hakenbogen und binden Sie das ovale Goldtinsel ein. An gleicher Stelle binden Sie das orange Floss ein. Einige Binder bevorzugen Seehundwolle, mit der vorher der Faden gedubbt werden muß.

2 Führen Sie den Faden zum Öhr und winden Sie das Floss nach vorn, wobei Sie den Körper formen. Anschließend rippen Sie den Körper mit dem Tinsel.

3 Binden Sie die Hechel ein und winden Sie einen lichten Kranz. Schließen Sie die Fliege wie gewohnt ab.

Grouse Series
Serie der Moorhuhn-Fliegen

Diese Fliegen, die ihren Ursprung im Norden Englands haben, sind sehr gefragte Meerforellenmuster. Die Flügel aus Moorhuhnfedern und die dunkle Hechel sind Bestandteile aller Varianten. Nur die Farbe des Körpers kann variieren. Sie kann grün, orange, rot, gelb oder weinrot sein. Die Anleitungen beziehen sich auf die Illustrationen für die ›Mallard & Claret‹ (Seite 81).

Haken: Größe 8–14, Öhr nach unten
Faden: Braun
Schwanz: Goldfasan Tippet
Körper: Wolle oder Seehundwolle
Rippung: Ovales Silber- oder Goldtinsel
Hechel: Gewöhnlich dunkelrotbraun (manchmal auch mittelbraun)
Flügel: Flügelfeder des Moorhuhns
Kopf: Schwarz

1 Am Hakenbogen binden Sie einige Fibern der Goldfasan Tippetfeder ein, die den Schwanz darstellen. An gleicher Stelle binden Sie das Tinsel ein. Dubben Sie den Faden mit Wolle oder Seehundwolle.

2 Führen Sie den gedubbten Faden nach vorn und formen Sie den Körper. Anschließend führen Sie das Rippungsmaterial nach vorn.

3 Gemäß der Abbildung binden Sie nun die Fibern für die Barthechel ein.

4 Präparieren Sie vier Segmente aus einer Moorhuhnflügelfeder (jeweils eine linke und rechte Feder). Halten Sie sie zusammen und binden Sie sie auf dem Hakenschenkel ein. Vervollständigen Sie die Fliege wie gewöhnlich.

NASSFLIEGEN

Hawthorn
Weißdornfliege

Die natürliche Weißdornfliege ist tiefschwarz und etwa 13 mm lang. Sie wird seit Jahrhunderten in der Literatur erwähnt, und Juliana Berners war die erste, die sie in ihren Schriften erwähnte (1486). Auch Izaak Walton erwähnt sie in seinem Buch »The Compleat Angler«. Das Muster kann naß und trocken angeboten werden und hat sich am besten an Seen und Flüssen bewährt, wenn auch natürliche Weißdornfliegen schwärmen.

Haken: Größe 12–14, Öhr nach unten
Faden: Schwarz
Körper: Schwarze Straußenfiber
Beine: (wahlweise) Blanke Straußenfibern
Hechel: Schwarze Hahnenhechel
Flügel: Sehr blaße Starenflügelfeder
Kopf: Schwarz

1 Binden Sie am Hakenbogen die Straußenfiber ein. Winden Sie sie nach vorn, um den Körper zu formen, und schließen Sie sie ab. Wenn Sie Beine wünschen, binden Sie nun die blanken Kiele der Straußenfiber an den Seiten ein. Sie sollten nach hinten gerichtet sein.

2 Binden Sie die schwarze Hechel ein. Halten Sie die Starenfedersegmente auf den Hakenschenkel und binden Sie sie ein.

3 Beenden Sie die Fliege wie gewöhnlich.

Heckham Peckham

Ein außergewöhnliches Muster zum Fischen an Seen und für Meerforellen. Diese auch in Nordamerika sehr populäre Fliege wurde von William Murdock aus Aberdeen erbunden. Es gibt zwei maßgebliche Varianten. Die ›Heckham and Black‹ und die ›Heckham and Silver‹. Sie werden genauso gebunden wie die ›Mallard & Claret‹ und die Anleitungen beziehen sich auf die Illustrationen auf Seite 81.

Haken: Größe 10–14, Öhr nach unten (Größe 8 für Meerforellen)
Faden: Schwarz
Schwanz: Drei oder vier Fibern der Goldfasan Tippet Feder
Körper: Rote Seehundwolle
Rippung: Silbertinsel
Hechel: Rotbrauner Hahn
Flügel: Grünliche Erpelfeder mit weißen Spitzen
Kopf: Schwarz

1 Führen Sie den Faden zum Hakenbogen und binden Sie die Fibern der Goldfasan Tippet Feder für den Schwanz ein. An gleicher Stelle binden Sie das Silbertinsel für die Rippung ein. Dubben Sie den Faden mit Seehundwolle.

2 Führen Sie den gedubbten Faden nach vorn. Danach führen Sie das Tinsel nach vorn.

3 Gemäß Illustration binden Sie die Barthechel, die aus rotbraunen Fibern besteht, ein

4 Präparieren Sie die Segmente der Erpelfeder für die Flügel und binden Sie sie auf dem Hakenschenkel ein. Beenden Sie die Fliege mit einem Whip Finish und einem Tropfen Lack.

NASSFLIEGEN

Invicta Silver

Hofland's Fancy

Ein Muster, das in den 30er Jahren des 19. Jahrhunderts von T. C. Hofland gebunden wurde und einen kleinen Spinner imitieren soll, den er einmal auf der Wasseroberfläche beobachtet hatte. Sie ist noch heute eine populäre Fliege, besonders für den Hochsommer, und kann trocken oder naß angeboten werden.

Haken: Größe 12–14, Öhr nach unten
Faden: Dunkelbraun
Schwanz: Zwei oder drei Fibern einer rotbraunen Hahnenhechel
Körper: Rotbraun bis dunkelbraunes Floss
Hechel: Rotbrauner Hahn
Flügel: Waldschnepfen-Flügelfeder
Kopf: Dunkelbraun

1 Führen Sie den Faden zum Hakenbogen und binden Sie drei Fibern einer rotbraunen Hahnenhechel für den Schwanz ein. An gleicher Stelle binden Sie das Floss ein und winden es nach vorn zum Öhr, wobei Sie den Körper formen.

2 Binden Sie die Hechel ein. Die Fibern sollten bis in den Hakenbogen hineinragen.

3 Präparieren Sie die Flügel von je einer linken und einer rechten Feder und binden Sie sie auf dem Hakenschenkel ein.

4 Schließen Sie mit einem Whip Finish und einem Tropfen Lack ab.

Invicta
Unbesiegbare

James Ogden aus Cheltenham, der ein Bindeexperte war, erband dieses Muster in den letzten Jahren des 19. Jahrhunderts, um eine schlüpfende Sedge Puppe zu imitieren. Es ist möglicherweise das bekannteste aller Sedgemuster und ist bis heute erfolgreich an allen Gewässern der Welt. In vielen Ländern, insbesondere in Norwegen, hat es einen exzellenten Ruf als Meerforellenfliege. Im Frühjahr, wenn die Sedges zu schlüpfen beginnen, beginnt die Topzeit für dieses Muster. Die ›Invicta‹ muß entweder im Oberflächenfilm oder unmittelbar darunter angeboten werden.

Haken: Größe 8–14, Öhr nach unten
Faden: Oliv
Schwanz: Goldfasanschopf
Körper: Gelb gefärbte Seehundwolle (oder gelbe Wolle)
Rippung: Ovales Goldtinsel
Hechel: Hellrotbraune Hahnenhechel, im Palmerstil über den gesamten Körper bis zum Schwanz gewunden
Bart: Eichelhäher oder gefärbte Fasanenhenne
Kopf: Oliv

1 Am Hakenbogen binden Sie die Fibern der Goldfasanschopffeder ein. An gleicher Stelle binden Sie das Tinsel für die Rippung ein. Dubben Sie den Faden mit gelber Seehundwolle.

2 Führen Sie den gedubbten Faden nach vorn und binden Sie die hellrotbraune Hahnenhechel ein.

1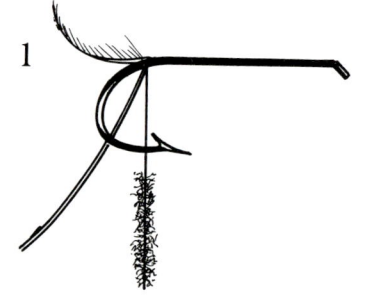

2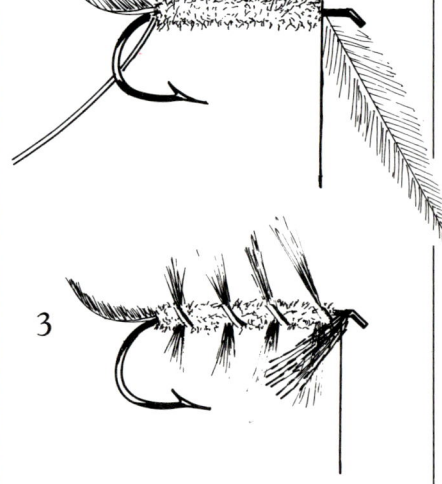

3

4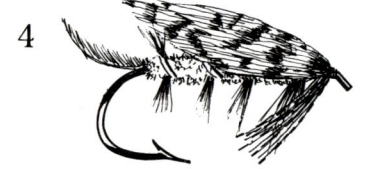

NASSFLIEGEN

Red-tailed Invicta

3 Winden Sie die Hahnenhechel im Palmerstil den Körper entlang bis zum Hakenbogen und binden Sie sie mit dem Tinsel ein. Dann führen Sie das Tinsel in Richtung Öhr und rippen dabei den Körper. Binden Sie das Tinsel ab und schneiden Sie den Überschuß und die Spitze der Hechelfeder ab. Für die Barthechel binden Sie Eichelhäherfibern ein.

4 Schneiden Sie aus jeder Seite einer mittleren Stoßfeder der Fasanenhenne ein Segment für die Flügel aus und binden Sie sie auf den Hakenschenkel. Vervollständigen Sie die Fliege wie gewöhnlich.

John Storey

Die Storey Familie lebte nahe dem Fluß Rye in Yorkshire seit der Mitte des 19. Jahrhunderts. Der Angelverein von Ryedale stellte John Storey als Gewässeraufseher ein, als dieser 23 Jahre alt war, und für die folgenden 75 Jahre wurde dieser Fluß ein Teil seines Lebens. Das original Muster wurde im Laufe der Zeit nicht nur als Naßfliege, sondern auch als Trockenfliege gebunden, und der Enkel von John Storey experimentierte damit, diesem Muster Flügel zu verleihen. Da seiner Meinung nach das Bestükken von Fliegen mit aufrecht stehenden Flügeln für viele Fliegenbinder zu schwierig war, gestattete er, daß die Flügel so eingebunden wurden, daß sie nach vorn über das Öhr hinausragten. Seltsamerweise hat sich diese Anordnung als wesentlich erfolgreicher herausgestellt als die originale Bindeweise. Als ich Kontakt mit Arthur Storey, dem Enkel, aufnahm, um mehr über die Bindeweise zu erfahren, offenbarte er mir, daß er auch eine Variante zum Fischen auf Äschen bindet, die eine ginger Hechel besitzt.

Haken:	Größe 14–16, Öhr nach unten
Faden:	Schwarz
Körper:	Pfaugras
Flügel:	Eine kleine, aber unbeschnittene Schopffeder eines ausgewachsenen Erpels (die Federn eines Jungvogels sind nicht geeignet, weil sie eine braune Färbung haben)
Hechel:	Rotbrauner Hahn
Kopf:	Schwarz

Ke-He

Eine sehr populäre Fliege in Schottland. Sie wurde im Jahr 1932 von den beiden Anglern Kemp und Heddle erdacht, die regelmäßig das Loch Harray auf den Orkney Inseln besuchten. Sie banden diese Fliege, um die zahllosen Arten von Bienen zu imitieren, die der Wind auf das Wasser geweht hatte. Die Bindeweise weicht etwas von der Originalversion ab, die eine rote Hahnenhechel und kein rotes Haarbüschel neben dem Schwanz vorsah.

Haken:	Größe 10–12, Öhr nach unten
Faden:	Schwarz
Schwanz:	Goldfasan Tippet Fibern, darunter rote Haare
Körper:	Bronzenes Pfaugras
Hechel:	Rotbraune oder schwarze Hahnenhechel
Kopf:	Schwarz

1 Binden Sie am Hakenbogen einige Fibern der Goldfasan Tippet Feder und etwas rote Wolle oder rote Haare ein. An gleicher Stelle binden Sie die bronzene Pfauenfiber ein.

2 Winden Sie die Pfauenfiber nach vorn, aber lassen Sie vor dem Öhr etwas Platz für die Hechelfeder.

3 Beenden Sie die Fliege mit einem sauberen Kopf und einem Tropfen Lack.

NASSFLIEGEN

Machadodorp

Eine sehr populäre Fliege aus Südafrika, die nach der gleichnamigen Stadt im Osten Transvaals benannt wurde.

Haken: Größe 6–12
Faden: Schwarz
Schwanz: Eisenblauer Hahn
Körper: Graue Chenille
Hechel: Eisenblauer Hahn
Flügel: Graue Ente
Kopf: Schwarz

1 Führen Sie den Faden zum Hakenbogen und binden Sie ein paar Fibern der eisenblauen Hahnenhechel für den Schwanz ein.

2 An gleicher Stelle binden Sie die graue Chenille ein und winden diese nach vorn, wobei Sie den Körper formen.

3 Binden Sie die Hechel ein und schneiden Sie aus je einer linken und rechten Feder der Ente ein Flügelpaar heraus und binden Sie sie auf dem Hakenschenkel ein.

4 Machen Sie einen Whip Finish und lackieren Sie den Kopf.

Mallard Series

Eine weitere Fliege, die weltweiten Ruf genießt. Über ihre Herkunft herrscht noch Unklarheit, obwohl die meisten Angler der Meinung sind, daß William Murdoch, ein wohlbekannter Fliegenbinder aus Aberdeen, dessen Name auch mit der ›Heckham Peckham‹ in Zusammenhang gebracht wird, die Person ist, die für dieses Muster in der jetzigen Form verantwortlich ist. Verschiedene Hinweise, die zurückgehen bis zum Jahre 1840, deuten darauf hin, daß damals schon eine ähnliche Fliege für das Lochfischen gebunden wurde, die der Bindeweise der ›Mallard‹ ähnelt, jedoch keine Goldfasan Tippet Federn aufwies.

Die ›Mallard‹ Fliegen können das ganze Jahr über sehr erfolgreich sein, aber es sollte auch klar gesagt werden, daß diese Fliege mit ihrer verführerischen Erscheinung unbedingt mit Seehundwolle gebunden werden muß und nicht, wie vielfach heute in praxi mit einem Körper aus Wolle.

NASSFLIEGEN

Mallard & Claret

Haken: Größe 10–14, Öhr nach unten; Größe 8 für Meerforellen
Faden: Schwarz
Schwanz: Goldfasan Tippets
Körper: Weinrote Seehundwolle
Rippung: Ovales Goldtinsel
Hechel: Dunkelweinrot (hellrot oder schwarz)
Flügel: Bronze Mallard
Kopf: Schwarz

Alle Fliegen der ›Mallard‹ Serie können nach der folgenden Anleitung gebunden werden: ›Mallard & Blue‹, ›Mallard & Yellow‹, ›Mallard & Red‹, etc. Der einzige Unterschied liegt in der Farbe der Seehundwolle.

1 Binden Sie am Hakenbogen ein paar Fibern der Goldfasan Tippet Feder ein, um den Schwanz der Fliege zu formen. An gleicher Stelle binden Sie das ovale Goldtinsel ein. Es dient der Rippung. Dubben Sie den Faden mit weinroter Seehundwolle.

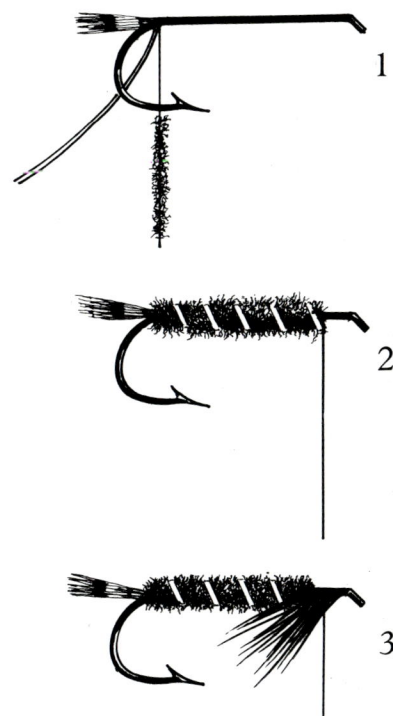

2 Winden Sie den gedubbten Faden zum Öhr und rippen Sie den Körper anschließend.

3 Gemäß Zeichnung binden Sie die weinroten Hechelfibern als Barthechel ein.

4 Schneiden Sie vier Segmente aus einer jeweils linken und rechten braunen Erpel-Schulterfeder heraus, legen Sie sie zusammen und binden Sie sie auf dem Hakenschenkel ein. Vervollständigen Sie die Fliege mit einem sauberen Kopf.

NASSFLIEGEN

March Brown
Märzbraune

Sie ist eine Fliege, die uns seit dem 17. Jahrhundert beim Fischen begleitet. In der Naßfliegenversion ist sie normalerweise geflügelt und kann an Flüssen und stehenden Gewässern eingesetzt werden. Die behechelte Version ist besonders für das Fischen im Fluß (stromauf) geeignet. Es hat sich besonders in Fließgewässern mit rauher Oberfläche bewährt und ist heute in den meisten Fliegenschachteln der Angler zu finden. Sie ist eine ausgesprochene Frühjahrsfliege, die in den Tälern von Wales und im Norden Englands mehr zu Hause ist als im Süden. Es gibt eine Variante, die ›Silberne Märzbraune‹, deren Körper aus flachem Silbertinsel besteht, das mit ovalem Silber gerippt ist.

Haken:	Größe 10–14, Öhr nach unten (für Naßfliegen); Größe 12–14, Öhr nach oben (für Trockenfliegen)
Faden:	Braun
Schwanz:	Fibern der braunen, gesprenkelten Rebhuhnhechel
Körper:	Wolle des Hasen
Rippung:	Golddraht
Hechel:	Wie Schwanz
Flügel:	Segmente je einer linken und rechten Schwungfeder der Fasanenhenne
Kopf:	Braun (oder schwarz)

1 Am Hakenbogen binden Sie ein paar Fibern der braunen Rebhuhnhechel für den Schwanz ein. An gleicher Stelle binden Sie den Golddraht ein. Dubben Sie den Faden mit der Hasenwolle.

Gold March Brown

2 Führen Sie den gedubbten Faden nach vorn und formen Sie dabei den Körper der Fliege. Danach rippen Sie den Körper.

3 Binden Sie mit Fibern der braunen Rebhuhnfeder die Barthechel.

4 Bereiten Sie aus je einer linken und rechten Schwungfeder der Fasanenhenne das Flügelpärchen vor und binden Sie es auf dem Haken ein. Schließen Sie die Fliege wie gewohnt ab.

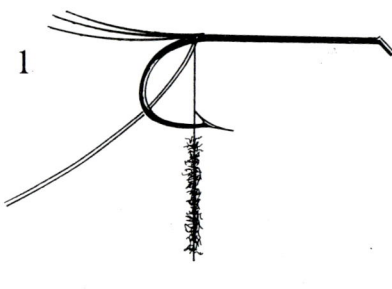

1

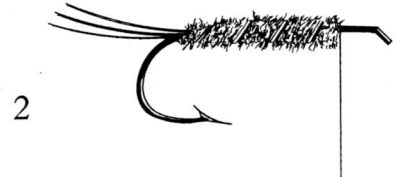

2

Silver March Brown

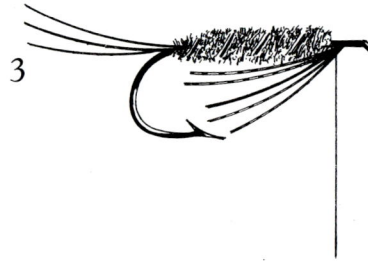

3

4

NASSFLIEGEN

Parmachene Belle

Diese Fliege ist benannt nach dem See gleichen Namens und wurde von Henry P. Wells am Ende des 19. Jahrhunderts erbunden. Sie ist in Nordamerika äußerst populär. Nicht so in Großbritannien, aber in Hakengröße 8 hat sie im Devon schon eine ganze Reihe Meerforellen verführt. In Skandinavien wird sie häufig auf Saiblinge eingesetzt. In den ganz kleinen Größen wird sie auch trocken gefischt.

Haken:	Größe 10–14, Öhr nach unten
Faden:	Schwarz
Schwarz:	Abwechselnd rote und weiße Fibern der Gänsefeder
Körperende:	(wahlweise) Schwarze Straußenfiber
Körper:	Zitronengelbes Floss oder Wolle
Rippung:	Goldtinsel
Hechel:	Weiß und rot, gemischt
Flügel:	Rote und weiße Segmente von Enten- oder Gänsefedern, abwechselnd eingebunden
Kopf:	Schwarz

Diese Fliege hat Flügel aus mehreren Lagen. Die einzelnen Fibern einer Feder sind durch winzige Haken miteinander verbunden (vergleichbar etwa mit einem Reißverschluß). Diese natürliche Verzahnung eignet sich auch, um verschiedenfarbige Federsegmente zu einer Einheit zu verbinden.

1 Zuerst werden die Flügel vorbereitet. Legen Sie sich eine weiße Schwungfeder (rechte Seite) einer Gans oder Ente und eine ähnliche rotgefärbte zurecht. Aus der weißen Feder schneiden Sie nun zwei schmale Segmente. Von der roten Feder schneiden Sie nur ein Segment heraus. Halten Sie nun mit Daumen und Zeigefinger der linken Hand alle drei Segmente. Mit Daumen und Zeigefinger der anderen Hand drücken Sie diese nun zusammen, so daß sich die Fibern miteinander verhaken. Das Gleiche machen Sie nun mit den Segmenten einer linken Feder.

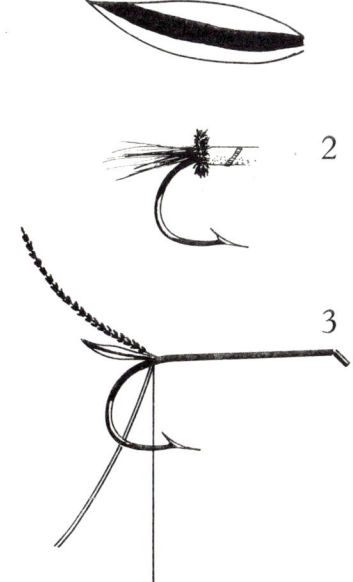

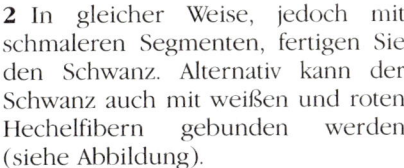

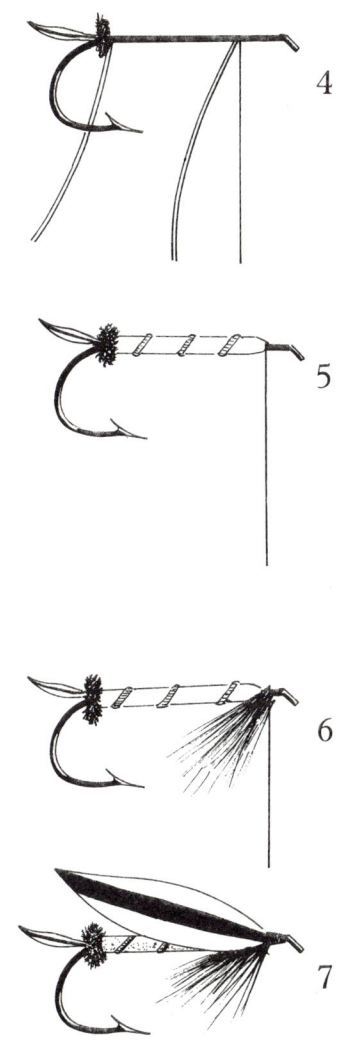

2 In gleicher Weise, jedoch mit schmaleren Segmenten, fertigen Sie den Schwanz. Alternativ kann der Schwanz auch mit weißen und roten Hechelfibern gebunden werden (siehe Abbildung).

3 Führen Sie den Faden zum Hakenbogen und binden Sie die Segmente oder die Fibern für den Schwanz ein. An gleicher Stelle binden Sie das Goldtinsel und die Straußenfiber ein.

4 Winden Sie die Straußenfiber auf der Stelle und binden Sie sie ab. Führen Sie den Faden nach vorn. Nun muß das gelbe Floss für den Körper eingebunden werden.

5 Sie winden es zum Hakenbogen und wieder nach vorn. Dabei formen Sie den Körper. Anschließend rippen Sie den Körper und binden das Tinsel ab.

6 Nun folgt der Hechelbart. Drücken Sie die roten und weißen Fibern von unten an den Haken und binden Sie sie ein. Schneiden Sie den Überschuß ab.

7 Nehmen Sie nun die Federsegmente für die Flügel und binden Sie sie auf den Hakenschenkel ein. Schließen Sie die Fliege wie gewohnt ab.

NASSFLIEGEN

1 Binden Sie am Hakenbogen das orange Floss ein.

2 Winden Sie das Floss nach vorn und schließen Sie es ab. Binden Sie eine braune Rebhuhnhechel mit der Spitze zuerst ein.

3 Winden Sie die Hechel und beenden Sie die Fliege mit einem Whip Finish und einem Tropfen klarem Lack.

Partridge Series
Rebhuhnfliegen

Stellvertretend für diese Serie beschreiben wir das Muster ›Partridge & Orange‹ (Rebhuhn & Orange), das ein Spinnenmuster ist und die ›February Red‹ und andere Steinfliegen imitiert. Es ist erfolgreich in schnellem Wasser mit rauher Oberfläche, und sicherlich werden sie feststellen, daß es, stromauf gefischt, für Äschen und Forellen gleichermaßen erfolgreich ist. Wenn die orange Seide naß ist, verfärbt sie sich in ein wunderschönes Mahagoni, wie es das natürliche Insekt auch besitzt. Es hat auch seinen Platz in der Stillwasser-Fischerei und wird dort generell auf Hakengröße 14 am Abend gefischt.
Varianten sind die ›Partridge & Red‹ (Rebhuhn & Rot), ›Partridge & Yellow‹ (Rebhuhn & Gelb), ›Partridge & Green‹ (Rebhuhn & Grün), ›Partridge & Claret‹ (Rebhuhn & Weinrot). Die Unterschiede stellen sich nur in der Körperfarbe dar.

Partridge & Orange
Rebhuhn & Orange

Haken:	Größe 14, Öhr nach unten
Körper:	Helloranges Floss oder Seide
Hechel:	Braune Rückenfeder des Rebhuhns
Kopf:	Orange

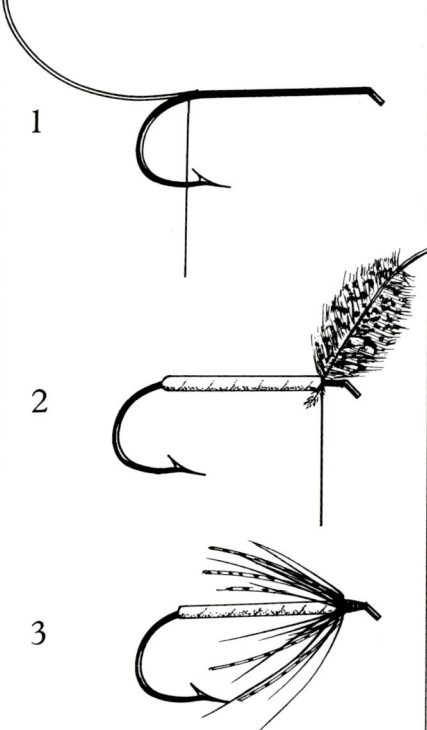

Pennell's Claret
Pennells Weinrote

Haken:	Größe 10–14, Öhr nach unten
Faden:	Schwarz (oder weinrot)
Schwanz:	Goldfasanschopffeder und Fibern der Tippetfeder
Körper:	Weinrote Seehundwolle
Rippung:	Goldtinsel (manche Binder ziehen ovales Goldtinsel vor)
Hechel:	Furnace
Kopf:	Schwaz (oder weinrot)

1 Führen Sie den Faden zum Hakenbogen und binden Sie die Fibern der Goldfasan Tippet Feder ein. Auf der Oberseite der Tippetfibern binden Sie die Goldfasanschopffeder so ein, daß die Spitzen der Fibern nach oben zum Flügelende hin ragen.

2 An gleicher Stelle binden Sie das Goldtinsel ein.

3 Dubben Sie den Faden mit weinroter Seehundwolle und winden Sie ihn zum Öhr, wobei Sie den Körper formen.

4 Rippen Sie nun den Körper mit dem Goldtinsel.

5 Binden Sie die furnace Hechel ein und stutzen Sie sie über dem Körper.

NASSFLIEGEN

Peter Ross

Dies ist sicherlich eine der populärsten Fliegen, die jemals gebunden wurden. Wahrscheinlich kann man sie in jeder Fliegenbox finden. Sie ist das Werk von Peter Ross, einem Krämer aus Killin in Schottland, der mit der in seiner Umgebung bekannten Fliege, der ›Teal & Red‹, nicht ganz zufrieden war. Er war selbst kein Fliegenbinder, und so bat er einen ortsansässigen Mann, ihm einige Fligen nach seinen Angaben zu binden. Das Ergebnis ist heute Geschichte. Die ›Peter Ross‹ ist nicht nur eine der bekanntesten Reservoir-Fliegen aller Zeiten, auf ihr Konto gehen auch unzählige Meerforellen. Sie wird auf die gleiche Weise gebunden sie die ›Teal & Red‹ (Seite 88), mit Ausnahme des Körpers, der bei der ›Peter Ross‹ aus zwei Teilen besteht.

Haken: Größe 10–14, Öhr nach unten; Größe 8 für Meerforellen
Faden: Schwarz
Schwanz: Goldfasan Tippet Fibern
Körper: Vorderes Drittel: scharlachrote Seehundwolle, hintere ⅔: flaches Silbertinsel
Rippung: Feines ovales Tinsel
Hechel: Schwarze Henne oder Hahn
Flügel: Quergestreifte Krickente
Kopf: Schwarz

Professor
Professor

Benannt nach Professor John Wilson, der im Jahre 1820 einen Lehrstuhl für Philosophie an der Universität in Edinburgh innehatte. Ein ausgezeichnetes Muster für Meerforellen und weltweit sehr populär. Es wird gewöhnlich naß gefischt, kann aber auch trocken angeboten werden.

Haken: Größe 8–12, Öhr nach unten
Faden: Braun
Schwarz: Zwei oder drei lange Fibern einer roten Ibisfeder (oder Ersatz)
Körper: Gelb
Rippung: Ovales Goldtinsel
Hechel: Ginger Hahn
Flügel: Gesprenkelte graue Erpelfeder
Kopf: Gelb

1 Führen Sie den braunen Faden zum Hakenbogen und binden Sie die langen Fibern der roten Ibisfeder (oder einen Ersatz) ein, um den Schwanz darzustellen. An gleicher Stelle binden Sie das ovale Goldtinsel und das gelbe Floss ein.

2 Winden Sie das Floss zum Öhr und formen Sie dabei den Körper. Anschließend rippen Sie den Körper mit ovalem Goldtinsel.

3 Binden Sie eine ginger Hechel ein und dann den Flügel, der oben auf dem Haken eingebunden wird.

4 Beenden Sie die Fliege wie gewohnt.

Queen of the Water
Königin der Gewässer

Eine weitere, sehr populäre Fliege aus Nordamerika. Sie wird überwiegend im Osten der Vereinigten Staaten eingesetzt. Sie kann naß oder trocken gefischt werden und wird häufig als oberster Springer benutzt. Sie wird auf die gleiche Weise gebunden wie die ›Wickham's Fancy‹ (Seite 63).

Haken: Größe 10–14, Öhr nach unten
Faden: Braun oder schwarz
Körper: Orange Floss
Hechel: Braun, im Palmerstil über den gesamten Körper
Flügel: Krickente oder grauer Erpel
Kopf: Braun oder schwarz

NASSFLIEGEN

Red Tag

Diese Fliege stammt von Martyn Flynn aus Worcestershire, der sie um die Mitte des letzten Jahrhunderts band. Er nannte sie die Worcester Gem und setzte sie ausgiebig am Lugg, Arrow und Teme ein. Eine exzellente Fliege für Forelle und Äsche. Wenn sie mit einem gelben oder orangen Schwanz gebunden wird, stellt sie die Fliege dar, die bereits unter dem Namen ›Treacle Parkin‹ vorgestellt wurde. Sie kann trocken und naß angeboten werden.

Haken: Größe 12–16 (Öhr nach unten für Naßfliegen, Öhr nach oben für Trockenfliegen)
Faden: Braun
Schwanz: Rotes Floss oder Wolle
Körper: Bronze/grüne Pfauenfiber von der Augenfeder
Hechel: Natur oder hellrot gefärbte Hennenhechel für die Naßfliege (Hahnenhechel für die Trockenfliege)
Kopf: Braun (oder schwarz)

1 Führen Sie den Faden zum Hakenbogen und binden Sie den roten Schwanz ein. An gleicher Stelle binden Sie das Pfaugras ein und winden es nach vorn, um den Körper zu formen.

2 Winden Sie das Pfaugras bis kurz vor das Öhr und binden Sie die Hechel ein.

3 Schließen Sie die Fliege mit einem Kopfknoten und einem Tropfen Lack wie gewohnt ab.

Snipe & Purple
Schnepfe & Purpur

Ein sehr populäres Muster aus dem Norden Englands, wo es generell als Imitation der Eisenblauen Dun gilt. Es handelt sich um ein Spinnenmuster, das durch sein Spiel der Hecheln in der Strömung wirkt. Es ist sehr wichtig, den Hechelkranz licht zu binden. Die Hechel sollte so dunkel wie möglich sein.

Haken: Größe 12–16, Öhr nach unten
Faden: Purpur
Körper: Purpur Floss
Hechel: Eine dunkle Hechel, wie man sie am Flügelgelenk der Schnepfe findet
Kopf: Purpur

1 Führen Sie den Faden zum Hakenbogen und binden Sie das purpur Floss ein.

2 Winden Sie das Floss zum Öhr und formen Sie dabei den Körper. Geben Sie acht, daß das Floss nicht zu dick aufträgt.

3 Binden Sie die Hechel ein und schließen Sie die Fliege ab.

NASSFLIEGEN

Soldier Palmer
Soldaten Palmer

Ein sehr betagtes Muster, das schon einige Jahrhunderte alt ist. Der Begriff Palmer ist dahingehend zu verstehen, daß damit Pilger gemeint waren, die aus dem Heiligen Land heimkehrten und Palmen mitbrachten. Es kann naß oder trocken gefischt werden. Man war gelegentlich der Meinung, daß dieses Muster eine Art Raupe imitiert. Der amerikanische ›Wooly Worm‹ ist eine Anlehnung an dieses Muster.

Haken:	Größe 10–16, Öhr nach unten; Öhr nach oben für die Trockenfliege
Faden:	Scharlachrot oder schwarz
Körper:	Scharlachrote Wolle
Rippung:	Sehr dünnes ovales Goldtinsel
Hechel:	Rotbraun (Hahn)
Kopf:	Schwarz

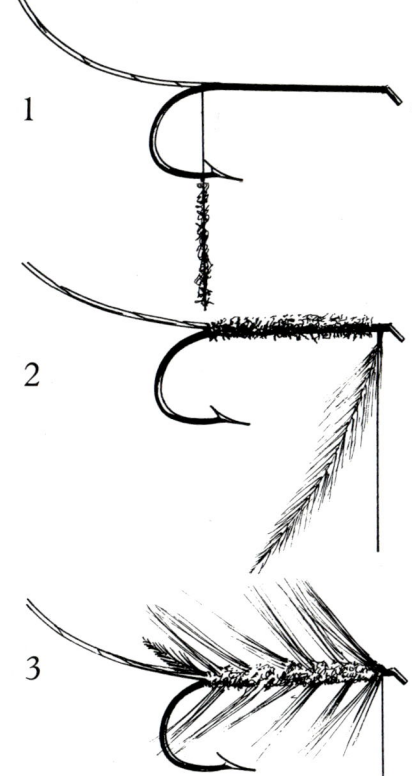

1 Am Hakenbogen binden Sie das ovale Goldtinsel ein, dubben den Faden mit roter Seehundwolle (Wolle kann alternativ benutzt werden).

2 Führen Sie den gedubbten Faden zum Öhr und binden Sie eine rotbraune Hahnenhechel ein.

3 Winden Sie die Hechel im Palmerstil nach hinten und sichern Sie sie mit dem Rippungsfaden. Führen Sie das Tinsel nach vorn.

4 Schließen Sie das Tinsel ab und schneiden Sie die Hechelspitze am Hakenbogen ab. Beenden Sie die Fliege wie gewohnt.

NASSFLIEGEN

Teal Blue & Silver

Teal & Green

Teal Series
Krickenten-Fliegen

Diese Serie kann beträchtliche Erfolge verbuchen seit der Mitte des 19. Jahrhunderts. Sie wurden hauptsächlich an den schottischen Seen eingesetzt, und W. C. Stewart verfolgt in seinem Buch »The Practical Angler«, das 1857 veröffentlicht wurde, den Ursprung dieser Muster zurück bis in das frühe 19. Jahrhundert. Die Körperfarben sind Rot, Grün, Gelb, Weinrot, Silber und Schwarz – letztere ist ein Favorit am Loch Awe, insbesondere auf Bachforellen im Frühjahr.

Teal & Red
Krickente und Rot
Haken:	Größe 10–14, Öhr nach unten; Größe 8 für Meerforellen
Faden:	Schwarz
Schwanz:	Goldfasan Tippet Fibern
Körper:	Rote Seehundwolle
Rippung:	Feines ovales Silbertinsel
Hechel:	Hellrote Henne
Flügel:	Krickenten-Flankenfedern
Kopf:	Schwarz

1 Binden Sie am Hakenbogen ein paar Fibern der Goldfasan Tippet Feder ein, um den Schwanz der Fliege zu formen. An gleicher Stelle binden Sie das dünne ovale Silbertinsel ein. Es ist das Rippungsmaterial. Dubben Sie den Faden mit der roten Seehundwolle.

2 Winden Sie den gedubbten Faden nach vorn und folgen Sie mit dem Rippungsfaden.

3 Am Ende des Körpers binden Sie die Hechel für den Bart ein.

4 Präparieren Sie von je einer linken und rechten quergestreiften Flankenfeder der Krickente das Flügelpaar, legen Sie es zusammen und binden Sie es oben auf den Haken ein. Vervollständigen Sie die Fliege mit einem sauberen Kopf.

Teal & Green
Krickente & Grün
Haken:	Größe 10–14, Öhr nach unten
Faden:	Schwarz
Schwanz:	Goldfasan Tippets
Körper:	Grüne Seehundwolle
Rippung:	Feines ovales Silbertinsel
Hechel:	Schwarze Henne
Flügel:	Quergestreifte Flankenfedern der Krickente
Kopf:	Schwarz

Teal Blue & Silver
Blaue Krickente und Silber
Ich beschreibe bewußt die ›Teal Blue & Silver‹ als letzte in dieser Aufzählung, da es sich als wirklich erstklassige Meerforellenfliege einen besonderen Platz in der Fliegenfischergeschichte erobert hat. Im Gegensatz zu den übrigen Fliegen dieser Serie besitzt es keinen Körper aus Seehundwolle, sondern einen Körper aus Silbertinsel.

Haken:	Größe 8
Faden:	Schwarz
Schwanz:	Goldfasan Tippet Fibern
Körper:	Flaches Silbertinsel
Rippung:	Feines ovales Silbertinsel
Hechel:	Hellblauer Hahn
Flügel:	Krickenten-Flankenfedern
Kopf:	Schwarz

NASSFLIEGEN

Waterhen Bloa
Teichhuhn

Eine Fliege, die sich im Frühling selbst übertrifft, wenn die ›Große dunkle Olive‹ schlüpft. Man neigt dazu, dieses Muster zu üppig zu binden. Es benötigt wirklich nicht mehr als drei Windungen der Hechel, und die Fibern sollten geringfügig nach hinten wegstehen. Ersatzweise können Hecheln anderer Wasservögel verwendet werden.

Haken: Größe 12–14, Öhr nach unten
Faden: Schwarz
Körper: Gelbe Seide, licht gedubbt mit der Wolle von Maulwurf oder Wasserratte
Hechel: Die rauchgraue Weichhechel, die man in der zweiten Reihe des vorderen Randes eines Flügels des Teichhuhns findet
Kopf: Schwarz

1 Binden Sie am Hakenbogen die gelbe Seide ein und dubben Sie sie mit wenig Flusen des Maulwurffelles.

2 Winden Sie die gedubbte Seide nach vorn und formen Sie den Körper. Binden Sie die Seide ab.

3 Binden Sie die soeben erwähnte Feder des Teichhuhns ein

4 Beenden Sie die Fliege mit einem sauberen Kopf und einem Tropfen Lack.

Watson's Fancy

Ein altes Muster für die Fischerei an den Lochs, das heute noch in Schottland sehr populär ist und schon viele Meerforellen an den Haken gebracht hat. Es wird nach der gleichen Methode gebunden wie die ›Mallard & Claret‹ (Seite 81).

Haken: Größe 8–12, Öhr nach unten
Faden: Schwarz
Schwanz: Goldfasan Schopffedern
Körper: Hintere Hälfte: rote Seehundwolle; vordere Hälfte: schwarze Seehundwolle
Rippung: Feiner Golddraht
Hechel: Schwarz
Flügel: Segmente der schwarz gefärbten Gänsefeder
Wangen: (wahlweise) Jungle Cock oder ein Ersatz
Kopf: Schwarz

NASSFLIEGEN

Wee Doubles
Fliegen auf Wee-Doppelhaken

Diese Fliegen sind nicht nur in Schottland sehr populär, sondern spielen auch eine große Rolle für das Meerforellenfischen. Es gibt unter ihnen einige Favoriten: Die ›Butchers‹, ›Black Pennell‹, ›Mallard & Claret‹, ›Peter Ross‹, ›William's Favourite‹, um nur einige wenige zu nennen. Sie werden gewöhnlich auf einen Haken der Größe 12–16, Öhr nach unten, gebunden. Die Bindemethode ist die gleiche wie bei den Einzelhaken.
Auf dem Foto ist oben eine ›Wee Double Bloody Butcher‹ und darunter eine ›Wee Double Black Pennell‹ abgebildet.

Wickham's Fancy

Eine repräsentative Auswahl traditioneller Naßfliegen ist nicht denkbar ohne dieses Muster. Was ihre Herkunft angeht, so gibt es widersprüchliche Darstellungen. Fest steht, daß sie aus Winchester in England stammt. In den 80er Jahren des letzten Jahrhunderts bat Captain John Wickham den professionellen Fliegenbinder G. Currell, ihm einige ›Wickham Fancys‹ zu binden. Dafür lieferte er ihm eine fertige Fliege als Vorlage. Im Jahre 1905 ließ ein gewisser Dr. T. C. Wickham von einem ortsansässigen Fliegenbinder einige Muster anfertigen, wobei er die Bindeanleitung einer Fliege angab, die zuvor beim Fischen mit einem Freund sehr erfolgreich war, während alle anderen Muster versagten. Es wird heute allgemein angenommen, daß die Bindeanleitung des Doktors diejenige ist, die bis heute Gültigkeit hat. Die ›Wickham's Fancy‹ imitiert kein natürliches Vorbild, trotzdem ist sie äußerst erfolgreich in allen Teilen der Welt, in denen mit der Fliege gefischt wird: Im Westen Amerikas, Europas und Neuseeland. Sie läßt sich in allen Arten von Fischwassern einsetzen und kann naß oder trocken angeboten werden. Die Anleitung entnehmen Sie bitte der Beschreibung der Trockenfliege auf Seite 63.

Die Naßfliegenversion wird mit den gleichen Materialien gebunden, aber die Flügel werden zuletzt eingebunden und nicht zuerst, wie bei der Trockenfliege. Wie bei den meisten Naßfliegen ragen die Flügel nach hinten über den Körper.

Haken: Größe 12–16, Öhr nach unten
Faden: Gelb oder schwarz
Schwanz: Fibern der rotbraunen Hahnenhechel
Körper: Flaches Goldtinsel mit einer rotbraunen Feder, im Palmerstil behechelt
Rippung: Feiner Golddraht
Flügel: Star
Kopf: Gelb oder schwarz

NASSFLIEGEN

Williams' Favourite
Williams Favorit

Ein äußerst erfolgreiches Muster aus Wales, das dem Vater von A. Courtney Williams, dem Autor des Buches »A Dictionary of Trout Flies«, zugeschrieben wird.
Es ist ein leicht zu bindendes Spinnenmuster, das in Wales und Schottland häufig auf einem Wee-Doppelhaken gebunden wird. Es ist auch populär als Meerforellenfliege. Seine bekannte Cousine, die ›Black Penell‹ unterscheidet sich nur durch den Schwanz, der aus Fibern der Goldfasan Tippet Feder und nicht aus Fibern der Hahnenhechel besteht.

Haken:	Größe 8–14, Öhr nach unten
Faden:	Schwarz
Schwanz:	Fibern der schwarzen Hahnenhechel
Körper:	Schwarze Seide
Rippung:	Ovales Silvertinsel
Hechel:	Schwarze Hahnenhechel (manche Binder bevorzugen eine Hennenhechel)
Kopf:	Schwarz

1 Führen Sie den Faden zum Hakenbogen und binden Sie den Schwanz und das ovale Silbertinsel ein. Führen Sie den Faden nach vorne und binden Sie das schwarze Floss ein.

2 Formen Sie den Körper, indem Sie das Floss zum Hakenbogen und wieder zurück führen. Danach rippen Sie den Körper mit dem Tinsel.

3 Binden Sie eine schwarze Hechel ein und beenden Sie die Fliege wie gewohnt.

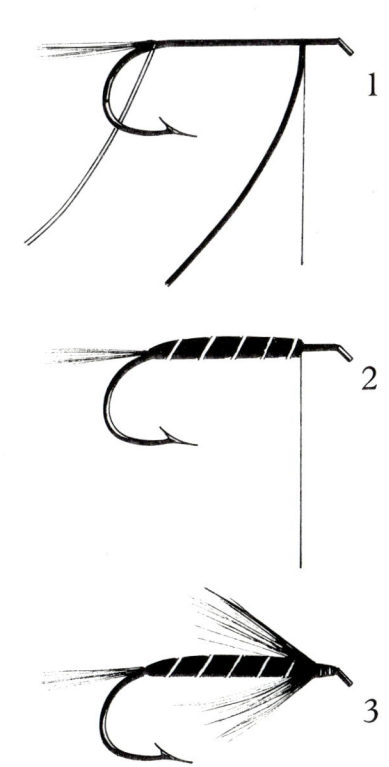

NASSFLIEGEN

Woodcock Series
Waldschnepfen-Fliegen

Eine weitere Serie traditioneller Fliegen aus Schottland. Noch heute ist die ›Woodcock & Mixed‹ an den schottischen Seen sehr populär. Weitere Varianten gibt es in rot, grün, weinrot, gelb und Hasenohr. Das Foto oben zeigt eine ›Woodcock & Claret‹ (Waldschnepfe und Weinrot). Dieses Muster wird auf die gleiche Weise gebunden wie die ›Mallard & Claret‹ (Erpel und Weinrot), und die Anleitung bezieht sich auf die Zeichnungen auf Seite 81.

Haken:	Größe 10–14, Öhr nach unten
Faden:	Entsprechend der Körperfarbe
Schwanz:	Goldfasan Tippet Fibern
Körper:	Seehundwolle
Rippung:	Silbertinsel
Hechel:	Dunkelrotbraun. Einige schottische Binder bevorzugen schwarz
Flügel:	Segmente je einer linken und rechten Flügelfeder der Waldschnepfe
Kopf:	Schwarz

1 Am Hakenbogen binden Sie einige Goldfasan Tippet Fibern für den Schwanz ein. An gleicher Stelle binden Sie das ovale Silbertinsel ein. Dubben Sie den Faden mit gelber Seehundwolle.

2 Winden Sie den Faden nach vorn, um den Körper zu formen. Danach rippen Sie den Körper.

3 Unter dem vorderen Ende des Körpers binden Sie die Fibern der dunkelroten Feder ein für die Barthechel.

4 Schneiden Sie zwei Streifen aus jeweils einer linken und rechten Feder der Waldschnepfenschwinge heraus, legen Sie sie zusammen und binden Sie sie auf dem Haken ein. Beenden Sie die Fliege mit einem Whip Finish und einem Tropfen Lack.

NASSFLIEGEN

Zulu

Seit Jahren schon eine beeindruckend erfolgreiche Fliege. Sie stellt eine Variante der alten ›Palmerfliege‹ dar, und die Bindeanleitung kann zurückverfolgt werden bis in das 17. Jahrhundert. Dennoch ist es mir noch nicht gelungen, seinen Schöpfer auszumachen.

Die ›Zulu‹ ist eine Imitation verschiedener Käfer. Sie kann naß und trocken angeboten werden. Es gibt eine Variante, die ›Blaue Zulu‹ die eine blaue Hechel besitzt anstelle einer schwarzen. Ich wurde häufig von Anglern gefragt, ob man auch anstelle der schwarzen Wolle eine schwarze Straußenfiber für den Körper benutzen könne. Diese Modifizierung gab es bereits schon vor Jahren.

Die ›Zulu‹ wird auf die gleiche Weise gebunden wie der ›Soldaten Palmer‹, und die Anleitungen beziehen sich auf die Zeichnungen auf Seite 87.

Haken: Größe 10–14, Öhr nach unten
Faden: Schwarz
Schwanz: Scharlachrote Wolle
Körper: Schwarze Seehundwolle, schwarze Wolle oder schwarze Straußenfiber
Rippung: Schwarzes Silbertinsel
Hechel: Schwarzer Hahn
Kopf: Schwarz

1 Am Hakenbogen binden Sie das flache Silbertinsel ein. An gleicher Stelle auch die rote Wolle.

2 Winden Sie die Wolle nach vorn und formen Sie dabei den Körper. Binden Sie die schwarze Hahnenhechel ein.

3 Winden Sie die schwarze Hechel im Palmerstil nach hinten und sichern Sie sie mit dem Rippungsfaden. Führen Sie dann das Tinsel nach vorn.

4 Schließen Sie das Tinsel ab und schneiden Sie die Spitze der Hechel am Hakenbogen ab. Beenden Sie die Fliege wie gewohnt.

GROSSFLIEGEN UND STREAMERS

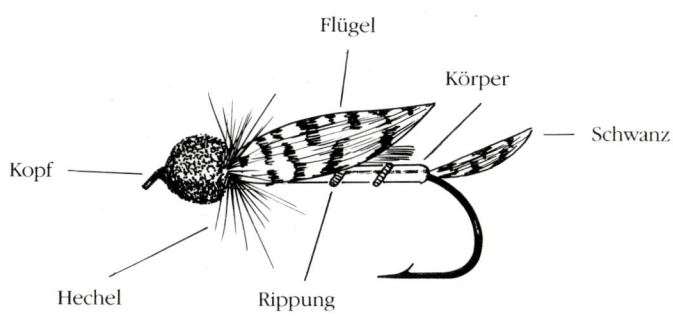

Dieses Kapitel behandelt die langschenkligen Reizfliegen, die paradoxerweise nicht als Nachahmung einer Fliege anzusehen sind. Die meisten Angler glauben, daß sie Kleinfische imitieren, die man in jedem Fischwasser findet, sei es ein Fluß, ein Bach, ein See oder ein Reservoir. Ungeachtet dessen haben sie keinerlei Ähnlichkeit mit einem bestimmten Futterfisch, da sie sehr oft auffällig bunt sind. Viele glauben, daß sie mehr die Neugierde der Fische erwecken als ihren Appetit, aber was immer auch der Grund sein mag, sicher ist, daß sie für den Fisch attraktiv sind.

95% aller Großfliegen und Streamers werden unter der Wasseroberfläche angeboten, so daß die Wahl der Fliegenschnur von höchster Bedeutung ist. Das hat zu einem übermäßigen Angebot von Schnurtypen und Farben geführt: schnell sinkend, langsam sinkend, hoch verdichtet, Sink Tip usw. Diese Schnüre sind in der Lage, die Fliege in die gewünschte Tiefe zu bringen und ihr das richtige Spiel für den futtersuchenden Fisch zu geben. Viele Angler führen die Fliege ruckhaft, indem Sie sie in kurzen scharfen Zügen einholen. Einige Fliegen, wie etwa der ›Muddler Minnow‹ oder solche aus der ›Hopper‹-Serie, werden mit einer Schlitterbewegung über die Wasseroberfläche gezogen.

In den Vereinigten Staaten wird der Begriff Streamer für die Muster benutzt, die eine Fahne aus Federn haben, während diejenigen mit einer Fahne aus Haaren, Bucktails genannt werden. Die Herkunft des Streamers wird Herbert L. Welch zugeschrieben, der aus einer Ortschaft mit dem klangvollen Namen Mooselookmeguntic in Maine stammt. Er soll den ersten Streamer im Jahre 1901 gebunden haben. Seitdem hat der Streamer an Popularität gewonnen und heute wird er auf alle Arten von Raubfischen verwendet, nicht nur auf Lachs und Forelle.

In Großbritannien, wo man den Begriff »Lure« (Zauberei, Reiz) verwendet (das ist genau die Eigenschaft, die den Fisch an den Haken bringt!) war die berühmte Jersey Herd von T. C. Ivens im Jahre 1950 das erste bekannte Muster dieser Art, das auf der ganzen Welt erfolgreich gefischt wurde und für viele Muster von heute Pate gestanden hat. Diese Lures sind insbesondere an den englischen Reservoirs populär und werden auch an Put and Take-Gewässern auf der ganzen Welt eingesetzt.

GROSSFLIEGEN UND STREAMERS

Ace of Spades
Pik-As

Dieses Muster erschien in den frühen 70er Jahren und wurde von David Collyer ausgeklügelt. Er band die Flügel im Matukastil (der aus Neuseeland stammt), und damit war eine weitere Variante des ›Black Lure‹ geboren. Das ›Pik-As‹ wurde sofort ein Erfolg und hat in gewisser Weise die ›Black Lure‹ aus den Fliegenboxen der Reservoir-Fischer verbannt. Es kann in allen Wassertiefen angeboten werden.

Es ist eine Cousine der ›Red Queen‹ (Seite 116) und wird auf die gleiche Weise gebunden.

Haken:	Größe 6–10 langschenklig, Öhr nach unten
Faden:	Schwarz
Körper:	Schwarze Chenille
Rippung:	Ovales Silbertinsel
Flügel:	Schwarze Hennenhechel, wie ein Schopf eingebunden
Deckflügel:	Bronze Mallard, dunkel
Hechel:	Perlhuhn
Kopf:	Schwarz

Alexandra

Diese Fliege wird auf die gleiche Weise gebunden wie die Naßfliege auf Seite 66.

Haken:	Größe 6–10 langschenklig, Öhr nach unten
Faden:	Schwarz
Schwanz:	Scharlachrote Ibisfeder, ersatzweise rot gefärbter Gänse- oder Entenkiel
Körper:	Flaches Silbertinsel
Hechel:	Schwarzer Hahn
Flügel:	Pfauenschwertfeder und scharlachrote Ibis-Segmente oder ähnliches
Kopf:	Schwarz

GROSSFLIEGEN UND STREAMERS

Appetiser
Appetithappen

Von Bob Church im Jahre 1973 erbunden und besonders für die Forellen in größeren Schulen in der Nachsaison geeignet. Es hat schon längst seine Fängigkeit unter Beweis gestellt, und es ist ein ausgezeichnetes Allroundmuster für stehende Gewässer. Zur Information sei angeführt, daß mit dieser Fliege im späten Frühling 1984 eine aus dem Meer in den unteren Tay aufsteigende Meerforelle von 5½ kg gefangen wurde.

Haken: Größe 6–10 langschenklig, Öhr nach unten
Faden: Schwarz (oder weiß, wenn ein weißer Kopf gewünscht ist)
Schwanz: Grüne, orange und silbergraue Erpelfibern, zusammen eingebunden
Körper: Weißes Chenille
Rippung: Silbertinsel
Flügel: Weiße Maraboufeder
Deckflügel: Graue Eichhörnchenhaare
Barthechel: Wie Schwanz
Kopf: Schwarz oder weiß

1 Führen Sie den schwarzen Bindefaden zum Hakenbogen und binden Sie ein Büschel grüner, oranger und silbergrauer Erpelfibern, die miteinander gemischt werden, ein, um den Schwanz zu formen. An gleicher Stelle binden Sie das Silbertinsel für die Rippung und die weiße Chenille für den Körper ein.

2 Führen sie den Faden nach vorn, gefolgt von der weißen Chenille, die Sie eng winden müssen. Folgen Sie der Chenille mit dem Rippungsfaden. Binden Sie das Material ab.

3 Bereiten Sie die Maraboufeder vor, die etwas länger sein sollte als der Haken. Binden Sie sie ein und suchen Sie einige Haare des grauen Eichhörnchens aus einem Eichhörnchenschwanz, die dann über die Maraboufeder gebunden werden.

4 Binden Sie die Barthechel (dieselbe Mischung wie der Schwanz) ein. Schließen Sie mit einem Kopfknoten und einem Tropfen Lack ab.

GROSSFLIEGEN UND STREAMERS

Baby Doll

Ein todsicheres Muster, das viele Varianten hat und gewöhnlich mit Dayglo (fluoreszierender) synthetischer Wolle oder Sirdar Schurwolle gebunden wird. Das gänzlich weiße Muster ist vielleicht das populärste, dicht gefolgt von dem mit dem weißen Körper und dem fluoreszierend grünen Rücken. Die Muster wurden zuerst von Brian Kench in den frühen 70er Jahren für die Fischerei am Ravensthorpe Reservoir gebunden.

Haken:	Größe 6–10 langschenklig, Öhr nach unten
Faden:	Schwarz
Schwanz:	Fluoreszierende Wolle
Körper:	Wie Schwanz
Kopf:	Schwarz

1 Binden Sie zwei Wollfäden am Hakenbogen ein und führen Sie den Faden zum Öhr. Dort binden Sie einen weiteren Wollfaden ein, lassen jedoch genug Platz für den Kopf.

2 Winden Sie den einzelnen Wollfaden zum Hakenbogen und zurück, und formen Sie dabei einen fischähnlichen Körper. Schließen Sie den Wollfaden ab.

3 Die beiden anderen Wollfäden ziehen Sie nun vom Hakenbogen nach vorn bis zum Öhr und binden Sie ab. Formen Sie nun den Kopf der Fliege und lockern Sie den Wollfaden, der den Schwanz imitieren soll, auf.
Wird die Fliege mit gänzlich schwarzen Materialien und einer Silberrippung gebunden, heißt sie ›The Undertaker‹ (Leichenbestatter) (oben).

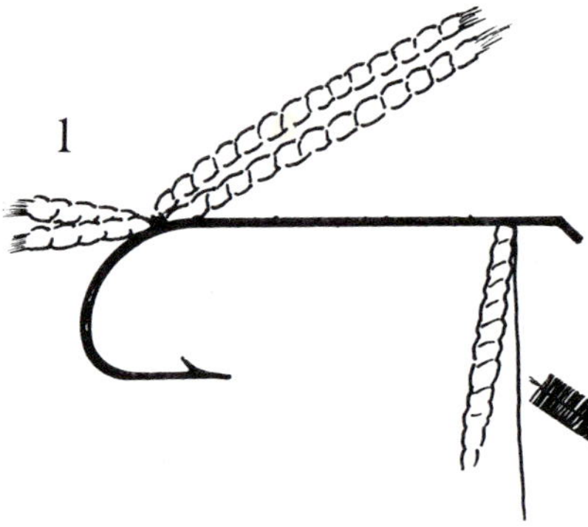

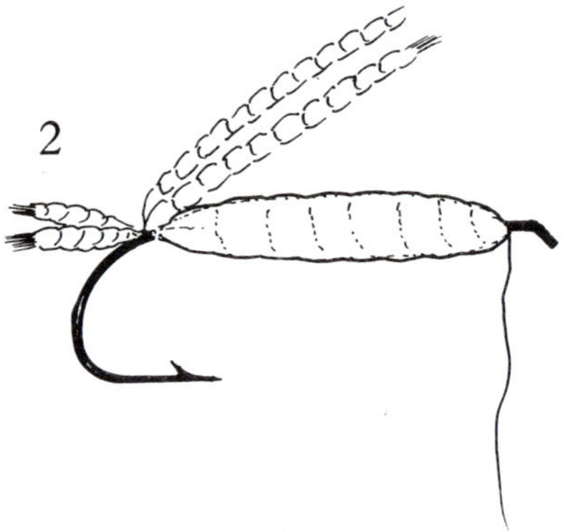

Black Chenille
Schwaze Chenille

Von diesem Muster gibt es eine ganze Reihe von Variationen; das Original stammt von Bob Church und hat eine Schwinge aus einer Hahnenhechel.

Haken:	Größe 6–10 langschenklig, Öhr nach unten
Faden:	Schwarz
Schwanz:	Schwarze Hechelfibern
Körper:	Schwarze Chenille
Rippung:	Breites flaches Silbertinsel
Flügel:	Zwei schwarze Hahnenhecheln
Kopf:	Schwarz

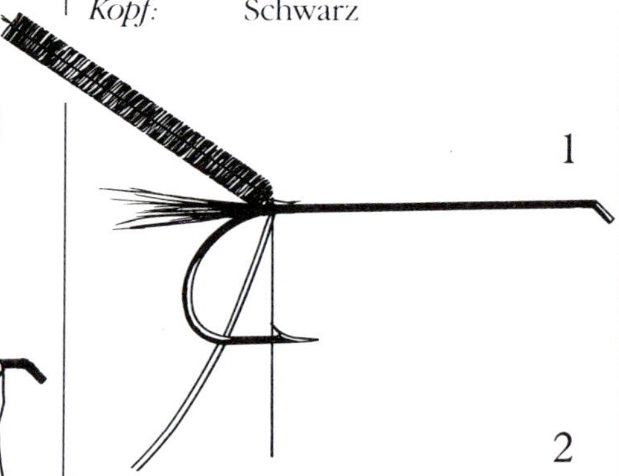

GROSSFLIEGEN UND STREAMERS

1 Binden Sie am Hakenbogen ein Büschel schwarzer Hechelfibern, die schwarze Chenille und das Silbertinsel ein.

2 Winden Sie die Chenille zum Öhr. Danach rippen Sie den Körper mit Silbertinsel und schneiden die überschüssige Chenille und das Tinsel ab. Binden Sie nun die Barthechel ein.

3 Auf dem Hakenschenkel binden Sie nun zwei Hahnen- oder Hennenhecheln ein und beenden die Fliege wie gewohnt.

1 Führen Sie den Faden zum Hakenbogen und binden Sie das schwarze Floss ein. An gleicher Stelle binden Sie das ovale Silbertinsel ein.

2 Führen Sie den Faden zum Öhr und winden Sie dann das schwarze Floss mit dichten Windungen auf dem Schenkel. Nun folgt der Rippungsfaden. Binden Sie die nach vorn geführten Materialien ab.

3 Bereiten Sie die Flügel vor und binden Sie sie auf dem Hakenschenkel ein. Schließen Sie sie ab.

4 Binden Sie nun die Barthechel ein und schließen Sie die Fliege mit einem Whip Finish und einem Tropfen Lack ab.

1 Führen Sie den Faden zum Hakenbogen. Binden Sie das ovale Goldtinsel und ein Bündel orange gefärbter Fibern der Hahnenhechel ein. Führen Sie den Faden wieder nach vorn und binden Sie das flache Goldtinsel ein.

2 Winden Sie das flache Goldtinsel zum Hakenbogen und wieder zurück. Danach rippen Sie mit dem ovalen Goldtinsel und binden die orangen Hechelfibern ein.

3 Präparieren Sie die schwarze Maraboufeder und binden Sie sie oben auf dem Hakenschenkel ein für die Flügel. Binden Sie auf jeder Seite eine Jungle Cock Augenfeder oder ähnliches ein. Beenden Sie die Fliege wie gewohnt.

Black Lure

Diese ist eine der Erstfliegen ihrer Art und genießt den Ruf als Vorgänger der berühmten ›Ace of Spades‹ (Pik-As).

Haken:	Größe 6–10 langschenklig, Öhr nach unten
Faden:	Schwarz
Körper:	Schwarzes Floss
Rippung:	Feines ovales Silbertinsel
Flügel:	Schwarze Hahnenhechel
Hechel:	Schwarze Hahnenhechel
Kopf:	Schwarz

Black & Orange Marabou

Schwarzes & Oranges Marabou

Ein weiteres ›Marabou‹-Muster aus der früheren Generation. Es wurde von Taff Price erbunden.

Haken:	Größe 6–10 langschenklig, Öhr nach unten
Faden:	Schwarz
Schwanz:	Orange Hahnenfibern
Körper:	Flaches Goldtinsel
Rippung:	Ovales Goldtinsel
Flügel:	Schwarzes Marabou
Wangen:	(wahlweise) Jungle Cock (oder ähnliches)
Barthechel:	Orange Hahnenhechel
Kopf:	Schwarz

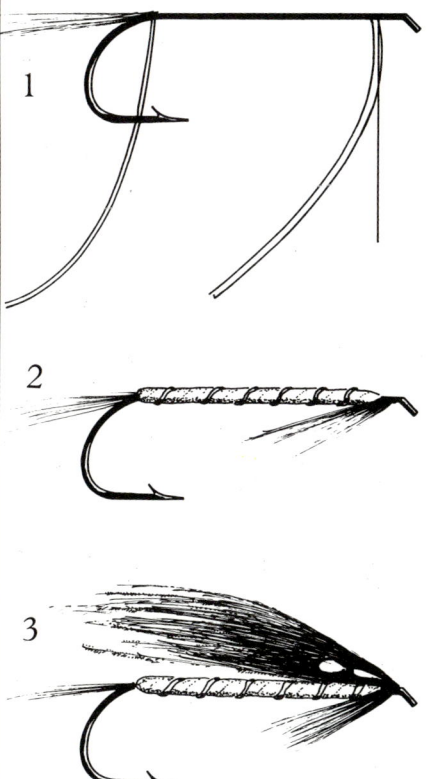

GROSSFLIEGEN UND STREAMERS

Black-nose Dace
Weißfischchen mit schwarzer Nase

Haken:	Größe 6–10, Öhr nach unten
Faden:	Schwarz
Körperende:	Rote Wolle
Körper:	Flaches Silbertinsel
Rippung:	Ovales Silbertinsel
Flügel:	Weißes Bucktail (untere Lage), schwarzes Bucktail (mittlere Lage) und naturbraunes Bucktail als Deckflügel (das schwarze Bucktails sollte nur 2/3 so lang sein wie das weiße und braune Bucktail)
Wangen:	(wahlweise) Jungle Cock
Kopf:	Schwarz

1 Führen Sie den Faden zum Hakenbogen, binden Sie die Wolle und das ovale Silbertinsel ein und führen den Faden nach vorn, wo Sie das flache Silbertinsel nah am Öhr einbinden.

2 Den Körper formen Sie, indem Sie das flache Silbertinsel nach vorn und zurück führen. Führen Sie nun das ovale Silbertinsel nach vorn.

3 Nun binden Sie das weiße Bucktail oben auf dem Hakenschenkel ein. Darüber binden Sie das schwarze Bucktail ein, das nur 2/3 so lang sein sollte wie das weiße. Nun binden Sie das braune Bucktail auf die beiden unteren Lagen. Es soll die gleiche Länge haben wie das weiße.

4 Schließen Sie mit einem Kopfknoten und einem Tropfen Lack wie gewohnt ab.

GROSSFLIEGEN UND STREAMERS

Church Fry
Churchs Brutfisch

Dieses Muster wurde im Jahre 1962 von Bob Church erbunden. Es imitiert Barschbrut und wird eingesetzt, wenn am Ravensthorpe See die natürliche Barschbrut aufkommt. Vor dem Erscheinen dieser Fliege gab es kein befriedigendes Muster, das um diese Zeit fängig war. Die ›Church Fry‹ wird auf die gleiche Weise gebunden wie die ›Sweeney Todd‹ (Seite 117), nur die Materialien sind andere.

Haken: Größe 6–10 langschenklig, Öhr nach unten
Faden: Schwarz
Körper: Orange Chenille
Rippung: Silbertinsel
Körper: (vorderer Teil des Körpers) Floss oder Wolle, magenta fluoreszierend
Hechel: Blutrot gefärbte Hechelfibern
Flügel: Graues Eichhörnchenhaar
Kopf: Schwarz

Dambuster

Man kann dieses Muster interpretieren, wie man will: Es ist eine ›Red Tag‹ an einem langschenkligen Haken und ein sehr erfolgreiches Muster an den Reservoirs.

Haken: Größe 6–10 langschenklig, Öhr nach unten
Faden: Schwarz
Schwanz: Fluoreszierend rote Wolle
Körper: Pfaugras
Hechel: Rotbraune Hechel
Kopf: Schwarz

1 Führen Sie den Faden zum Hakenbogen und binden Sie die fluoreszierend rote Wolle ein. An gleicher Stelle binden Sie das Pfaugras ein.

2 Führen Sie den Faden nach vorn zum Öhr. Lackieren Sie den Hakenschenkel.

3 Verdrehen Sie das Pfaugras zu einem Seil und führen Sie es in nicht zu engen Windungen über den noch nassen Hekenschenkel, um damit den Körper richtig zu formen. Binden Sie das Pfaugras ab.

4 Binden Sie die Hechel ein und schließen Sie die Fliege wie gewohnt ab.

GROSSFLIEGEN UND STREAMERS

Whisky Dog Nobbler

Black Dog Nobbler

Dog Nobbler

Dieses überaus bekannte Muster hat die Unterhalter von Forellenseen lange Zeit sehr hart getroffen. Es wird mit einer Maraboufeder, Chenille und einem beschwerten Kopf gebunden. Die Farbvariationen sind unbegrenzt. Weiße, schwarze und mittelbraune Muster sind jedoch am bekanntesten. Es ist leicht zu binden.

Haken: Größe 6–10 langschenklig, Öhr nach unten
Faden: Körperfarbe
Schwanz: Marabou
Körper: Chenille
Hechel: (wahlweise) wie Schwanz
Kopf: Beschwert und lackiert; gegebenenfalls auch mit einem aufgemalten Auge

1 Zunächst beschweren Sie den Hakenschenkel. Mit einem Tropfen Sekundenkleber (ein äußerst schnelltrocknender und harter Klebstoff, den Sie in allen Geräteläden erwerben können), machen Sie den Kopf haltbar. Tauchen Sie den Kopf in klaren, schwarzen oder farbigen Lack. Lassen Sie ihn antrocknen und malen Sie, falls gewünscht, in Kontrastfarben ein Paar Augen auf.

2 Binden Sie ein Bündel Maraboufibern und die Chenille am Hakenbogen ein.

3 Führen Sie den Faden nach vorn zum Kopf. Führen Sie nun die Chenille nach vorn und binden Sie sie ab. Nun ist die Fliege bereits fertig, Sie können jedoch eine Hechel einbinden, falls diese gewünscht wird. Die obige Version des ›Schwarzen Dog Nobbler‹ wurde mit einem beschwerten Kopf gebunden, der aus einigen Lagen Bleidraht besteht und mit Pfaugras überwunden wurde.

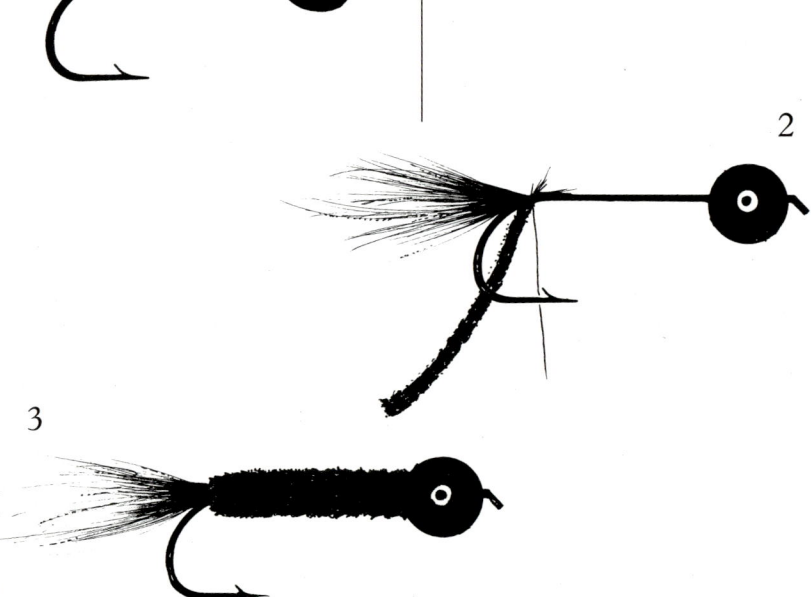

GROSSFLIEGEN UND STREAMERS

Dunkeld

Die Bindeweise dieser Fliege ist genau dieselbe wie für die Naßfliege (Seite 75). Sie sollten jedoch einen langschenkligen Haken in Größe 6–10 verwenden. Wie bei der Naßfliege können Sie auch dieses Muster mit Wangen versehen, falls dies gewünscht wird. Einige Binder stellen einen Körper ausschließlich aus flachem Goldtinsel her (sie verzichten auf eine Hechel im Palmerstil).

Jack Frost

Ein weiteres hervorragendes Muster aus der Fliegensammlung von Bob Church. Diese Fliege gilt als Nachfolger der allseits bekannten ›Appetiser‹ aus dem Jahre 1974.

Haken: Größe 6–10 langschenklig, Öhr nach unten
Faden: Weiß
Körperende: Blutrote Wolle (blutrote Fibern der Hahnenhechel, falls gewünscht)
Körper: Weiße fluoreszierende Wolle, überdeckt von einem etwa 3 mm breiten Plastikstreifen
Hechel: Blutrote Hechelfibern, vermischt mit weißen Hechelfibern
Flügel: Eine üppige weiße Maraboufeder
Kopf: Weiß

1 Führen Sie den Faden zum Hakenbogen und binden Sie die blutrote Wolle für das Körperende ein. Binden Sie nun den Plastikstreifen ein.

2 Binden Sie die weiße fluoreszierende Wolle ein und führen Sie sie in engen Windungen zum Öhr. Führen Sie danach das Plastikband über den Körper.

3 Nehmen Sie die Maraboufeder und binden Sie sie auf dem Hakenschenkel hinter dem Öhr ein. Die Maraboufeder soll über den Hakenschenkel hinausragen.

4 Binden Sie die Hechel ein, zuerst die blutrote und dann die weiße. Beide sollten hinter dem Öhr, aber vor dem Flügel gewunden werden.

5 Schließen Sie die Fliege mit einem Kopfknoten und einem Tropfen Lack ab.

GROSSFLIEGEN UND STREAMERS

Jersey Herd

Eine Schöpfung von Tom Ivens, einem der Pioniere des modernen Reservoir Fischens. In der Originalversion wurde für den Körper die kupferfarbene Folie des Verschlusses einer in der Grafschaft Jersey gebräuchlichen Milchflasche verwendet.

Haken: Größe 6–10, Öhr nach unten
Faden: Schwarz
Schwanz: (Rücken und Kopf) Bronzenes Pfaugras
Körper: Grundwicklung (Form) Floss, darüber kupferfarbenes Lurex oder Tinsel
Hechel: (Bart) Leuchtend orange Hechelfiber
Kopf: Schwarz

1 Führen Sie den Faden zum Hakenbogen und binden Sie vier oder fünf Fibern bronzenes Pfaugras so sein, daß die Spitzen über den Hakenbogen hinausragen. An gleicher Stelle binden Sie das Floss für die Grundwicklung des Körpers ein.

2 Führen Sie nun den Faden zum Öhr und formen Sie mit dem Floss einen torpedoförmigen, stark auftragenden Körper. Schließen Sie das Floss ab und binden Sie den Kupferfaden ein.

3 Mit gleichmäßigen Windungen wird der Körper nun mit dem Kupfertinsel überwickelt. Führen Sie es nach hinten und wieder nach vorn und schließen Sie es ab.

4 Den Rücken formen Sie, indem Sie das Pfaugras von hinten nach vorn legen und vor dem Öhr einbinden und abschließen. Binden Sie nun die Hechel ein und schließen Sie sie ab. Für den Kopf werden nun zwei weitere Fibern Pfaugras eingebunden und auf der Stelle gewunden. Schließen Sie die Fliege wie gewohnt ab.

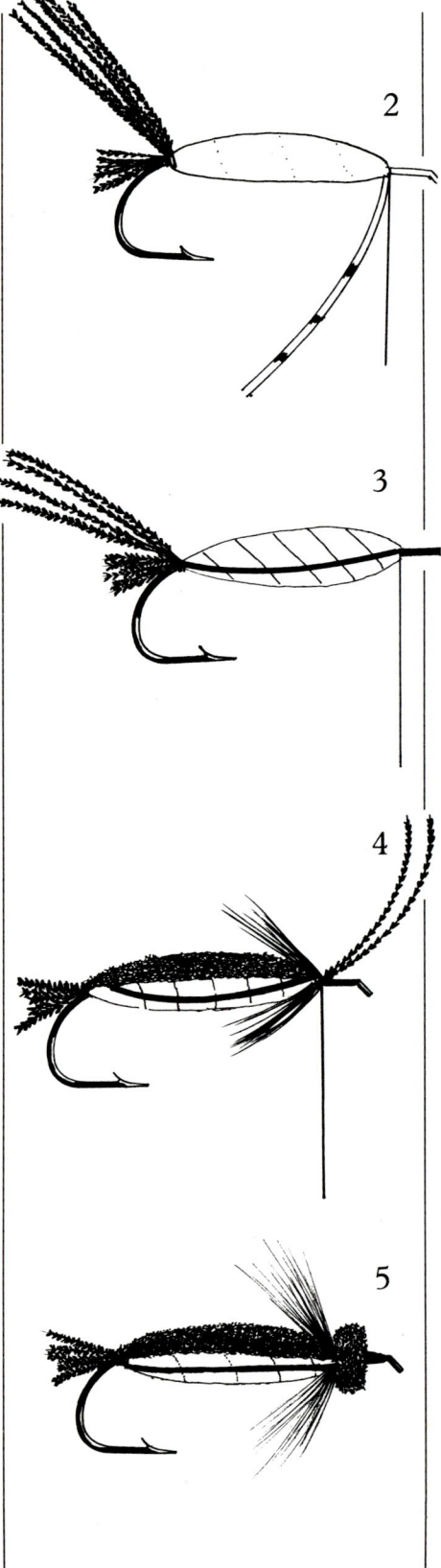

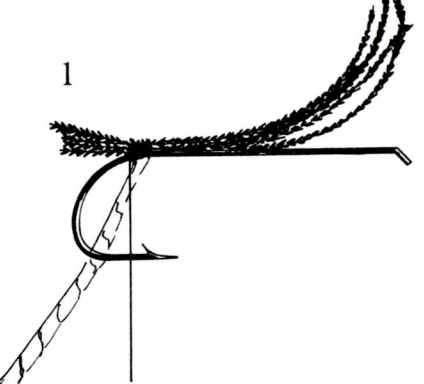

GROSSFLIEGEN UND STREAMERS

Leslie's Lure

Ein weiteres Muster aus Neuseeland, das wie die Mrs. Simpson immer populärer wird.

Haken: Größe 8–10 langschenklig, Öhr nach unten
Faden: Schwarz
Schwanz: Fibern des Fasanenhahnstoßes oder braunes Eichhörnchenschwanzhaar
Körper: Üblicherweise rot, aber auch gelb oder grün
Rippung: (wahlweise) Ovales Silbertinsel
Flügel: Je zwei paarige Federn einer Fasanenhenneschwinge oder Federn vom Körper, so eingebunden, daß sie dicht am Körper anliegen.
Kopf: Schwarz

1 Führen Sie den Faden zum Hakenbogen und binden Sie ein Bündel Fibern des Fasanenhahnstoßes für den Schwanz ein. An gleicher Stelle binden Sie die rote oder gelbe Wolle ein. Wenn Sie die Fliege rippen wollen, binden Sie jetzt das ovale Silbertinsel ein.

2 Führen Sie den Faden nach vorn und formen Sie den Körper mit der Wolle; schließen Sie die Wolle ab. Nun rippen Sie die Fliege, falls Sie Tinsel eingebunden haben.

3 Binden Sie je zwei Federn der Fasanenhenne auf jeder Körperseite ein. Formen Sie den Kopf und schließen Sie die Fliege ab.

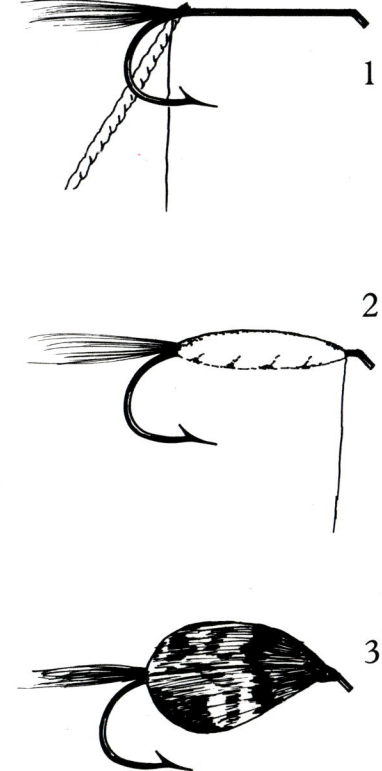

GROSSFLIEGEN UND STREAMERS

Matukas

Alle ›Matuka‹ Fliegen werden auf die gleiche Art gebunden. Das markante Unterscheidungsmerkmal zu anderen Fliegen ist der Flügel, der über die Körperlänge mit dem Rippungsmaterial eingebunden wird.

1 Bereiten Sie zwei gleichgroße Hechelfedern vor, die vom Nacken des Hahnes, vom Sattel, vom Hennenbalg oder von Flugwild stammen können. Die Auswahl treffen Sie je nach Muster. Vor dem Einbinden streifen Sie die Fibern von der unteren Hälfte der Feder ab.

2 Am Hakenbogen binden Sie nun das ovale Rippungsmaterial und die Chenille ein. Winden Sie die Chenille nach vorn und schließen Sie sie ab. Binden Sie die zwei Hecheln auf dem Hakenschenkel ein.

3 Führen Sie den Rippungsfaden vorsichtig nach vorn und binden Sie dabei die Hechelfedern ein. Zum Schluß binden Sie die Barthechel ein.

1

Perlhuhn und Matuka

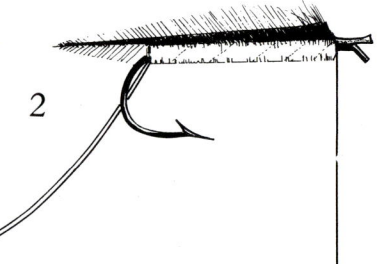
2

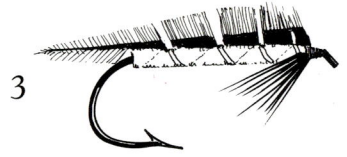
3

GROSSFLIEGEN UND STREAMERS

GROSSFLIEGEN UND STREAMERS

Badger & Silber Matuka

Badger Matuka

Haken:	Größe 6–10 langschenklig, Öhr nach unten
Faden:	Schwarz
Körper:	Fluoreszierend weiße Wolle
Rippung:	Ovales Silbertinsel
Flügel:	Zwei dachsfarbene Hahnenhecheln
Hechel:	Weiße Hahnenhechel (wahlweise orange)
Kopf:	Schwarz

Badger Matuka  Dachs-Matuka

Black Ghost (Matuka-winged)
Schwarzes Gespenst mit Matuka-Flügel

Haken:	Größe 6–10 langschenklig, Öhr nach unten
Faden:	Schwarz
Schwanz:	Gelbe Hechelfibern
Körper:	Schwarze Wolle oder Floss
Rippung:	Flaches Silbertinsel
Hechel:	Gelbe Hechelfibern
Flügel:	Vier weiße Hecheln
Wangen:	(wahlweise) Jungle Cock
Kopf:	Schwarzer Lack

Black & Red Matuka
Schwarz und Rot-Matuka

Ein weiteres Muster aus der sehr populären ›Matuka‹-Serie. Schwarz und silber und schwarz und rot sind schon immer eine sehr gute Farbkombination für unzählige Fliegen gewesen.

Haken:	Größe 6–10 langschenklig, Öhr nach unten
Faden:	Schwarz
Körper:	Rotes Chenille (wenn Sie eine schlanke Fliege wünschen, verwenden Sie Floss)
Rippung:	Gold oder silber
Flügel:	Schwarze Hahnenhechel
Hechel:	Schwarz
Kopf:	Schwarz

GROSSFLIEGEN UND STREAMERS

Olive Matuka
Oliver Matuka

Haken:	Größe 6–10 langschenklig, Öhr nach unten
Faden:	Oliv
Körper:	Olive Chenille
Rippung:	Ovales Goldtinsel
Flügel:	Vier olive Hennenhecheln
Hechel:	Olive Hennenhecheln
Kopf:	Oliv oder schwarz

Red & Grey Matuka
Rot und Grau Matuka

Diese im Matukastil gebundene Fliege brachte überraschende Erfolge. Sie kann auf der Wasseroberfläche oder tief, langsam oder schnell geführt werden und lohnt sich an solchen Tagen, an denen so gut wie nichts geht.

Haken:	Größe 6–10 langschenklig, Öhr nach unten
Faden:	Schwarz
Körper:	Graue Chenille
Rippung:	Ovales Silbertinsel
Hechel:	Scharlachrote Fibern der Hahnenhechel
Flügel:	Körperfedern der Fasanenhenne
Kopf:	Schwarz

Mickey Finn

Das ist ein weltberühmtes amerikanisches Streamermuster, das im angetrübten Wasser sehr fängig ist.

Haken:	Größe 6–10 langschenklig, Öhr nach unten
Faden:	Schwarz
Körper:	Flaches silbernes Lurex oder Tinsel
Rippung:	Ovales Silbertinsel
Flügel:	Scharlachrotes oder gelbes Bucktail (in der Anordnung gelb-rot-gelb)
Kopf:	Schwarz

1 Führen Sie den Faden zum Hakenbogen und binden Sie das ovale Silbertinsel ein. Führen Sie den Faden zum Öhr und binden Sie das flache Silbertinsel oder Lurex ein.

2 Formen Sie den Körper, indem Sie das flache Tinsel zum Hakenbogen und zurück führen. Danach rippen Sie den Körper.

3 Die Flügel bestehen aus drei Teilen. Zunächst binden Sie ein kleines Büschel gelben Bucktails ein, darauf dann ein Büschel rotes Bucktail und darauf wiederum ein Büschel gelbes Bucktail. Binden Sie die Flügel nicht zu üppig. Binden Sie das Haar ab und formen Sie den Kopf, den Sie anschließend lackieren.

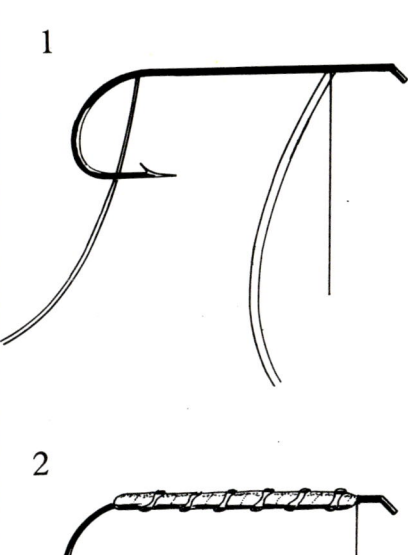

| GROSSFLIEGEN UND STREAMERS |

Missionary
Missionar

Dieses Muster wurde von Captain J.J. Dunn speziell für das Fischen an den Seen von Chew und Blagdon gebunden. Eine Variante der ›Missionary‹ (mit einer orangen Hechel anstelle einer weißen) wurde von Mr. C. G. Heywood am Tongariro River in Neuseeland eingesetzt, wo er an einem einzigen Morgen sieben Fische mit einem Durchschnittsgewicht von elf Pfund landen konnte. Durch Dick Shrive wurde dieses Muster hinlänglich bekannt, und es wird heute mit einer roten und orangen Hechel gebunden.

Haken:	Größe 6–10, Öhr nach unten
Faden:	Schwarz
Körper:	Weiße Chenille
Rippung:	Ovales Silbertinsel
Hechel:	Oranger Hahn
Flügel:	Silbergraue Erpelflankenfedern
Kopf:	Schwarz

1 Binden Sie die weiße Chenille, das ovale Silbertinsel und ein Büschel scharlachroter Hahnenhechelfibern für den Schwanz am Hakenbogen ein.

2 Winden Sie zuerst den Faden und dann die Chenille nach vorn. Danach rippen Sie den Körper und schließen alle Materialien ab. Nun binden Sie die Fibern der orangen Hahnenhechel für den Bart ein.

3 Bereiten Sie die silbergraue Erpelflankenfeder vor. Das korrekte Maß ergibt sich aus der Länge des Hakens. Binden Sie die Feder auf dem Hakenschenkel ein und beenden Sie die Fliege wie gewohnt.

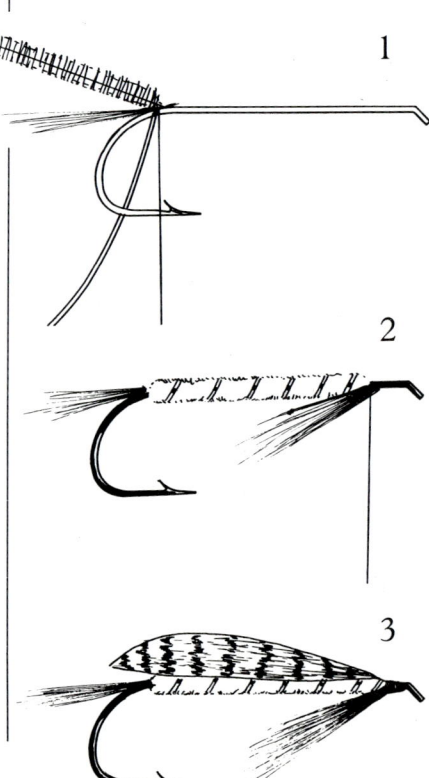

GROSSFLIEGEN UND STREAMERS

Muddler Minnow

Ein hinlänglich bekanntes amerikanisches Muster, das durch Don Gapen, dem Inhaber der Gapen Fly Company of Minnesota, bekannt wurde. Gapen wollte mit diesem Muster den Cockatush Minnow, eine Art Gründling, imitieren, der im Nipigon River, einem Fluß im Norden Ontarios, häufig ist.

Der ›Muddler‹ wurde über Nacht ein Erfolg und wird heute in Neuseeland, Südafrika, Europa und vielen anderen Ländern mit erstklassigen Erfolgen gefischt. Er ist allerdings kein Muster für einen Unerfahrenen.

Haken: Größe 6–12, Öhr nach unten
Faden: Braun
Schwanz: Hell gesprenkelte Truthahnfeder (halb so lang wie der Hakenschenkel)
Körper: Flaches Goldtinsel
Rippung: Ovales Goldtinsel
Flügel: Haare des grauen Eichhörnchenschwanzes, überdeckt von zwei Segmenten einer hellen gesprenkelten Truthahn-Schwungfeder
Kopf: Rehhaar

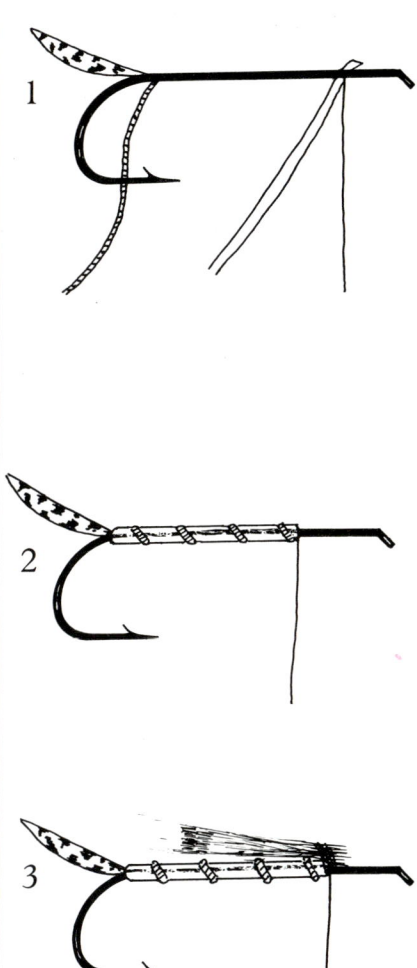

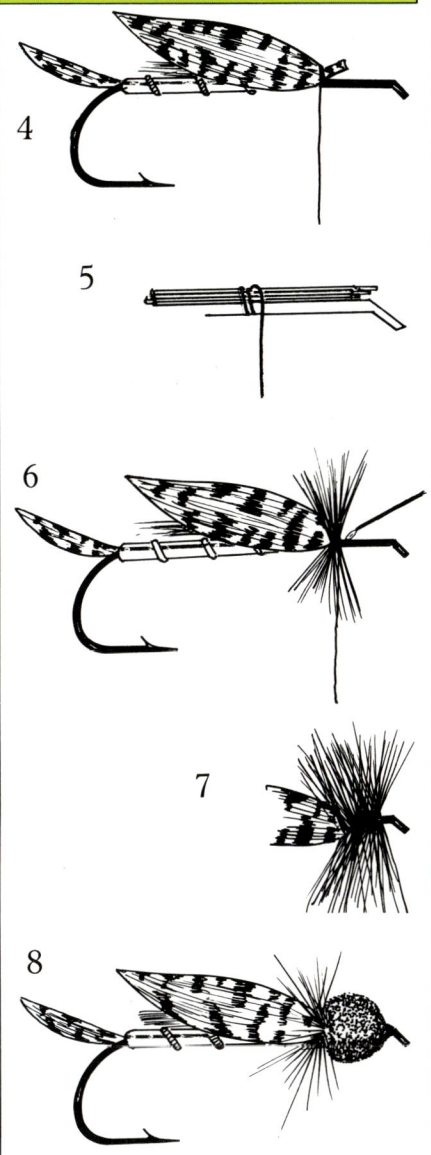

1 Führen Sie den Faden zum Hakenbogen und binden Sie zwei Segmente der Truthahnfeder für den Schwanz und danach das ovale Goldtinsel ein. Führen Sie den Faden nach vorn und binden Sie das flache Goldtinsel für den Körper ein.

2 Winden Sie das flache Tinsel zum Hakenbogen und wieder zurück und binden Sie es ab. Rippen Sie den Körper mit dem ovalen Tinsel und schließen Sie ab.

3 Binden Sie nun die Eichhörnchenhaare auf dem Hakenschenkel ein.

4 Jetzt binden Sie die großen Truthahnfedersegmente so ein, daß sie das Eichhörnchenhaar an den Seiten überdecken.

5 Jetzt wird es etwas schwieriger. Für den Kopf schneiden Sie ein kleines Bündel Rehhaare aus einem Fellstück, legen es auf den Haken und überwickeln es mit drei nicht zu festen Wicklungen.

6 Nun ziehen Sie den Faden stramm. Dabei stellt sich das Haar auf. Lackieren Sie die Windungen.

7 Auf gleiche Weise binden Sie noch weitere kleine Büschel Rehhaar an den Schenkel, bis er völlig überdeckt ist.

8 Mit einer scharfen Schere beschneiden Sie nun die aufgestellten Haare. Die nach hinten stehenden Haare bleiben unbeschnitten.

GROSSFLIEGEN UND STREAMERS

Perch Fry
Barschbrut

Ebenfalls ein recht erfolgreiches Muster, das mit einer grizzly Hechel versehen ist. Was grizzly Bälge im allgemeinen angeht, versuchen Sie, die beste Qualität zu bekommen. Die Bälge haben große Qualitätsunterschiede.

Haken:	Größe 6–10 langschenklig, Öhr nach unten
Faden:	Schwarz
Schwanz:	Scharlachrote Fibern der Hahnenhechel
Körper:	Weiße Chenille
Rippung:	Ovales Silbertinsel
Bart:	Wie Schwanz
Flügel:	Zwei grizzly Hecheln
Kopf:	Schwarz

1 Führen Sie den Faden zum Hakenbogen und binden Sie die Fibern der scharlachroten Hechelfeder für den Schwanz ein. An gleicher Stelle binden Sie das ovale Silbertinsel für die Rippung und die weiße Chenille für den Körper ein.

2 Winden Sie den Faden nach vorn, gefolgt von der weißen Chenille, die in engen Windungen bis kurz vor das Öhr geführt werden muß. Danach rippen Sie den Körper mit dem Tinsel.

3 Bereiten Sie zwei gleichgroße grizzly Hechelfedern vor und binden Sie sie auf dem Hakenschenkel ein. Danach binden Sie ein Büschel scharlachroter Fibern für den Bart ein.

4 Schließen Sie die Fliege mit einem Kopfknoten und einem Tropfen Lack ab.

Persuader
Glaubwürdige

Ein weiteres Muster von John Goddard, das seine Fängigkeit an allen Gewässern bereits unter Beweis gestellt hat. Sie wird gebunden wie eine Nymphe, aber ich habe sie im Kapitel der Großfliegen aufgeführt, da sie auch an langschenkligen Haken der Größe 6 gebunden und in allen Tiefen geführt werden kann. Es ist übrigens eine der leicht zu bindenden Fliegen.

Haken:	Größe 6–10 langschenklig, Öhr nach unten
Faden:	Orange
Körper:	Fünf Fibern der weißen Straußenfeder
Thorax:	Orange Seehundwolle
Flügelscheiden:	Drei Fibern der dunkelbraun gefärbten Truthahnfeder (Schwanzfeder)
Rippung:	Rundes Silbertinsel
Kopf:	Orange oder schwarz

1 Binden Sie ein paar Fibern der weißen Straußenfedern und das Silbertinsel am Hakenbogen ein.

2 Führen Sie den Faden über ⅔ der Schenkellänge nach vorn. Führen Sie nun die Straußenfibern bis zum Faden. Rippen Sie den Körper mit gleichmäßigen Windungen. Nun binden Sie die Fibern der Truthahnfeder für die Flügelscheiden ein. Jetzt dubben Sie den Faden mit der orangen Seehundwolle.

3 Formen Sie den Thorax mit der orangen Seehundwolle und legen Sie die Flügelscheiden nach vorn. Schneiden Sie den Überschuß ab und beenden Sie die Fliege wie gewöhnlich.

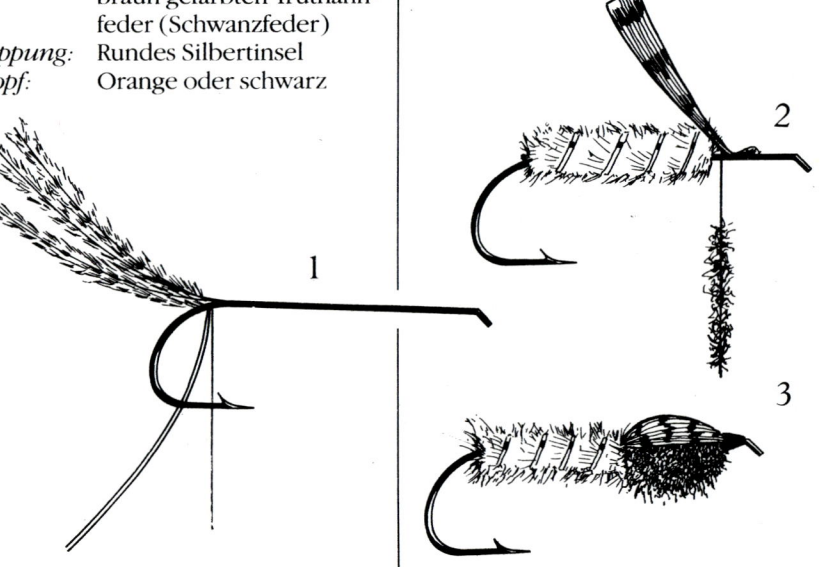

GROSSFLIEGEN UND STREAMERS

Polystickle
Stichling

Dick Walker band dieses Muster zuerst im Jahre 1966 und machte es durch einen Beitrag in der Zeitschrift »Trout and Salmon« der immer größer werdenden Zahl der Stillwasserangler zugänglich. Es wurde erbunden, um Brut, Stichlinge und andere Kleinfische, die in den größeren Stauseen immer präsent sind, zu imitieren. Es hat viele Varianten: Mit schwarzem Raffia und roter Hahnenhechel, braunem Raffia und oranger Hechel, grünem Raffia und gelber Hechel und was Sie sonst noch wünschen. Der vordere Teil des Körpers kann mit rotem Floss gewunden werden, bevor das Raffia eingebunden wird.

Binden Sie diese Fliege auf einen silbernen Haken (vernickelt etc.). Das erhöht die silbrige Erscheinung der fertigen Fliege.

Haken: Größe 6–10 langschenklig, Öhr nach unten
Faden: Schwarz
Körper: Schwarze Seide über ⅔ des Hakenbogens, davor eine Sektion mit blutrotem Floss. Der Körper wird mit Plastikfolie überdeckt.
Barthechel: Hellorange gefärbte Hahnenhechel
Rücken und Schwanz: Braunes Raffia (oder andere Farben)
Kopf: Schwarz

1 Binden Sie am Hakenbogen einen Streifen Raffia ein und führen Sie den Faden nach vorn zum Öhr. Dort binden Sie eine lange Fahne Plastikband mittlerer Dicke ein.

2 Winden Sie den Faden zum Hakenbogen und wieder zurück, bis ein fischähnlicher Körper gebildet ist. Mit etwas Praxis finden Sie bald heraus, mit welcher Spannung Sie das Plastikband winden müssen. Binden Sie nun einige Fibern der Hahnenhechel auf der Unterseite des Hakens ein.

3 Feuchten Sie das Raffia an und ziehen Sie es unter leichtem Druck nach vorn, wo Sie es abbinden. Schließen Sie die Fliege mit einem Kopfknoten ab. Auf den gut lackierten Kopf können Sie zwei Augen malen.

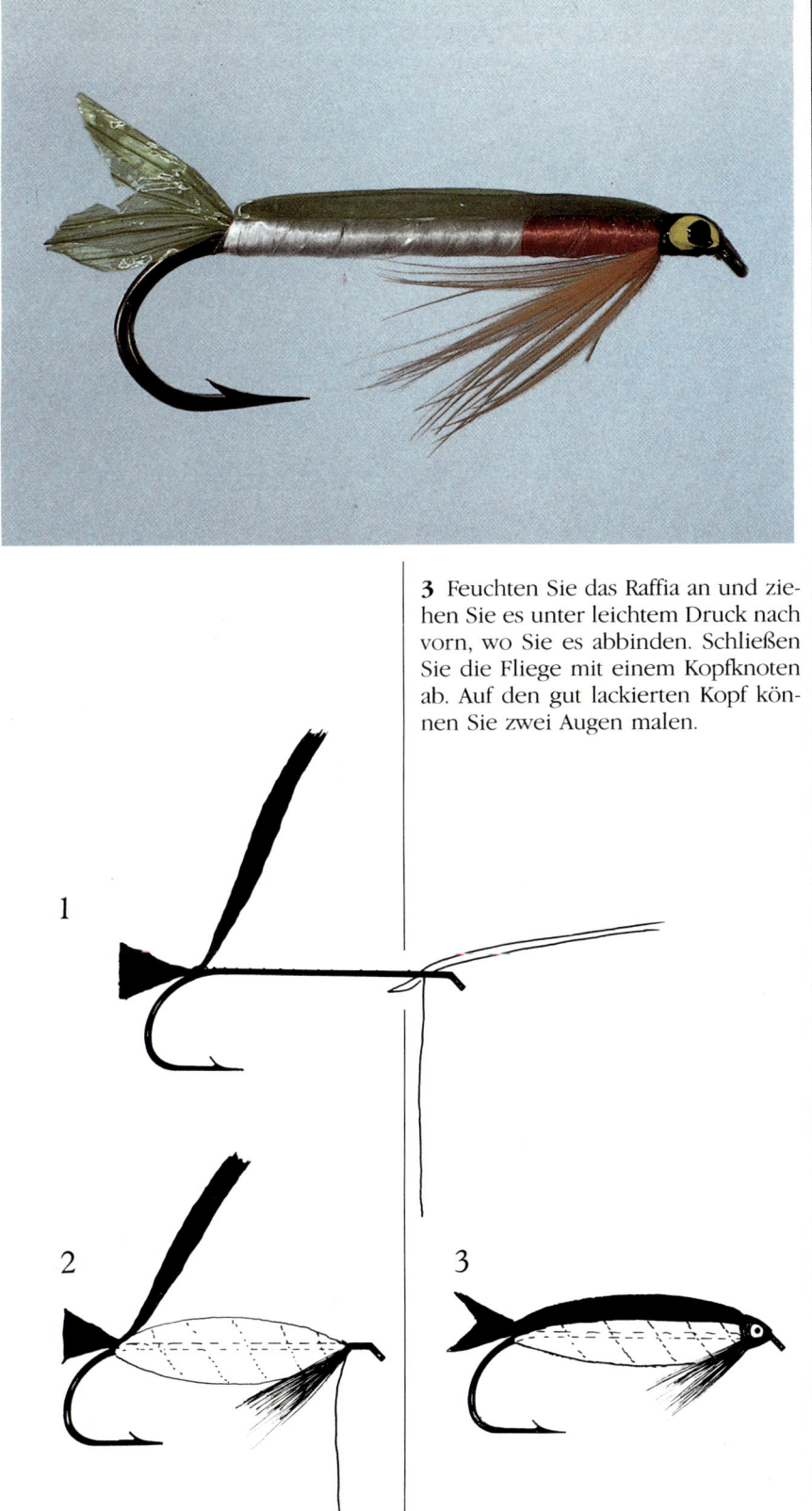

GROSSFLIEGEN UND STREAMERS

Red Queen
Rote Königin

Ein Muster von David Collyer, das dem ›Pik-As‹ verwandt ist und in der gleichen Weise gebunden wird. Es scheint, daß es an einer schwimmenden Schnur erfolgreicher angeboten werden kann. Man fischt es in Reservoirs oder Seen im Oberwasser.

Haken:	Größe 6–10 langschenklig, Öhr nach unten
Faden:	Schwarz oder scharlachrot
Körper:	Bronzenes Pfaugras
Rippung:	Scharlachrotes fluoreszierendes Floss
Hechel:	Weißer Hahn
Flügel:	Zwei scharlachrote Hahnenhecheln
Kragen:	(vorderer Körper) Wie Rippung
Deckflügel:	Bronze Mallard
Kopf:	Schwarz oder scharlachrot

1 Führen Sie den roten oder schwarzen Faden zum Hakenbogen und binden Sie das scharlachrote Floss und das Pfaugras ein.

2 Führen Sie den Faden wieder nach vorn bis zum Öhr und lackieren Sie den Hakenschenkel. Verdrehen Sie das Pfaugras zu einem Seil und winden Sie es um den noch vom Lack feuchten Hakenschenkel, wobei Sie den Körper formen. Schließen Sie das Pfaugras ab.

3 Bereiten Sie zwei zueinander passende scharlachrote Hahnenhecheln vor und binden Sie sie mit den Kielen unmittelbar am Öhr ein. Streifen Sie mit zwei Fingern die Hechel von der Spitze nach vorn gegen ihre Wuchsrichtung, legen Sie dann die Federn auf den Haken und binden Sie sie ein, indem Sie mit dem scharlachroten Floss den Körper rippen.

4 Winden Sie nun mit dem roten Floss den vorderen Teil des Körpers.

5 Als Deckflügel binden Sie nun die bronze Mallard Feder ein. Auf der unteren Seite des Hakens binden Sie nun die Barthechel ein und schließen die Fliege ab.

Silver Darter
Weißfisch

Dieses Muster stammt von einem der wohlbekannten amerikanischen Fliegenbinder Lew Oatman. Es ist ein Streamerdesign, das Futterfische imitiert und zusammen mit dem Golden Darter einen hervorragenden Ruf genießt. Es wird an großen und kleinen Seen gefischt.

Haken:	Größe 6–10 langschenklig, Öhr nach unten
Faden:	Schwarz
Schwanz:	Silberfasanschwanz
Körper:	Weißes Floss
Rippung:	Feines flaches Silbertinsel
Hechel:	Pfauenschwertfeder
Flügel:	Vier dachsfarbene Hahnenhecheln
Wangen:	(wahlweise) Jungle Cock oder ähnliches
Kopf:	Schwarz

1 Binden Sie ein Segment aus der Flügelfeder des Silberfasans am Hakenbogen ein. An gleicher Stelle binden Sie das Tinsel ein.

2 Führen Sie den Faden zum Öhr und binden Sie das weiße Floss ein.

3 Winden Sie das weiße Floss zum Hakenbogen und zurück, um den Körper zu formen. Danach rippen Sie mit gleichmäßigen Windungen den Körper. Binden Sie beide Materialien ab und schneiden Sie den Überschuß ab. Binden Sie einige Fibern der Pfauenschwertfeder ein.

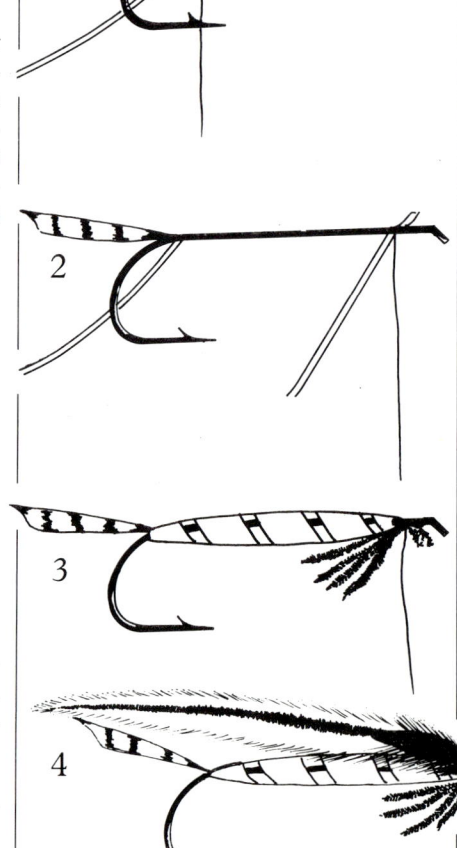

4 Bereiten Sie zwei dachsfarbene Hecheln mit weißen Fiberspitzen vor und binden Sie sie auf dem Hakenschenkel ein. Vervollständigen Sie die Fliege mit einem Whip Finish und einer Kopflackierung.

GROSSFLIEGEN UND STREAMERS

Spruce
Herausgeputzte

Ein amerikanisches Muster, das mit Erfolg an den Flüssen im Westen der USA gefischt wird. Es wurde von einem in Oregon wohnhaften Fliegenbinder mit den Namen Godfrey erbunden und ist heute in ganz Nordamerika populär. In Großbritannien, wo es in den größeren Spezialgeschäften erhältlich ist, setzt es sich ebenfalls durch.

Haken:	Größe 8–10 langschenklig, Öhr nach unten
Faden:	Schwarz
Schwanz:	Fibern der Pfauschwertfeder
Körper:	Vordere ⅔ Pfaugras gerippt mit Goldtinsel, dahinter rotes Floss
Flügel:	Dachsfarben
Hechel:	Dachsfarben
Kopf:	Schwarz

Sweeney Todd

Ein rein englisches Muster, das von Richard Walker und Peter Thomas in der Mitte der 60er Jahre gebunden wurde. Es kann die ganze Saison über eingesetzt werden und wird in beliebiger Wassertiefe und mit beliebiger Einholgeschwindigkeit gefischt. Diese Fliege sollten Sie eigentlich immer in Ihrer Box zur Hand haben. Zum Saisonende sollten die Hakengrößen kleiner werden.

Haken:	Größe 6–12, langschenklig, Öhr nach unten
Faden:	Schwarz
Körper:	Schwarzes Floss
Kragen:	(vorderer Körperteil) Magenta fluoreszierende Wolle oder Floss
Rippung:	Feiner Silberdraht
Barthechel:	Blutrote Fibern der Hahnenhechel
Flügel:	Schwarz gefärbtes Eichhörnchenhaar
Kopf:	Schwarz

1 Binden Sie das ovale Silbertinsel am Hakenbogen ein und führen Sie den Faden zum Öhr. Dort binden Sie das schwarze Floss ein.

2 Formen Sie den Körper, indem Sie das Floss zum Hakenbogen und wieder nach vorn winden. Danach rippen Sie den Körper und schließen Floss und Rippungsfaden ab. Nun binden Sie das fluoreszierende Floss oder die entsprechende Wolle ein.

3 Machen Sie ein paar Windungen mit der Wolle und schneiden Sie den Überschuß ab.

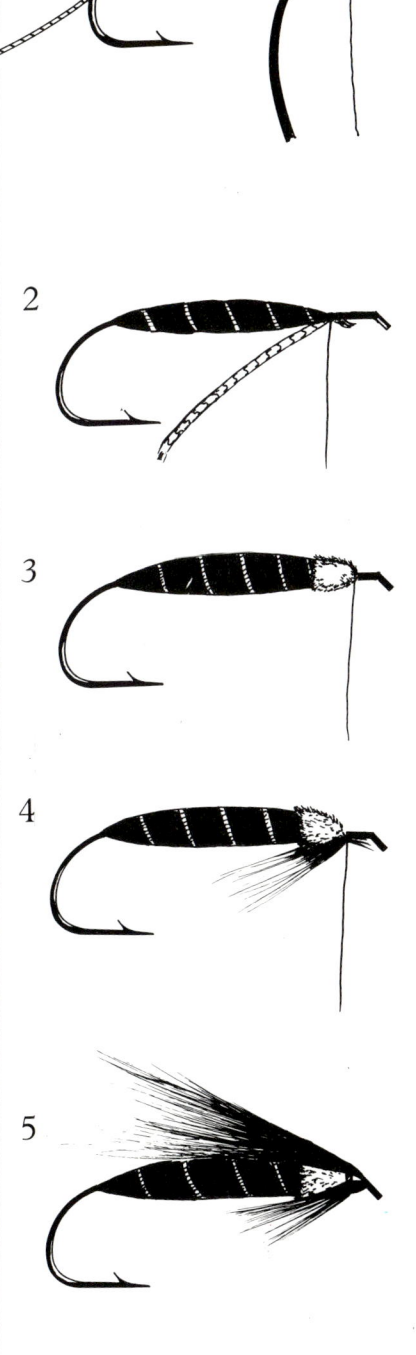

4 Binden Sie die blutrote Barthechel auf der Unterseite des Hakens ein.

5 Auf dem Hakenschenkel binden Sie nun ein Büschel schwarzer Eichhörnchenhaare ein und beenden die Fliege wie gewohnt.

GROSSFLIEGEN UND STREAMERS

Yellow Marabou Muddler
Gelber Marabou Muddler

Texas Rose Muddler

Die Bindeweise ist die gleiche wie die des ›Muddler Minnow‹ (Seite 113).

Haken:	Größe 6–12 langschenklig, Öhr nach unten
Faden:	Orange
Körper:	Oranges Floss
Rippung:	Feines ovales Silbertinsel
Flügel:	Gelbes Bucktail
Kopf:	Rehhaar natur

Viva

Dieses britische Muster wurde von Victor Furse erbunden. Es hat sehr viele Variationen. Victor Furses Originalmuster hatte Eichhörnchenhaar in der Mitte des Flügels, um diesen etwas fülliger zu machen. Beim Binden wird zuerst ein Büschel schwarzer Maraboufibern eingebunden, darauf dann das schwarze Eichhörnchenhaar, darüber wiederum schwarzes Marabou.

Haken:	Größe 6–10 langschenklig, Öhr nach unten
Faden:	Schwarz
Schwanz:	Fluoreszierend grün
Körper:	Schwarze Chenille
Rippung:	Flaches Silbertinsel
Flügel:	Schwarzes Marabou und schwarze Eichhörnchenhaare, vermischt
Kopf:	Schwarz

1 Führen Sie den Faden zum Hakenbogen und binden Sie die fluoreszierend grüne Wolle für den Schwanz ein. An gleicher Stelle binden Sie das flache Silbertinsel für die Rippung und die schwarze Chenille ein.

2 Führen Sie den Faden nach vorn zum Öhr, gefolgt von der Chenille, die eng gewunden werden muß. Danach rippen Sie den Körper mit dem Tinsel und binden unmittelbar vor dem Öhr ab.

3 Bereiten Sie die Materialien für den Flügel vor. Zuerst binden Sie einige Fibern schwarze Marabou auf dem Hakenschenkel ein, dann schwarzes Eichhörnchenhaar darüber und darauf schließlich wiederum schwarzes Marabou.

4 Schließen Sie die Fliege mit einem Kopfknoten und einem Tropfen Lack wie gewohnt ab.

GROSSFLIEGEN UND STREAMERS

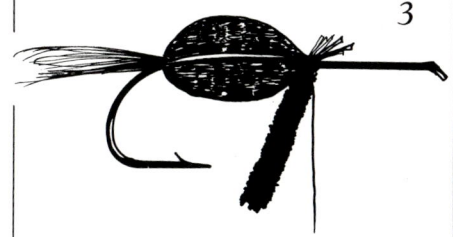

Walker's Killer

Ein südafrikanisches Muster, das man in jeder Fliegenbox von Magoebaskloof über Ost-Transvaal bis Drakensburg und Natal findet. Es ist besonders fängig, wenn es während oder nach der Laichzeit der Frösche angeboten wird. Es wird oft als Springer in Kombination mit einer ›Taddy‹ als Strecker (ein Muster, das bereits im Kapitel Nymphen erwähnt wurde) angeboten. Diese Montage verführt überaus häufig zu einem Biß auf die ›Taddy‹. Es hat mir an den Reservoirs der englischen Midlands schon viele Fische an den Haken gebracht.

Haken: Größe 8–12, Öhr nach unten
Faden: Schwarz
Schwanz: Schwarzes Eichhörnchenhaar oder Hechelfibern
Körper: Rote Chenille
Flügel: 18 gestreifte Rebhuhnhecheln
Kopf: Schwarz

1 Binden Sie ein Bündel schwarzer Eichhörnchenhaare oder Fibern der Hahnenhechel für den Schwanz am Hakenbogen ein. Danach binden Sie die rote Chenille ein.

2 Führen Sie den Bindefaden etwas nach vorn und folgen Sie mit der Chenille. Binden Sie die Chenille ein, aber schneiden Sie sie nicht ab.

3 Bereiten Sie nun sechs kleine gestreifte Rebhuhn-Hechelfedern vor und binden Sie drei auf jeder Seite des Hakens ein (Sie kommen auch mit zwei aus, wenn Sie nicht genügend vorrätig haben).

4 Wiederholen Sie das ganze dreimal (führen Sie erst den Faden, dann die Chenille, dann die Rebhuhnfeder). Jede Lage mit den Rebhuhnfedern muß deckend sein und die vorhergehende Lage überragen. Beenden Sie die Fliege mit der Kopfwicklung.

Whiskey

Die Erfindung von Albert Willock in den 70er Jahren, der diese Fliege zuerst am Reservoir von Hannigfield einsetzte. Sie wurde sehr schnell ein großer Erfolg an allen Gewässern und fand bald den Weg über den Atlantik nach Kanada, wo ihre Fängigkeit genauso schnell festgestellt wurde. Heute wird sie auf der ganzen Welt gefischt und genießt den Ruf, auch Kapitale an den Haken zu bringen. Sie wird in der gleichen Weise gebunden wie die ›Sweeney Todd‹ (Seite 115)

Haken: Größe 6–10 lang, Öhr nach unten
Faden: Scharlachroter fluoreszierendes Kunststoff-Floss
Körper: Flaches Gold- oder Silbertinsel (Orignal gebunden mit Sellotape, einem Klebeband)
Rippung und Körperende: Fluoreszierendes scharlachrotes Nylonfloss
Hechel: Hellorange Hahnenhechel
Flügel: Helloranger Kalbsschwanz
Kopf: Orange

GROSSFLIEGEN UND STREAMERS

White Chenille
Weiße Chenille

Eine weniger gebräuchliche Version ihrer Cousine, der ›Black Chenille‹. Trotzdem ist es ein Muster, das an hellen, klaren Tagen sehr erfolgreich sein kann. Binden Sie es wie die ›Black Chenille‹ (Seite 98).

Haken: Größe 6–10 langschenklig, Öhr nach unten
Faden: Schwarz
Schwanz: Weiße Hechelfibern
Körper: Weiße Chenille
Rippung: Breites flaches Silbertinsel
Flügel: Vier weiße Hahnenhecheln
Kopf: Schwarz

White Marabou

Ein ausgezeichnetes Muster, wenn die Forellen Brutfische jagen. Die Abbildung zeigt ein Muster, das mit einem Schwanz gebunden wurde. Dieser ist entbehrlich.

Haken: Größe 6–10 langschenklig, Öhr nach unten
Faden: Schwarz
Schwanz: (wahlweise) Weißes Marabou
Körper: Weiße Chenille
Rippung: Rundes Silber- und Goldtinsel
Flügel: Weiße Maraboufeder
Kopf: Schwarzer Lack

1 Führen Sie den Faden zum Hakenbogen und binden Sie das Silber- oder Goldtinsel ein. An gleicher Stelle binden Sie die weiße Chenille ein. Wenn Sie einen Schwanz einbinden wollen, tun Sie es jetzt.

2 Führen Sie nun den Faden nach vorn und winden Sie die Chenille eng bis zum Öhr. Danach rippen Sie den Körper mit dem Tinsel.

3 Binden Sie nun die Maraboufeder auf den Hakenschenkel und achten Sie darauf, daß diese länger als der Haken ist.

4 Schließen Sie mit einem Whip Finish wie gewöhnlich ab.

White Muddler
Weißer Muddler

Binden Sie diese Fliege genauso wie den ›Muddler Minnow‹ auf Seite 111.

Haken: Größe 6–12 langschenklig, Öhr nach unten
Faden: Weiß
Körper: Weißes Floss
Rippung: Flaches Silbertinsel
Flügel: Weißes Bucktail
Kopf: Albino Rehhaar oder, falls dieses nicht verfügbar ist, weiß gefärbtes Rehhaar.

GROSSFLIEGEN UND STREAMERS

Whitlock Sculpin
Whitlock Koppe

Der beschnittene Kopf aus Rehhaaren ist das Markenzeichen aller Koppenstreamer. Sie werden sehr häufig in den Vereinigten Staaten in Flüssen gefischt und sollen die kleinen heimischen Futterfische dort imitieren. Dieses Muster ist auch außerordentlich fängig an britischen Reservoirs und kontinentalen Seen. Die Abbildung zeigt eine etwas moderne Version, deren Flügel im Matukastil gebunden sind und das keine weiteren Haare als Flügel besitzt.

Haken:	Größe 4–10 langschenklig, Öhr nach unten, mit Bleidraht umwickelt
Faden:	Braun
Schwanz:	Entfällt
Körper:	Cremefarbenes Dubbing (Seehundwolle oder ähnliches)
Rippung:	Ovales Goldtinsel
Unterflügel:	Haar des roten Eichhörnchenschwanzes oder graues Eichhörnchenhaar
Flügel:	Olivbraune cree Hennenhechel
Kiemen:	Rotes Wolldubbing
Brustflossen:	Körperfeder der Fasanenhenne
Kragen:	(vorderer Körper) Rehhaar
Kopf:	Lagen verschiedenfarbigen Rehhaars, etwa gelb, braun und schwarz

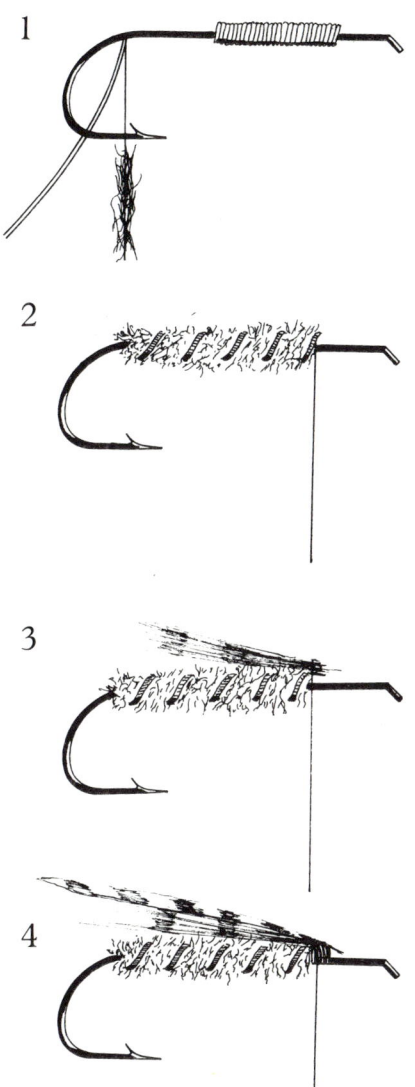

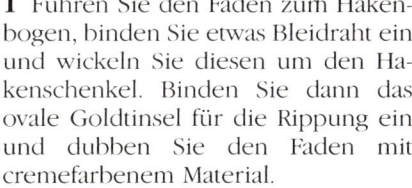

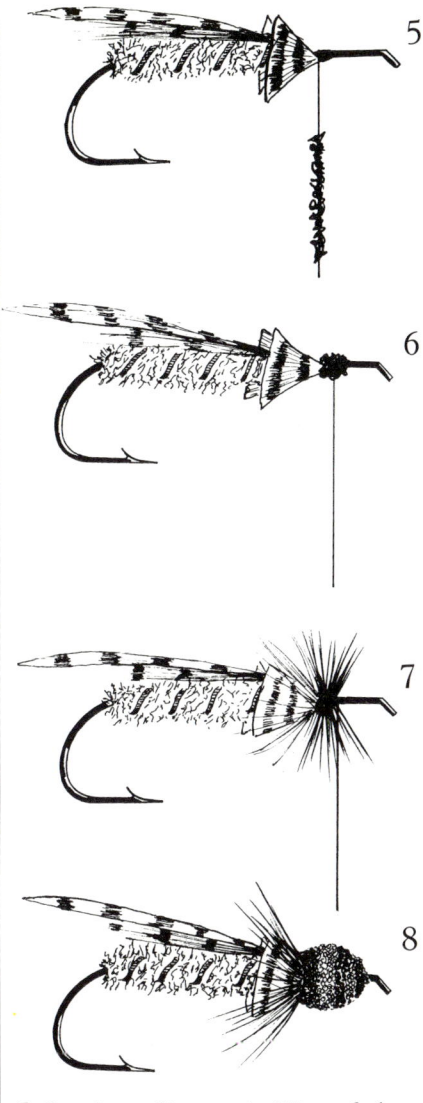

1 Führen Sie den Faden zum Hakenbogen, binden Sie etwas Bleidraht ein und wickeln Sie diesen um den Hakenschenkel. Binden Sie dann das ovale Goldtinsel für die Rippung ein und dubben Sie den Faden mit cremefarbenem Material.

2 Formen Sie den Körper und rippen Sie ihn mit dem ovalen Tinsel.

3 Binden Sie nun einen Unterflügel, bestehend aus Haaren des roten oder grauen Eichhörnchens auf dem Hakenschenkel ein.

4 Dann binden Sie, ebenfalls auf dem Hakenschenkel, zwei gleichgroße cree Hennenhecheln mit der glänzenden Seite nach oben ein.

5 Bereiten Sie zwei Körperfedern der Fasanenhenne vor und binden Sie sie an den Seiten des Körpers ein. Diese stellen die Brustflossen dar.

6 Dubben Sie den Faden mit roter Wolle und winden Sie ihn um die Flügelbasis (Kiemen darstellend).

7 Jetzt binden Sie den Kopf mit Rehhaar in der gleichen Weise, wie beim ›Muddler Minnow‹ (Seite 111). Sie binden zuerst eine Lage gelbliches Rehhaar, dann braunes und schließlich schwarzes ein.

8 Beschneiden Sie das Rehhaar. Lassen Sie die nach hinten stehenden Haare unbeschnitten wie einen Hechelkranz stehen.

GROSSFLIEGEN UND STREAMERS

Wooly Worm
Flauschiger Wurm

Der ›Wooly Wurm‹ erfreut sich weltweit wachsender Beliebtheit. Er wird in zahlreichen Farbvariationen gebunden, etwa mit schwarzer Chenille und schwarzer Hechel, schwarzer Chenille und grizzly Hechel, roter Chenille und grizzly Hechel, grüner Chenille und grizzly Hechel, gelber Chenille und grizzly Hechel.

Haken: Größe 6–10, Öhr nach unten
Faden: Schwarz
Schwanz: Rotbraune Fibern der Hahnenhecheln
Körper: Chenille
Hechel: Grizzly nach vorn im Palmerstil gebunden
Kopf: Schwarz

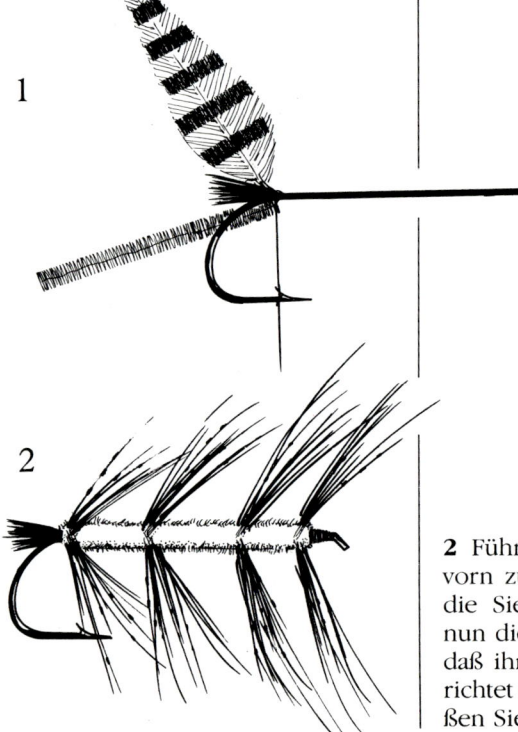

1 Am Hakenbogen binden Sie die Chenille, ein Büschel roter Hechelfibern und die grizzly Hechel mit dem Stamm ein.

2 Führen Sie den Bindefaden nach vorn zum Öhr, danach die Chenille, die Sie vorn abbinden. Führen Sie nun die grizzly Hechel so nach vorn, daß ihre Fibern leicht nach vorn gerichtet auf dem Körper stehen. Schließen Sie die Fliege wie gewohnt ab.

GROSSFLIEGEN UND STREAMERS

Worm-fly
Wurmfliege

Ein ausgezeichnetes Muster, das wahrscheinlich von den ›Red Tag-Fliegen‹ stammt, die in den 50er Jahren des letzten Jahrhunderts von den Anglern in Worcestershire gebunden wurden. Es kann naß oder trocken angeboten werden und wird häufig als Tandemfliege beim Loch-Fischen eingesetzt. Einige Binder bevorzugen die scharlachrote Wolle am Körperende an beiden Haken, andere wiederum nur am hinteren Haken.

Haken:	Größe 6–12 kurzschenklig, Öhr nach unten
Faden:	Schwarz
Körperende:	Scharlachrote Wolle
Körper:	Pfaugras
Hechel:	Dunkelroter Hahn
Kopf:	Schwarz

1 Führen Sie den Faden zum Hakenbogen und binden Sie einen Nylonfaden mittlerer Tragfähigkeit auf dem Hakenschenkel ein. Knicken Sie den Nylonfaden am Hakenbogen um und überwinden Sie ihn mit dem Faden. Am Öhr sichern Sie die Windungen mit einem Halben Schlag ab und lakkieren sie.

2 Führen Sie den Faden wieder zum Hakenbogen und überwickeln Sie dabei beide Nylonfäden. Sichern Sie die Wicklung mit einem Halben Schlag und lackieren Sie sie.

3 Nehmen Sie den Haken aus dem Schraubstock und spannen Sie den vorderen ein. Binden Sie das Nylon wie zuvor auf, legen Sie es vorn am Öhr um und binden Sie es, nach hinten verlaufend, auf dem Hakenschenkel ein. Machen Sie einen Kopfknoten und lackieren Sie die Wicklungen. Jetzt kann der Tandem-Haken mit Material bestückt werden.

4 Führen Sie den Faden zum Hakenbogen und binden Sie die scharlachrote Wolle ein. An gleicher Stelle binden Sie das Pfaugras ein und führen es zum Öhr, wobei Sie mehrere Lagen übereinander winden. Kurz vor dem Öhr binden Sie es ab.

5 Binden Sie nun die Hechel ein und vervollständigen Sie die Fliege wie üblich.
Das rote Wollbüschel kann an beiden Haken oder nur am hinteren eingebunden werden.

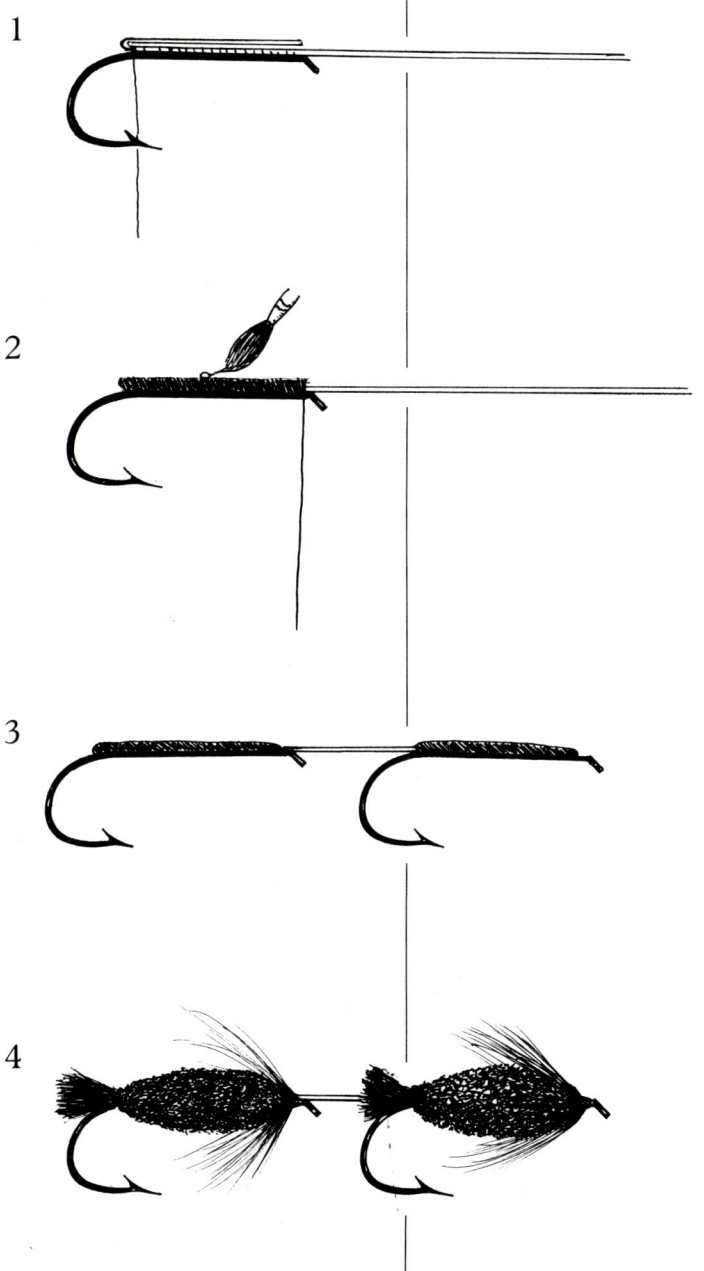

LACHSFLIEGEN

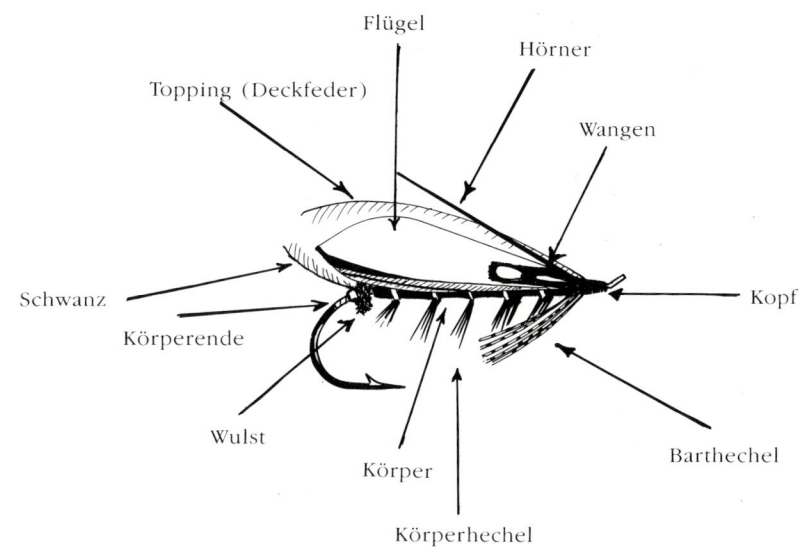

Die Lachsfliegen von heute, so wie sie von der überwiegenden Zahl der Fliegenbinder gebunden wird, ist eine Haarflügel-Fliege, die, wie der Name schon andeutet, Haare als Flügelmaterial besitzt. Der Hauptgrund dafür ist, daß viele der Vögel, die die Federn für die Schwingen liefern, heute auf der Roten Liste stehen und deshalb zu den geschützten Arten gehören. Ein weiterer Grund ist, daß die sogenannten ›Fully Dressed‹ Lachsfliegen (nach den Originalanleitungen vollständig gebundene Fliegen) zum Teil äußerst schwierig zu binden sind. ›Fully Dressed‹ Fliegen werden heute nur noch von sehr wenigen professionellen Fliegenbindern gebunden. Trotzdem haben wir einige solcher Muster der Vollständigkeit wegen aufgeführt. Die Haarflügel-Fliegen sind übrigens reduzierte ›Fully Dressed‹-Muster.

Den Bindern, die mehr wissen möchten über die ›Fully Dressed‹-Lachsfliegen, sei ein Buch empfohlen, das kürzlich veröffentlicht wurde und den Titel »How to Dress Salmon Flies« trägt und von Thomas Pryce-Tannantt verfaßt wurde. In diesem ausgezeichneten Buch stellt der Autor die Wichtigkeit des Aufbaus dar, der ausschlaggebend ist bei der Herstellung einer guten ›Fully Dressed‹-Fliege, ebenso wie das Material.

Eines der Probleme bei der Beschreibung von Haarflügel-Mustern ist, daß es im Augenblick so gut wie keine Standardisierung gibt. Jeder Fliegenbinder (professionell oder Amateur) bindet eine Fliege und kombiniert die Farben, wie es beliebt.

Die Flügel der Haarfliegen können nur eine einzige Farbe haben. Einige Muster, wie zum Beispiel ›Munro's Killer‹ haben einen Flügel aus Materialien in zwei verschiedenen Farben. Andere Muster wiederum erfordern eine mehrfarbige Schwinge, so daß die Haare vor dem Einbinden auf dem Haken gemischt werden müssen.

| LACHSFLIEGEN

Akroyd
Haarflügel

Eines der wohlbekannten Muster vom Fluß Dee im schottischen Aberdeenshire. Die ›Akroyd‹ läßt sich zurückverfolgen bis in die 80er Jahre des vorigen Jahrhunderts. Sie wurde zuerst gebunden von Charles Akroyd aus Brora und wurde sehr schnell in Amerika und Kanada bekannt. Mit traditionellem Aufbau wurde sie stets auf größerem Haken gebunden. Die Fliege vermittelt den Eindruck einer licht gebundenen und sehr schlanken Fliege. Es gibt viele Variationen, und die hier vorgestellte stammt von Jimmy Robinson. Die Fliege wird wie die ›Roger's Fancy‹ (Seite 143) gebunden.

Light Akroyd (hairwing)
Helle Akroyd (Haarflügel)
Diese Variante unterscheidet sich von der ›Akroyd‹ lediglich dadurch, daß sie einen Flügel aus weißem Bucktail hat.

Faden:	Schwarz
Körperende:	Ovales Goldtinsel
Schwanz:	Goldfasanschopf über Goldfasan Tippets
Körper:	Hintere Hälfte: Gelbe Seehundwolle; vordere Hälfte: schwarzes Floss
Rippung:	Ovales Goldtinsel über der gelben Seehundwolle und ovales Silbertinsel über dem schwarzen Floss
Hechel:	Gelb über der gelben Seehundwolle (im Palmerstil); schwarz gefärbte Reiherhechel über dem schwarzen Floss (im Palmerstil); Krickente im Bereich der Schulter
Flügel:	Dunkelbraunes Bucktail, oben/unten gebunden
Kopf:	Schwarz

Akroyd (fully dressed)
Die hier wiedergegebene Anleitung der ›Fully Dressed‹-Version stammt von Miss Megan Moyd.

Faden:	Schwarz
Körperende:	Ovales Goldtinsel
Schwanz:	Fibern der Goldfasanschopf- und Tippet-Feder
Flügel:	Hintere Hälfte: gelbe Seehundwolle; vordere Hälfte: schwarzes Floss
Rippung:	Ovales Goldtinsel über dem gelben Dubbing, ovales Silbertinsel über dem schwarzen Floss
Hechel:	Gelbe Hechel über dem gelben Dubbing, schwarze Reiherhechel über dem schwarzen Floss
Flügel:	Zwei schmale Segmente der zimtfarbenen Truthahnfeder, flach über dem Körper liegend
Wangen:	Jungle Cock mittlerer Größe, so eingebunden, daß sie etwas nach unten stehen und zur Hakenspitze gerichtet sind
Kopf:	Schwarz

LACHSFLIEGEN

Black Bomber
Schwarzer Bomber (Haarflügel)

Dies ist die Bindeweise nach Jimmy Robinson, die der Bindeweise des ›Munro Killer‹ auf Seite 141 entspricht.

Faden:	Schwarz
Schwanzende:	Silbertinsel und zitronengelbes Floss
Schwanz:	Goldfasanen-Schopffibern
Körper:	Schwarze Wolle
Rippung:	Ovales Silbertinsel
Hechel:	Schwarzer Hahn (Bart)
Flügel:	Schwarzes Bucktail oder Eichhörnchenhaar
Kopf:	Schwarz

Black Doctor
Schwarzer Doctor (Haarflügel)

Binden Sie dieses Muster wie die ›Roger's Fancy‹ auf Seite 143.

Faden:	Schwarz
Körperende:	Ovales Tinsel und gelbes Floss
Schwanz:	Goldfasanen-Schopffiber und blaue Henne
Wulst:	Rot
Körper:	Schwarzes Floss
Rippung:	Ovales Silbertinsel
Hechel:	Schwarzer Hahn, im Palmerstil über den ganzen Körper, Perlhuhn im Bereich von Schulter und Bart
Flügel:	Gelbes, rotes und blaues Bucktail, vermischt mit braunem Bucktail
Kopf:	Schwarz mit einem roten Ring

Schwarzer Doctor
(vollst. gebunden)

125

LACHSFLIEGEN

Blue Charm
Blauer Zauber (Haarflügel)

Diese Fliege wird auf die gleiche Weise gebunden wie der ›Munro Killer‹ (Seite 141)

Faden: Schwarz
Körperende: Ovales Silbertinsel
Schwanz: Fibern der Goldfasan-Schopffeder

Blauer Zauber (vollst. gebunden)

Körper: Schwarzes Floss
Rippung: Ovales Silbertinsel
Hechel: Blaue Hahnen- oder Hennenhechel
Flügel: Graue Eichhörnchenhaare
Kopf: Schwarz

Das ›Fully Dressed‹-Muster unterscheidet sich ausschließlich durch den Flügel, der aus folgenden Materialien besteht: Bronze Mallard, darüber ein Segment der Krickenten-Rupffeder, darüber Fibern der Goldfasan-Schopffeder.

Cosseboom
(Haarflügel)

Eine Fliege, die in den Fliegenschachteln auf der ganzen Welt zu finden ist. Sie ist vielleicht die bekannteste Fliege aus Nordamerika. Die ›Cosseboom Special‹ wurde erstmals im Jahre 1922 von John C. Cosseboom aus Woonsocket, Rhode Island, zum Fischen an Kanadas berühmtem Margaree Lachsfluß gebunden. Ursprünglich enthielt der Flügel dieser Fliege Pfaugras, bis man merkte, daß es die Fängigkeit nicht erhöhte. Es gehört zu den ersten Hairwing-Fliegen, die je gebunden wurden, und es gibt inzwischen eine ganze Reihe von Variationen. Unten angeführt ist die ›Cosseboom Special‹.

Faden: Schwarz oder Rot
Körperende: Silbertinsel
Schwanz: Olivgrünes Floss (kurz)
Körper: Olivgrünes Floss
Rippung: Silbertinsel
Flügel: Ein kleines Bündel grauer Eichhörnchenhaare, die über den Schwanz hinausragen
Hechel: Zitronengelb, im Stil eines Kragens gebunden, nach hinten ragend und in die Schwinge übergehend
Kopf: Schwarz

LACHSFLIEGEN

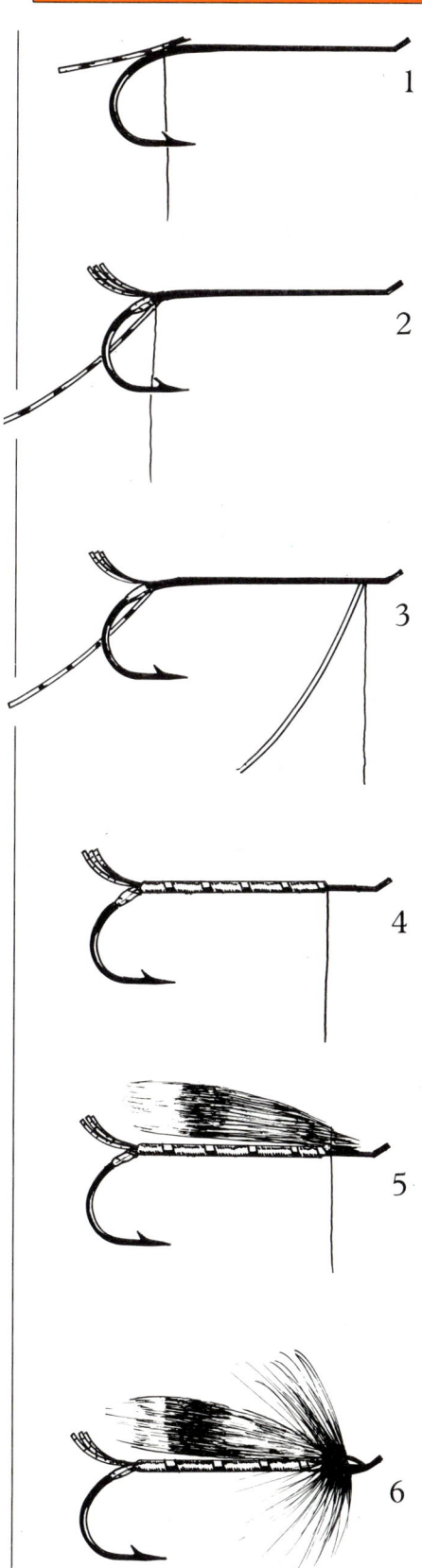

1 Führen Sie den Faden zum Hakenbogen und binden Sie das mittelbreite flache Tinsel für das Körperende ein.

2 Winden Sie das Tinsel und binden Sie es ab. An gleicher Stelle binden Sie eine weitere Sektion flaches Tinsel für die Rippung und ein kurzes Stück olivgrünes Floss für den Schwanz ein.

3 Führen Sie den Faden nach vorn und binden Sie olivgrünes Floss ein.

4 Führen Sie das Körperfloss zum Hakenbogen und zurück. Rippen Sie den Körper und schließen Sie das Tinsel ab.

5 Binden Sie nun ein Büschel grauer Eichhörnchenhaare oben auf dem Hakenschenkel ein. Sie können die Haare zusätzlich absichern, indem Sie die Flügelbasis mit einem Tropfen dünnen, schnelltrocknenden Lack benetzen.

6 Winden Sie nun die gelbgrüne Hechel und beenden Sie die Fliege wie gewohnt.

Dunkeld
(Haarflügel)

Die Bindeweise entspricht der ›Roger's Fancy‹ (Seite 143). Die Materialkombination stammt von Jimmy Robinson.

Faden:	Schwarz
Körperende:	Goldtinsel und goldgelbes Floss
Schwanz:	Goldfasan-Schopffibern und orange Henne
Wulst:	Schwarze Straußenfiber
Körper:	Flaches Goldtinsel
Rippung:	Ovales Goldtinsel
Hechel:	Orange Hahnenhechel, im Palmerstil nach vorn geführt
Schulterhechel:	Blaue Perlhuhnfeder
Flügel:	Braunes Eichhörnchenhaar über naturgrauem Eichhörnchenhaar
Kopf:	Schwarz

LACHSFLIEGEN

Durham Ranger
(Haarflügel)

Dieses Muster wurde von James Wright aus Sprouston, Kelso, vor etwa einem Jahrhundert erbunden. James Wright, der im Jahre 1829 geboren wurde, erlangte schnell weltweiten Ruf und nach seinem Tode im Jahre 1902 wurden seine Fähigkeiten, Fliegen zu binden und zu fischen, in der Literatur erwähnt. Wie viele andere Tweed-Fliegen ist der ›Durham Ranger‹ an den Lachsflüssen der ganzen Welt zu Ruhm gekommen. Die Fliege selbst kann wegen ihrer Farbgebung nur als schreiend bunt bezeichnet werden, aber beide, Angler und Fisch, mögen sie, und viele gute Fänge stellen ihre Effektivität unter Beweis. Die Fliege wird gebunden wie die ›Roger's Fancy‹ (Seite 143).

Faden:	Schwarz
Körperende:	Ovales Silbertinsel und zitronengelbes Floss
Schwanz:	Goldfasanenschopf und orangene Henne
Wulst:	Schwarze Straußenfiber
Körper:	Je ¼ von hinten nach vorn: orange, rote, weinrote und schwarze Seehundwolle
Rippung:	Ovales Silbertinsel
Hechel:	Scharlachrot gefärbte badger (Dachs) Hechel, im Palmerstil nach vorn gewunden, blaue Hahnenhechel um Schulter und Bart
Flügel:	Oranges Bucktail (gebändert)
Kopf:	Schwarz

Durham Ranger (fully dressed)
Die ›Fully Dressed‹-Version wird bezeichnet als eine Fliege, deren Schwingen aus ganzen Federn bestehen. Sie steht im Gegensatz zu der Jock Scott etwa, deren Flügel aus mehreren Elementen besteht, der ›Thunder & Lightning‹, deren Flügel aus Segmenten und der ›Silver Wilkinson‹, deren Flügel aus ineinander vermischten Federteilen bestehen.

Faden:	Schwarz
Körperende:	Silbertinsel
Schwanz:	Schopffiber des Goldfasans und Indian Crow (oder Ersatz)
Wulst:	Schwarze Straußenfiber (2 Wicklungen)
Rippung:	Flachtinsel und ein verzwirnter silberner Faden
Körper:	Je ¼, von hinten nach vorn: zitronengelbes (oder helloranges Floss), dunkeloranges, leuchtend braunes (oder weinrotes) und schwarzes Seehunddubbing
Hechel:	Badger, gelb gefärbt
Bart:	Hellblauer Hahn
Flügel:	Ein paar Jungle Cock Federn in der Mitte, jeweils zwei Augenfedern auf jeder Seite und eine Feder als Topping über dem Flügel
Wangen:	Blaue Eisvogelfeder
Kopf:	Schwarz

LACHSFLIEGEN

Dusty Miller
Grauer Müller (Haarflügel)

Diese wird auf die gleiche Weise gebunden wie der ›Munro Killer‹ (Seite 141), jedoch zusätzlich mit einem Körperende. Dies ist die Bindeweise von Colin Wilkie.

Kopf:	Schwarz
Körperende:	Ovales Silbertinsel
Schwanz:	Fibern des Goldfasanschopfes
Wulst:	Gelbes Floss, schwarze Straußenfiber
Körper:	Silberlurex über ⅔ des Körpers, oranges Floss über ⅓ des Körpers
Rippung:	Ovales Silbertinsel
Hechel:	Gelber Hahn (oder Henne), darüber Perlhuhn
Flügel:	Grauer Eichhörnchenschwanz
Kopf:	Schwarz

Dusty Miller (vollst. gebundene)
Ein klassisches Muster, wie es von Thomas Pryce-Tannantt gebunden wird.

Faden:	Schwarz
Körperende:	Silber, davor goldgelbes Floss
Schwanz:	Goldfasanschopf, darüber Indian Crow (geschützt), jedoch nur halb so lang
Wulst:	Schwarze Straußenfiber
Körper:	Vorderes Drittel: oranges Floss, hintere ⅔: gehämmertes Silbertinsel
Rippung:	Ovales Silbertinsel (dünn)
Hechel:	Gold, im Palmerstil über das Floss gewunden
Bart:	Ein kleines Bündel gesprenkelter Perlhuhnfibern
Flügel:	Ein paar Segmente aus der schwarzen Truthahnfeder mit weißen Spitzen, Rücken an Rücken eingebunden. Darüber, jedoch nur zum Teil überdeckend, ein Flügel aus einer Mischung von Krickentenfibern, orange, gelben und scharlachroten Schwanzfibern, Trappenfibern und Goldfasan-Stoßfeder-Segmenten. Darüber, jedoch wiederum nur zur Hälfte bedeckend, Braut- oder Mandarinente und braunen Stockente.
Topping:	Fibern der Goldfasan-Schopffeder
Wangen:	Jungle Cock
Kopf:	Schwarz

LACHSFLIEGEN

Em Terror

Die ›Em Terror‹ ist eine der sehr wenigen schwedischen klassischen Lachsfliegen. Sie wurde für das Fischen auf die riesigen Meerforellen im Fluß Em im südöstlichen Teil des Landes gebunden.

Die Fliege wird normalerweise auf einem Haken Größe 5/0 gebunden und sollte in der Nacht angeboten werden. Sie ist das Ergebnis einer englisch-schwedischen Kooperation: Englische Fliegenfischer, die das Fliegenfischen am River Em bekannt machten, erbanden sie zusammen mit ihren schwedischen Schülern in den 20er und 30er Jahren. Heute noch wird diese Fliege am Em und an anderen Lachsflüssen der Welt eingesetzt.

Die ›Em‹-Fliegen werden recht füllig gebunden, um den Fliegen in dem häufig ruhigen Wasser des Em das notwendige Spiel zu verleihen.

Faden:	Rot oder schwarz
Körperende:	Rundes Goldtinsel
Schwanz:	Zwei hellorange Hechelspitzen (die Innenseiten aufeinander gelegt)
Körper:	Schwarze Wolle
Rippung:	Ovales Goldtinsel
Hechel:	Badger, im Palmerstil über den Körper gebunden und eine blaue Hechel als Kragen
Flügel:	Zwei Jungle Cock Federn
Kopf:	Rot

Fiery Brown
Leuchtend Braun (Haarflügel)

Der wirkliche Schöpfer dieser Fliege ist nicht bekannt. Einige Binder schreiben sie Charles Cotton zu, der es ›Bright Brown‹ (Die Helle Braune) nennt und in seiner Ergänzung zu Izaak Waltons »The Compleat Angler« aufführt. Einen Beweis dafür gibt es jedoch nicht. Sicher ist nur, daß der Fliegenbinder Michael Rogan aus Ballyshannon in Irland derjenige war, der diese Fliege weltweit bekannt gemacht hat. Rogan, Jahrgang 1835, war eine außergewöhnliche Person, was die Präparierung der Bindematerialien angeht. Es würde mehrere Seiten dieses Buches füllen, wenn man seine Methode des Färbens und Bleichens beschreiben wollte.

Die Anleitung entspricht der Version von Jimmy Robinson. Die Fliege wird gebunden wie die ›Roger's Fancy‹ auf Seite 143.

Faden:	Schwarz
Körperende:	Ovales Goldtinsel und Joranges Floss
Schwanz:	Fibern des Goldfasan-Schopfes
Körper:	Hellbraune Seehundwolle
Rippung:	Ovales Goldtinsel
Hechel:	Hellbraun, im Palmerstil über den gesamten Körper gebunden
Flügel:	Oranges, quergestreiftes Bucktail, darüber braunes Bucktail
Kopf:	Schwarz

LACHSFLIEGEN

Fiery Brown (vollst. gebundene)
Dieses ist ein leicht zu bindendes ›Fully Dressed‹-Muster.

Haken:	Größe 6–12, Öhr nach oben
Faden:	Braun
Körperende:	Feines ovales Goldtinsel und gelbes Floss
Schwanz:	Goldfasanenstoßfeder, darüber Fibern des Schopfes
Rippung:	Flaches Goldtinsel
Körper:	Rötlich braune Seehundwolle
Flügel:	Bronze Mallard
Hechel:	Rotbrauner Hahn
Kopf:	Schwarz

1 Führen Sie den Faden zum Hakenbogen und binden Sie die Fibern der Goldfasan Tippets und das Goldtinsel ein.

2 Dubben Sie den Faden mit rötlich brauner Seehundwolle und winden Sie ihn nach vorn. Danach rippen Sie den Körper.

3 Binden Sie die rotbraune Hahnenhechel ein und schließen Sie die Fliege mit dem Flügel aus Bronze Mallard, einem Whip Finish und einem Tropfen Lack ab.

LACHSFLIEGEN

Garry
(Haarflügel)

Die Fliege stammt vom kürzlich verstorbenen John Wright, dem Sohn von James Wright aus Spouston, der den Durham Ranger erbunden hat (Seite 128). Über diese Fliege gibt es eine Episode: Ein Pfarrer aus dem Ort, der mit seinen Hund, einem Golden Retriever, einen Gerätehändler aufsuchte, wurde von einem Fliegenbinder gebeten, ein paar Haare seines Hundes für eine Fliege, an der er gerade band, verwenden zu dürfen. Die Fliege im Schraubstock hatte bereits einen schwarzen Körper. Das Ergebnis war ein sehr erfolgreiches Muster, das sehr fängig auf Lachs war. Es wird in der gleichen Weise gebunden wie der ›Munro Killer‹ (Seite 141). Die Bindeanleitung stammt von Colin Wilkie.

Körperende: Ovales Silbertinsel
Wulst: Gelbes Floss
Schwanz: Fibern des Goldfasanschopfes
Körper: Schwarzes Floss, gerippt mit ovalem Silbertinsel
Hechel: Blau gefärbte Perlhuhn-Rupffeder oder Eichelhäher
Flügel: Rot gefärbtes Haar, darüber gelb gefärbtes Haar
Kopf: Schwarz (in einigen Gegenden wird ein roter Kopf bevorzugt)

General Practitioner
Praktischer Arzt (Haarflügel)

Die Originalfliege, die Colonel Esmond Drury 1953 band, ist so kompliziert, daß ich eine etwas leichter zu bindende Version angebe, die ebenfalls an vielen Flüssen sehr erfolgreich ist. Die Abbildung oben zeigt eine Fliege am Einfachhaken, die so nur zu fotografischen Zwecken gebunden wurde. Das Muster muß an einem Doppel- oder sogar einem Drillingshaken gebunden werden. Die Anleitung entspricht der von Colin Wilkie; die Fliege wird gebunden wie die ›Roger's Fancy‹ auf Seite 143.

Faden: Rot
Wulst: Ovales Goldtinsel
Schwanz: Goldfasan Tippet Fibern, darüber Fibern der roten Goldfasan-Brustfeder
Körper: Orange Seehundwolle
Rippung: Ovales Goldtinsel
Hechel: Orange Hahn (oder Henne)
Flügel: Fibern der roten Goldfasan-Brustfeder
Kopf: Rot

LACHSFLIEGEN

Goldfinch
Goldfink (Harflügel)

Binden Sie diese Fliege in der gleichen Weise wie die ›Roger's Fancy‹ auf Seite 143. Die Anleitung stammt von Jimmy Robinson.

Faden:	Schwarz
Körperende:	Ovales Silbertinsel und zitronengelbes Floss
Schwanz:	Goldfasanschopf
Wulst:	Schwarze Straußenfiber
Körper:	Flaches Goldtinsel
Rippung:	Ovales Goldtinsel
Hechel:	Weinrot und blau gefärbte Perlhuhnfibern an Schultern und Bart
Flügel:	Gelbes Bucktail
Kopf:	Schwarz

Green Highlander
Grüner Hochländer (Haarflügel)

Ein traditionelles Muster, das zu den bekanntesten Fliegen auf der ganzen Welt zählt. Es wurde zuerst von Mr. Grant, der um 1880 an den Ufern des Spey wohnte, gebunden. Die Bindeanleitung stammt von Colin Wilkie; die Fliege wird wie die ›Roger's Fancy‹ (Seite 143) gebunden.

Faden:	Schwarz
Körperende:	Ovales Silbertinsel
Wulst:	Schwarze Straußenfiber
Schwanz:	Goldfasanschopf
Körper:	Hinteres Drittel: gelbes Floss, vordere ⅔: grünes Floss
Rippung:	Ovales Silbertinsel
Hechel:	Gelber Hahn (oder Henne)
Flügel:	Oranges Haar, darüber grünes Haar
Kopf:	Schwarz

LACHSFLIEGEN

Green Highlander
(vollst. gebundene)

Faden:	Schwarz
Körperende:	Silbertinsel, davor kanariengelbes Floss
Schwanz:	Fibern des Goldfasanschopfes, darüber einige Fibern der Krickenten- oder gebänderten Brautentenfeder, halb so lang wie die Goldfasanfibern
Wulst:	Schwarze Straußenfiber
Körper:	Grüne Seehundwolle, hintere ¾: kanariengelbes Floss
Rippung:	Ovales Silbertinsel
Hechel:	Grün, im Palmerstil über den grünen Teil des Körpers gewunden (dieses Grün ist die spezielle Farbmischung ›Green Highlander‹)
Bart:	Zwei oder drei Umwicklungen kanariengelber Hechelfibern, als Kragen gewunden und nach unten gedrückt
Flügel:	Zwei Goldfasan Tippet Federn, Rücken an Rükken, überdeckt von miteinander vermischten Segmenten einer gelben und grünen Schwanenfeder und einer grau gesprenkelten Truthahnfeder. Dieses wiederum überdeckt von einer schwarz-weiß gebänderten Krickentenfeder und schmalen Segmenten einer Bronze Mallard Feder
Deckfeder:	Eine Goldfasanenschopffeder über dem gesamten Flügel

LACHSFLIEGEN

LACHSFLIEGEN

Hairy Mary
Haarige Marie (Haarflügel)

Zuerst gebunden von John Reidpath aus Inverness in den frühen 60er Jahren. Sie ist im Sommer eine sehr gängige Fliege. Das Muster, das oben dargestellt ist, wurde vor einigen Jahren in Inverness gebunden und zeigt eine gewollte Abweichung von der Originalbindeweise: Als Beifeder für den Schwanz wurden Goldfasanenschopffibern verwendet.

Faden: Schwarz
Körperende: Ovales Goldtinsel und Goldfasan Tippetfibern
Schwanz: Goldfasanenschopffibern
Körper: Schwarzes Floss
Rippung: Ovales Goldtinsel
Hechel: Blaue Hahnen- oder Hennenhechel
Flügel: Braunes Eichhörnchenhaar oder Bucktail
Kopf: Schwarz

1 Führen Sie den Faden zum Hakenbogen und binden Sie das ovale Goldtinsel und die Tippetfibern für das Körperende ein.

2 Bereiten Sie eine deutlich gekrümmte Fiber des Goldfasanschopfes vor und binden Sie sie als Schwanz ein. An gleicher Stelle binden Sie das ovale Goldtinsel für die Rippung und das schwarze Floss für den Körper ein.

3 Winden Sie nun das Floss zum Öhr und folgen mit dem Rippungsfaden. Vor dem Öhr beides abschließen.

4 Binden Sie die blaue Hahnenhechel als Barthechel ein.

5 Binden Sie nun das braune Haar für die Schwinge oben auf dem Haken ein, formen Sie einen kleinen Kopf und schließen Sie die Fliege mit einem Whip Finish und einem Tropfen Lack ab.

LACHSFLIEGEN

Heggeli
(Haarflügel)

Dies ist ein Muster, das die Norweger zum Fischen auf alle Raubfische verwenden. Sie setzen es für Forelle, Äsche, Meerforelle und Lachs ein. Es wird gewöhnlich auf kleinen Haken gebunden und genießt den Ruf, die beste aller Fliegen für den Lachs im Sommer und für das Fischen mit der gefetteten Schnur zu sein.

Faden: Schwarz
Schwanz: Goldfasan-Schopffibern
Körper: Flaches Silbertinsel
Rippung: Rundes Silbertinsel
Hechel: Braune Hahnenhechel
Flügel: Braune Erpel-Schulterfedern (2fach)
Wangen: Jungle Cock
Kopf: Schwarz

LACHSFLIEGEN

Jeannie
(Haarflügel)

Dieses Muster von Colin Wilkie wird gebunden wie der ›Munro Killer‹ auf Seite 141.

Faden:	Schwarz
Körperende:	Ovales Silbertinsel
Schwanz:	Goldfasanen-Schopffiber
Körper:	Hintere Hälfte: gelbes Floss; vordere Hälfte: schwarzes Floss
Hechel:	Schwarze Hahnenhechel
Flügel:	Braunes Bucktail oder Eichhörnchenhaar
Kopf:	Schwarz

Jeannie (fully dressed)

Faden:	Schwarz
Körperende:	Ovales Silbertinsel
Schwanz:	Goldfasanschopf
Körper:	Hintere Hälfte: gelbes Floss; vordere Hälfte: schwarzes Floss
Rippung:	Ovales Silbertinsel
Bart:	Schwarze Hahnenhechel
Flügel:	Bronze Mallard
Wangen:	Jungle Cock
Kopf:	Schwarz

138

LACHSFLIEGEN

Jock Scott
(Haarflügel)

Dieses Muster wurde von Jock Scott, einem Schotten aus Brawsholme, Jahrgang 1817, erbunden. Er war ein wohlbekannter und hochtalentierter Fliegenbinder, der bei Lord Scott of Kirkbank 24 Jahre lang in Diensten stand. Er entwickelte dieses Muster im Jahre 1844. Es wird gebunden wie die ›Roger's Fancy‹ (Seite 143).

Faden:	Schwarz
Körperende:	Ovales Silbertinsel und zitronengelbes Floss
Schwanz:	Goldfasanschopf und orange Henne
Wulst:	Schwarze Straußenfiber
Körper:	Hintere Hälfte (bis Hakenmitte): gelbes Floss mit zwei gelben Hennenfedern als mittleren Wulst, eine Feder nach oben und eine nach unten stehend, beide über das gelbe Floss ragend, das mit Silbertinsel gerippt wird. In der Mitte befindet sich ein Wulst aus schwarzer Straußenfiber. Vordere Hälfte (von der Mitte bis zum Öhr): Schwarzes Floss, gerippt mit ovalem Silbertinsel
Hechel:	Schwarzer Hahn, im Palmerstil über die vordere Hälfte; Perlhuhn an der Schulter und am Bart
Flügel:	Graues Eichhörnchenhaar und gefärbtes Bucktail (gelb, rot und blau), darüber Fibern der Pfau-Schwertfeder, darüber braunes Bucktail
Kopf:	Schwarz

Jock Scott (vollst. gebundene)

Diese Fliege ist schwierig zu binden, und einige der Materialien sind äußerst schwierig zu beschaffen. Die Tukan-Körperfeder wurde daher z. B. ersetzt durch orange Hechelspitzen. Dennoch habe ich versucht, die Original-Materialien für diese Fliege aufzuführen.

Faden:	Schwarz
Körperende:	Rundes Silbertinsel und hellgelbes Floss
Schwanz:	Goldfasanenschopf und Indian Crow
Wulst:	Schwarz gefärbte Straußenfiber
Körper:	Hintere Hälfte: Zuerst hellgelbes Floss, mit feinem Silbertinsel gerippt, darüber und darunter jeweils drei oder je nach Hakengröße mehr Tukanfedern, die über den hinteren Wulst ragen. Der hintere Körper ist vom vorderen abgetrennt durch einen weiteren Wulst aus schwarzer Straußenfiber. Vordere Hälfte: schwarzes Floss, umwunden mit einer schwarzen Hechel (Fibern nur nach unten gerichtet), gerippt mit Silberlitze und Silbertinsel
Hechel:	Schwarzer Hahn
Bart:	Perlhuhn
Flügel:	Zwei paarige Segmente einer schwarzen Truthahnfeder mit weißen Spitzen (mit den weißen Spitzen eingebunden), je zwei Segmente einer Trappen- und grauen Erpelfeder, Fibern des Goldfasanenstoßes, Pfau-Schwertfedern, rote Ara-Fibern und blau und gelb gefärbte Schwanenfibern, darüber zwei Fibersegmente der Erpelfeder. Darüber Goldfasan-Schopf als Topping.
Seiten:	Jungle Cock
Wangen:	Eisvogel (geschützt)
Deckflügel:	Goldfasan-Schopffeder
Kopf:	Schwarz

LACHSFLIEGEN

Logie
(Haarflügel)

Binden Sie diese Fliege genauso wie den ›Munro Killer‹ (Seite 141), binden Sie jedoch zusätzlich einen Schwanz aus der Schopffeder des Goldfasanes ein. Die Anleitung stammt von Jimmy Robinson. Die ›Logie‹ ist ein populäres Low-Water-Muster.

Faden:	Schwarz
Körperende:	Silbertinsel
Schwanz:	Goldfasanschopf
Körper:	Weinrotes Floss
Rippung:	Ovales Silbertinsel
Hechel:	Hellblau (Kragen)
Flügel:	Gelbes Bucktail, darüber braunes Bucktail
Kopf:	Schwarz

Mar Lodge
(Haarflügel)

Ebenfalls ein Muster nach Jimmy Robinson, das wie die ›Roger's Fancy‹ (Seite 143) gebunden wird.

Faden:	Schwarz
Körperende:	Ovales Silbertinsel
Schwanz:	Goldfasanenschopf
Wulst:	Schwarze Straußenfiber
Körper:	Vorderes und hinteres Drittel: flaches Silbertinsel, zweites Drittel: schwarzes Floss
Rippung:	Ovales Silbertinsel, den gesamten Körper bedeckend
Hechel:	Perlhuhn
Flügel:	(licht) Gelbe, rote und blaue Haare, vermischt, darüber braunes Haar
Kopf:	Schwarz

Mar Lodge (vollst. gebundene)

Körperende:	Rundes Silbertinsel
Schwanz:	Goldfasanschopf
Wulst:	Schwarze Straußenfiber
Körper:	Vorderes und hinteres Drittel: gehämmertes Silbertinsel, mittleres Drittel: schwarzes Floss
Rippung:	Ovales Silbertinsel
Bart:	Perlhuhn
Flügel:	Gelbe, rote oder blaue Schwanenfedersegmente, Segmente der Pfauen-Schwungfeder, Brautente, Wildente und der gesprenkelten Truthahnfeder. Eine Goldfasanschopffeder überdeckt den gesamten Flügel
Seiten:	Jungle Cock
Kopf:	Schwarzer Lack

LACHSFLIEGEN

Munro Killer
(Haarflügel)

Ein außerordentlich populäres Fliegenmuster, das seinen Weg von den Britischen Inseln bis zu den Vereinigten Staaten und Kanada gefunden hat. Es wird auch an allen europäischen Lachsflüssen eingesetzt. Die wiedergegebene Anleitung stammt von Jimmy Younger. Diese Fliege wird sicherlich neben der ›Hairy Mary‹ und der ›Stoat's Tail‹ zu einer klassischen Haarflügel-Lachsfliege werden.

Faden:	Schwarz
Körperende:	Ovales Goldtinsel
Körper:	Schwarzes Floss
Rippung:	Ovales Goldtinsel
Hechel:	Hellorange Hahnenhechel, darüber blau gefärbte Perlhuhnfibern (als Bart gebunden)
Flügel:	Gelb gefärbtes Bucktail oder Eichhörnchenhaar, darüber schwarz gefärbtes Bucktail oder Eichhörnchenhaar
Kopf:	Schwarz

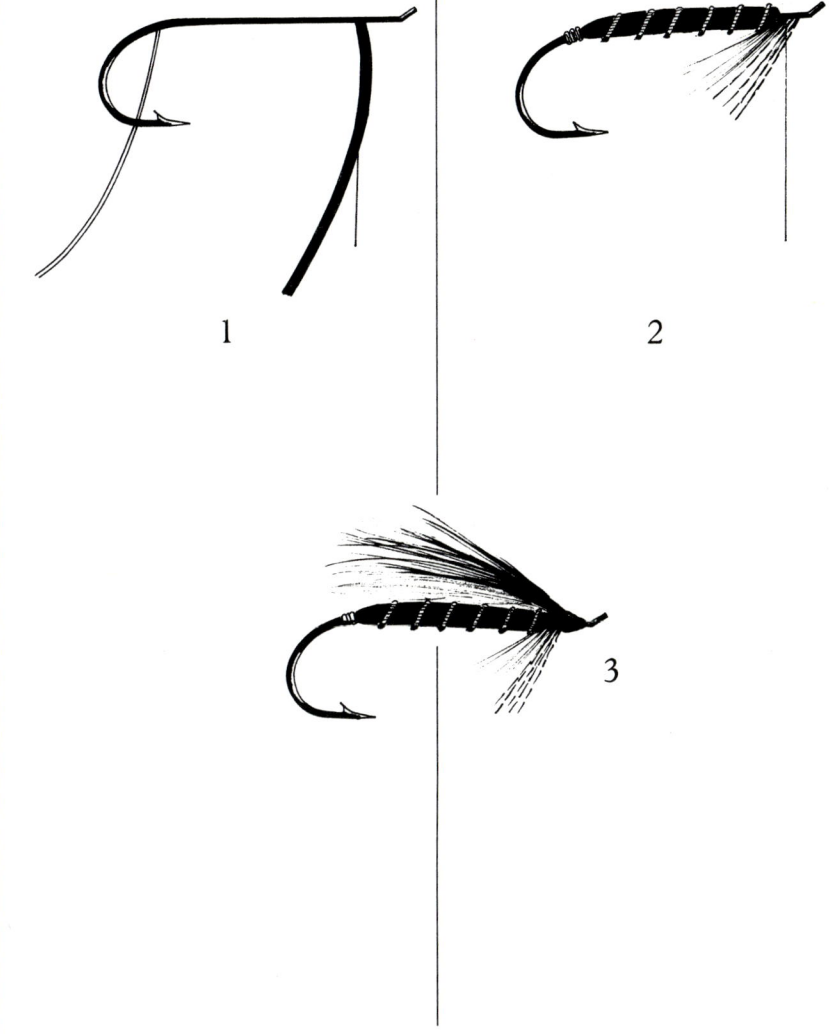

1 Führen Sie den Faden zum Hakenbogen und binden Sie das ovale Goldtinsel ein. Führen Sie den Faden wieder zum Öhr und binden Sie das schwarze Floss ein.

2 Formen Sie den Körper, indem Sie das Floss zum Hakenbogen und zurück winden. Binden Sie es ab. Winden sie das ovale Goldtinsel dreimal um den Hakenschenkel (Körperende), dann führen Sie es in weiteren Windungen (Rippung) nach vorn. Binden Sie es ab und binden Sie die Barthechel ein. Zuerst die Fibern der orange gefärbten Hahnenhechel, darunter die Fibern der blau gefärbten Perhuhnfeder.

3 Für die Flügel binden Sie auf dem Hakenschenkel ein Bündel gelber Haare ein. Darüber ein Bündel schwarzer Haare. Beenden Sie die Fliege mit einem kleinen Kopf und einem Tropfen Lack.

LACHSFLIEGEN

Olsen
(Haarflügel)

Eine bekannte Fliege aus Norwegen, die als Allroundfliege gute Dienste leistet. Auf kleineren Haken gebunden wird es für Forelle und Äsche eingesetzt, auf den größeren Haken dann für Meerforelle und schließlich für Lachs.
Bei den Forellen- und Äschenfliegen können Sie statt der Haare des grauen Eichhörnchens auch Federsegmente der Waldschnepfe verwenden.
Die Abbildung zeigt die Lachsversion.

Faden: Schwarz
Schwanz: Hellginger Hechelfibern
Körper: Hintere Hälfte: zitronengelbe Seehundwolle oder Wolle; vordere Hälfte: rote Seehundwolle oder Wolle
Rippung: Ovales Goldtinsel über den gesamten Körper
Hechel: (Bart) Ginger Hahn
Flügel: Graues Eichhörnchenhaar
Kopf: Schwarz

Rogers Fancy
(Haarflügel)

Bindeweise nach Jimmy Robinson.

Faden: Schwarz
Körperende: Ovales Silbertinsel und blaues Floss
Schwanz: Fibern der roten Goldfasan-Körperfeder
Wulst: Schwarze Pfauenfiber
Körper: Gelbes Floss
Rippung: Ovales Goldtinsel
Hechel: Gelb (im Palmerstil), scharlachrot am Bart
Flügel: Gelbes Bucktail
Kopf: Schwarz

1 Führen sie den Faden zum Hakenbogen und binden Sie das ovale Silbertinsel ein. Machen Sie damit vier Windungen und schließen Sie es ab.

2 Binden Sie nun das blaue Floss ein, winden Sie es mehrmals um den Schenkel und schließen Sie es ab. Damit ist das Körperende fertig.

3 Binden Sie jetzt die Schwanzfibern, danach die Straußenfiber ein.

4 Winden Sie den Wulst mit der Straußenfiber und binden Sie das ovale Goldtinsel und die Hechelfeder mit der Spitze ein. Führen Sie den Faden nach vorn und binden Sie das gelbe Floss ein.

5 Formen Sie den Körper, indem Sie das Floss nach hinten und wieder zurück führen. Führen Sie nun den Rippungsfaden nach vorn und schließen Sie das Floss und das Tinsel ab. Vor dem Körper binden Sie ein Bündel scharlachrote Hecheln ein.

6 Das gelbe Bucktail binden Sie nun auf dem Schenkel ein und beenden die Fliege mit einem gut lackierten Kopf.
Alle Haarflügel-Lachsfliegen werden nach dieser Methode gebunden, wobei Variationen möglich sind.

7 Dies ist die Low Water-Version. Das Material ist nicht so füllig; der Körper kürzer.

LACHSFLIEGEN

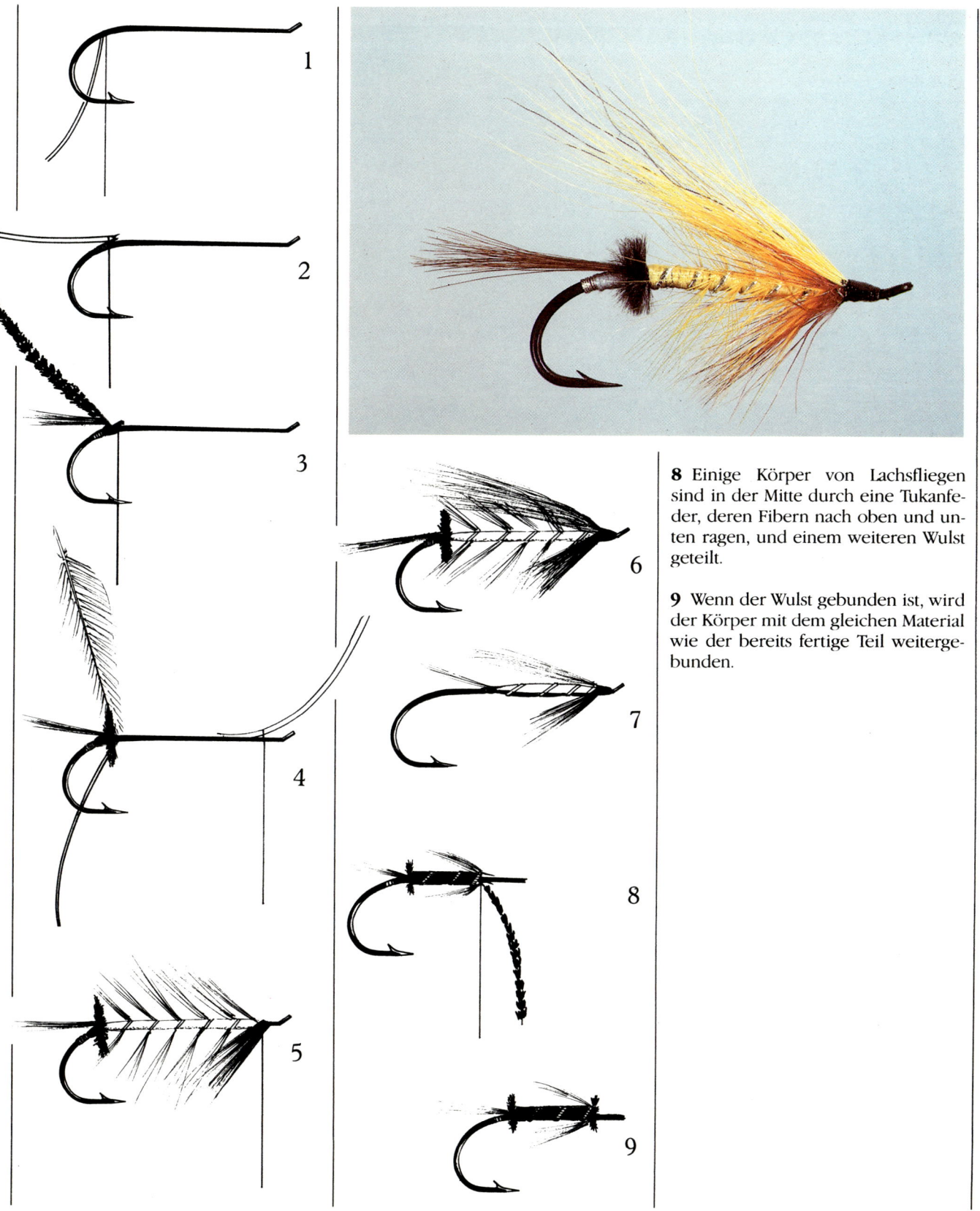

8 Einige Körper von Lachsfliegen sind in der Mitte durch eine Tukanfeder, deren Fibern nach oben und unten ragen, und einem weiteren Wulst geteilt.

9 Wenn der Wulst gebunden ist, wird der Körper mit dem gleichen Material wie der bereits fertige Teil weitergebunden.

143

LACHSFLIEGEN

Shrimp Fly
Garnelenfliege (Haarflügel)

Von diesem Muster gibt es viele Variationen. Es ist in den letzten 20 Jahren sehr populär geworden und in viele traditionelle Muster hat man Elemente der ›Shrimp Fly‹ eingebaut. Auf einem langschenkligen Drilling gebunden hat es eine bessere Balance im Wasser. Um es dem Fisch verführerisch anzubieten, muß es tief geführt werden. Etwas Seehundwolle über dem Körper aus Floss gibt der Fliege ein gewisses Extra: Die Fliege hat mehr Leben und vibriert, wenn sie geführt wird. Die Anleitung entspricht der Version von Taff Price.

Haken:	Drilling (der Drilling ermöglicht ein unbeeinträchtigtes Spiel der Goldfasanfeder)
Faden:	Rot (orange)
Schwanz:	Orange Seehundwolle
Rippung:	Ovales Goldtinsel
Hechel:	Oranges Bucktail
Wangen:	(wahlweise) Junge Cock

1 Führen Sie den Faden zum Hakenbogen und binden Sie ein Büschel Fibern der roten Goldfasan-Körperfeder ein. (Gelegentlich wird diese Feder auch wie eine Hechel gewunden.) An gleicher Stelle binden Sie das Goldtinsel ein. Dubben Sie den Faden je nach Muster mit oranger oder andersfarbiger Seehundwolle.

2 Führen Sie den gedubbten Faden nach vorn, wobei Sie den Körper formen. Führen Sie den Rippungsfaden hinterher. Schließen Sie beides ab und binden Sie das Bucktail ein. Neben Bucktail eignen sich auch andere Haare.

3 Binden Sie an den Seiten je eine Jungle Cock Feder oder ein Imitat davon ein. Schließen Sie die Fliege wie gewohnt ab.

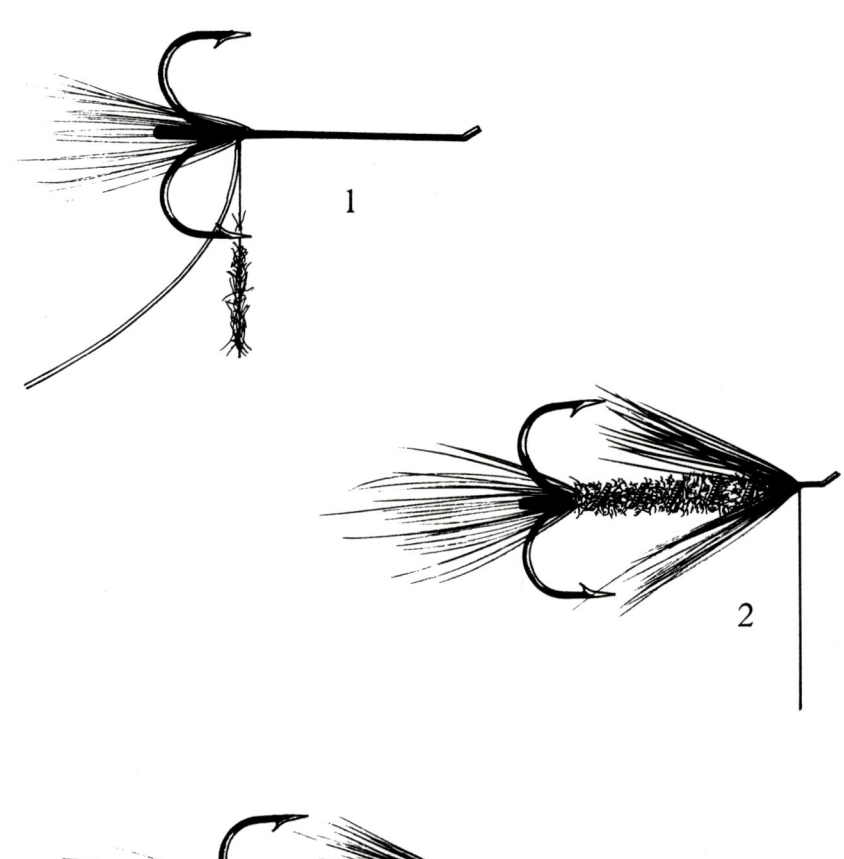

LACHSFLIEGEN

LACHSFLIEGEN

Silver Doctor
(Haarflügel)

Die Anleitung für dieses Haarflügelmuster ist von Colin Wilkie, und es wird in der gleichen Weise gebunden wie der ›Munro Killer‹ (Seite 141). Zum besseren Verständnis zeigen wir auch ein Foto einer Fully Dressed-Version (rechts).

Faden:	Rot
Körperende:	Ovales Silbertinsel
Wulst:	Zweifarbig: hinten gelbes Floss, vorne rotes Floss
Schwanz:	Goldfasanschopf
Körper:	Flaches Silbertinsel
Rippung:	Ovales Silbertinsel
Hechel:	Blaue Hahnenhechel, darüber Perlhuhn
Flügel:	Rotgefärbtes Bucktail, darüber gelb gefärbtes Bucktail
Kopf:	Rot

Silver Doctor (vollst. gebundene)

LACHSFLIEGEN

LACHSFLIEGEN

Silver Grey
Silbergraue (Haarflügel)

Ein weiteres altes und bestens eingeführtes Muster von James Wright, dem hochgelobten Fliegenbinder des 19. Jahrhunderts. Die unten beschriebene Version ist erwähnt in H. Cholmondeley-Pennells Buch »Fishing Salmon & Trout«. Die Bindeweise entspricht wieder der ›Roger's Fancy‹ (Seite 143).

Faden:	Schwarz
Körperende:	Silbertinsel und gelbes Floss
Schwanz:	Goldfasanenschopf
Wulst:	Schwarze Straußenfiber
Körper:	Flaches Silbertinsel
Rippung:	Ovales Silbertinsel
Hechel:	Dachsfarben, im Palmerstil über den gesamten Körper; Krickente im Bereich der Schulter und des Bartes
Flügel:	(licht) Gelbes, grünes und blaues Bucktail oder Eichhörnchenhaar, darüber braunes Haar
Kopf:	Schwarz

Silver Grey (vollst. gebundene)

Körperende:	Silberfaden und gelbes Floss
Schwanz:	Zwei Fibern der blauen Ara-Feder, darüber Fibern der Brautente (ohne Bänderung)
Wulst:	Schwarze Fibern
Körper:	Flaches Silbertinsel, gerippt mit ovalem Silbertinsel
Hechel:	Von der ersten Wicklung des Rippungsfaden nach hinten eine im Palmerstil gewunden Coch-y-Bondhu-Feder mit weißen Spitzen
Bart:	Helle Pfeifentenfeder
Flügel:	Von unten nach oben: Silberfasan, Trappe, Goldfasanenschwanzfiber, Spießente, rauchblauer Ara, Perlhuhn, Schwanenfeder (gelb gefärbt), zwei Segmente Erpelfedern darüber und als Topping Goldfasanenschopf
Seiten:	Jungle Cock
Hörner:	Blaue Ara-Fibern
Kopf:	Schwarz

LACHSFLIEGEN

Silver Wilkinson
(Haarflügel)

Dieses Muster wurde von P. Wilkinson vor mehr als einem Jahrhundert erbunden und ist am Tweed nicht nur eine der bekanntesten Fliegen, sondern auch ein weltweiter Favorit. Mary Orvis Marbury erwähnt diese Fliege in ihrem Buch »Favourite Flies and their Histories« (1892) und verwies bereits damals schon auf seine Popularität in Nordamerika. Es wird genauso gebunden wie die ›Roger's Fancy‹ (Seite 143).

Faden:	Schwarz
Körperende:	Silbertinsel
Schwanz:	Goldfasanenschopf und Goldfasan Tippet Feder
Wulst:	Rote Wolle
Körper:	Flaches Silbertinsel
Rippung:	Ovales Silbertinsel
Hechel:	Blau und magenta Hahnenfibern, vermischt
Flügel:	Weißes und rotes Bucktail, vermischt, darauf oranges (gebändertes) Bucktail (licht gebunden)
Kopf:	Schwarz

LACHSFLIEGEN

Stoat's Tail
Hermelinschwanz (Haarflügel)

Von diesem bekannten Muster gibt es mehrere Variationen, aber ich glaube, daß die Anleitung, die hier gegeben wird, zu den bekanntesten gehört. Ich habe eine weitere Variante angeführt, die ›Thunder Stoat‹ (Donnerhermelin), die fast ausschließlich auf einem Drilling gebunden wird. Die Bindeanleitung stammt von Colin Wilkie; die Fliege wird wie der ›Munro Killer‹ (Seite 141) gebunden.

Körperende:	Vier oder fünf Umwicklungen mit feinem ovalem Tinsel
Schwanz:	Goldfasanschopffeder
Körper:	Schwarzes Floss
Rippung:	Feines ovales Silbertinsel
Bart:	Ein kleines Büschel Hermelinhaar, schwarze Hahnen- oder Hennenhechelfibern, auf der Unterseite eingebunden
Flügel:	Ein kleines Büschel Hermelinhaar oder schwarze Eichhörnchenhaare
Kopf:	Schwarz

Thunder Stoat (Haarflügel)
Binden Sie diese Fliege wie den ›Munro Killer‹ und fügen Sie Jungle Cock Federn als Wangen hinzu.

Körperende:	Drei Umwicklungen mit feinem ovalem Tinsel
Körper:	Schwarzes Floss
Rippung:	Ovales Silbertinsel
Bart:	Ein kleines Büschel schwarzer Hahnenhechelfibern (falls Hermelinhaar nicht verfügbar ist)
Flügel:	Ein kleines Büschel Haare vom Hermelinschwanz oder schwarz gefärbtes Eichhörnchenhaar
Wangen:	Jungle Cock
Kopf:	Schwarz

LACHSFLIEGEN

Thunder & Lightning
Blitz und Donner (Haarflügel)

Das ist Colin Wilkies Bindeanleitung; die Fliege wird wie der ›Munro Killer‹ (Seite 141) gebunden.

Körperende:	Ovales Gold- oder Silbertinsel
Wulst:	Gelbes Floss
Schwanz:	Goldfasanen-Schopffeder
Körper:	Schwarzes Floss, gerippt mit ovalem Goldtinsel
Hechel:	Orange Hahnen- oder Hennenhechel, darunter einige Fibern der blau gefärbten Perlhuhnfeder
Flügel:	Dunkelbraunes Haar
Kopf:	Schwarz

Thunder & Lightning
(fully dressed)

Körperende:	Ovales Goldtinsel, davor gelbes Floss
Schwanz:	Goldfasanenschopf
Wulst:	Schwarzes Floss
Rippung:	Ovales Goldtinsel
Hechel:	Dunkelorange Hechel, ⅔ des Hakens bedeckend
Bart:	Eichelhäher oder blau gefärbte Perlhuhnfibern
Flügel:	Braune Erpelfeder
Wange:	Jungle Cock
Deckflügel:	Goldfasanenschopf
Kopf:	Schwarz

LACHSFLIEGEN

Torrish
(Haarflügel)

Diese Fliege wird wie der ›Munro Killer‹ (Seite 141) gebunden, zusätzlich jedoch mit einem Wulst. Das Fully Dressed-Muster wird heute nur selten gebunden, ist aber zur Information rechts abgebildet.

Körperende:	Ovales Silbertinsel
Wulst:	Gelbes Floss, schwarze Straußenfiber
Schwanz:	Goldfasanschopf
Körper:	Silberlurex
Rippung:	Ovales Silbertinsel
Hechel:	Gelbe Hahnen- oder Hennenhechel
Flügel:	Gelbes Haar
Kopf:	Schwarz

Torrish (vollst. gebundene)

LACHSFLIEGEN

LACHSFLIEGEN

Usk Grub
Larve vom Fluß Usk

Diese außerordentlich populäre waliser Fliege ist eine Variante der ›Shrimp Fly‹ und wird auf die gleiche Weise gebunden (Seite 144/145); normalerweise auf einem Doppelhaken.

Faden:	Rot
Körperende:	Ovales Silber- oder Goldtinsel
Schwanz:	Rote Brustfedern des Goldfasans (um den Hakenschenkel gewunden)
Körper:	Hintere Hälfte: oranges Floss, vordere Hälfte: schwarzes Floss. Beide Körperhälften sind durch eine orange Hechel getrennt, die über die hintere Körperhälfte ragt
Rippung:	Ovales Silber- oder Goldtinsel
Flügel:	Dachsfarbene Hahnenhechel, langfibrig
Wangen:	Jungle Cock
Kopf:	Rot

FACHBEGRIFFE

Allgemeine Begriffe

Abdomen – Die wissenschaftliche Bezeichnung des Hinterleibes eines Insekts.

Antennen – Die Fühler von Insekten, insbesondere von Großnymphen und von Köcherfliegen.

Biots – Verhornte Fibern an den schmalen Seiten von Schwungfedern.

Brautente – Das europäische Gegenstück zur amerikanischen Wood Duck und zur Mandarinente. Alle drei Enten besitzen zitronenfarbige, schwarz quergestreifte Rupffedern, die für Flügel von Trockenfliegen und für Lachsfliegen Verwendung finden. Wegen der schwierigen Beschaffung von Wood Duck Federn sind ersatzweise die Federn der Braut- oder Mandarinente zu verwenden.

Bronze Mallard – Dies ist die bronzene Rupffeder des Stockerpels, wie sie für Lachsfliegen und für die Flügel von Trockenfliegen verwendet werden.

Bucktail – Schwanz des nordamerikanischen Weißwedelhirsches. Das Haar ist an den Seiten weiß und auf der Oberseite in der Mitte braun gezeichnet. Es gibt gelegentlich Haare, die leicht braun in braun quergestreift sind.

Chenille – (Französisch) Raupe. Früher in der Textilindustrie häufig verwendet. Bestehend aus einem verzwirnten Baumwollfaden (innen) und kurzen Rayon-Fibern (außen).

Dubbing – Das Anbringen von Fellflusen an einen klebrigen (gewachsten) Faden.

Erpel – Männliche Ente

Floss – Ursprünglich ein Seidenfaden. Heute nur noch als synthetischer, multifiler Faden im Gebrauch.

Goldfasanschopf – Englisch: crest. Die goldfarbene langfibrige Schopffeder des Goldfasanes, die häufig als Deckfeder für traditionell gebundene Lachsfliegen verwendet wird.

Goldfasan-Tippet-Feder – Auch ›Goldfasan-Tippets‹ genannt. Das ist die orange, schwarz quergestreifte Feder des Fasanenhalses.

Latex – Folienmaterial aus Naturgummi, das, in Streifen geschnitten, für Körper von Nymphen verwendet wird.

Low Water Lachshaken – In der Form den Standard-Lachshaken sehr ähnlich, jedoch aus einem feineren Draht hergestellt. Speziell für die Fischerei bei Niedrigwasser entwickelt.

Lure – (Englisch) Köder im weitesten Sinne. In der Fliegenfischerei sind jedoch damit Großfliegen gemeint. Es handelt sich überwiegend um die in England gebräuchlichen Gegenstücke zu den amerikanischen Streamer- und Bucktailfliegen.

Lurex – Synthetischer, flacher Kunststoffstreifen, der aus Folien geschnitten wird.

Marabou – Flauschige Körperfeder des Truthahns, gelegentlich auch Truthahn-Marabou genannt.

Mohair – Langfaserige Wolle. Bei allen sinkenden Fliegen gern als Ersatz für Dubbing verwendet.

Polygarn – Englisch: Polyyarn. Multifiles Polypropylengarn, häufig gekräuselt. Schwimmfähig.

Raffia – Hervorragend schwimmende Faser eines afrikanischen Baumes. Sehr schwer zu beschaffen, daher von synthetischer Raffia ersetzt.

Rothuhn – Auch bekannt als Rotfußrebhuhn und French Partridge.

Sedge – Englischer Ausdruck für die Köcherfliege. Amerikanisch: Caddis.

Spider – Englisch: Spinne. Gemeint sind Fliegen mit übergroßen Hecheln, die das Aussehen einer Spinne haben. Es wurde gelegentlich der Begriff Spider-Muster oder Spider-Fliege benutzt, mit dem die Fliegen solcher Bauart bezeichnet werden.

FACHBEGRIFFE

Tag – Nicht übersetzbarer Fachausdruck für eine Zierwicklung am Ende des Lachsfliegenkörpers. Zur Vermeidung von Mißverständnissen stets mit Körperende oder Körperabschluß übersetzt.

Thorax – (Der wissenschaftliche Begriff für Brust.) An Nymphen und Fliegen die Sektion hinter dem Kopf.

Tinsel – Verzwirnter Baumwollfaden, um den ein metallischer Faden gewunden ist. In oval, rund und flach (gehämmert) im Gebrauch.

Wangen – Zierfeder im Bereich der Flügelbasis bei Naßfliegen, Lachsfliegen und Großfliegen. Sie können in Form von eingebundenen Rupffedern (Black Nose Dace) oder als Augen (Jungle Cock) Verwendung finden.

Whip-Finish – Englisch: Kopfknoten. Die übliche und sichere Methode, einen Fliegenkopf abzuschließen. Gelegentlich auch ›verborgener Knoten‹ genannt.

Farbbezeichnungen

Bernstein – Wie das Naturprodukt; englisch: amber

Bloa – Auch ›Blae‹, helles bis mittleres Grau

Blue dun – Nach amerikanischem Verständnis grau-braun, nach englischem Verständnis grau-braun mit einem Blaustich.

Coch y Bondhu – In der Zeichnung wie ›furnace‹. Die Fibern sind braun, am Stamm entlang befindet sich zu jeder Seite ein schwarzer Streifen. Die Spitzen der Fibern und die Federspitze können schwarz sein.

Cree – Quergestreift, aus folgenden Farben bestehend: Grau, Weiß, Ginger und Honig.

Dachs – Englisch: badger. Cremefarbene bis weiße Fibern, an beiden Seiten des Kieles ein schwarzer Streifen.

Dun – Englisch: blaß, verblichen, grau. Mit dun werden alle Farben bezeichnet, die neben ihrer Grundfarbe einen dominierenden Grauton enthalten.

Furnace – Ähnlich Coch y Bondhu, jedoch im Braunton variierend bis hellbraun. Das Zentrum ist auf jeden Fall schwarz.

Ginger – Englisch: ingwer; Farbe wie das Naturprodukt.

Green Highlander – (Englisch) Grüner Hochländer. Ein Grün, das speziell für die Lachsfliege gleichen Namens entwickelt wurde (siehe Farbdarstellung auf Seite 135).

Grizzly – Schwarz-weiß oder grau-weiß quer gebänderte Feder.

Honig – Englisch: honey; Farbe wie das Naturprodukt.

Magenta – Eine Mischung aus Braun, rot und Purpur. Ähnlich Fuchsien (anilinrot).

Orange – Wie das Naturprodukt, häufig verwendet: hellorange (hot orange), das als leuchtendes Orange zu verstehen ist.

Rotbraun – Englisch: red. Es handelt sich um die gebräuchliche rotbraune Farbe, wie sie bei den indischen Hahnenbälgen dominiert. In den angelsächsischen Ländern werden diese Bälge als ›red‹ (rot) bezeichnet; in Wirklichkeit handelt es sich aber ausschließlich um Rotbraun.

Tan – Abgeleitet von der Farbe gegerbten Leders (ein Übergang von Beige zu Braun).

Zimt – Wie das Naturprodukt. Bekannt geworden durch die zimtfarbene Sedge.

REGISTER

A

Ace of Spades 96
Adams 40
Akroyd 126
Alder 66
Alexandra 66, 96
Amber 16
Ameise, schwarze 42
–, rote 5
American Brown March Nymph 16
Appetiser 97
Appetithappen 97
Aurland Fly 40

B

Baby Doll 98
Badger Hackle 40
Barschbrut 112
Beacon Beige 40f.
Bi-Visible 41
Black Ant 42
Black Bomber 125
Black Chenille 98
Black Doctor 126
Black Gnat 42f.
Black Lure 96, 100
Black & Orange Marabou 100
Black Pennell 68
Black Spider 69
Black-nose Dace 99
Blae & Black 69
Blaßwasserfarbene 55
Blauer Zauber 126
Blitz und Donner 151
Bloody Butcher 70
Bloodworm Larva 17
Blue Charm 126
Blue Winged Olive 43, 59
Brauner Bomber 18
Breadcrust 71
Brotkruste 17
Brown Bomber 18
Brown Wulff 50
Butcher 70, 89
Buzzer 18

C

Cahill, helle 52
Catskill Hendrickson 19
Chenill, schwarze 98
–, weiße 118
Chomper 19
Church Fry 101

Cinnamon & Gold 71
Cinnamon Sedge 43
Coachman 44, 71
Coch Y Bondhu 44
Collyer's Brown 20
Collyer's Green 20
Collyer's Grey 20
Collyers grüne
 Nymphe 20
Connemara Black 72
Corixa 21
Cosseboom 126–127
Cosseboom Special 126f.
Cove's Pheasant Tail 30
Cowdung 72
Crane Fly 45

D

Dachs Hechel 40
Daddy Long-Legs 45
Dai Ben 73
Dambuster 101
Damsel 22
Dark Adams 53
Dark Cahill 46
Dave's Hopper 46
Davis Special 37
Dog Nobbler 103
Dragonfly Larva 22, 23, 27
dubbing 10f.
Duck Fly 69
Dunkeld 73, 103, 127
Durham Ranger 128
Dusty Miller 129

E

Eisenblaue 26
– Dun 51
Em Terror 130
Ephemerella flavilinea 31
Eisvogel Fleischer 70

F

Fasanenstoßnymphe 28
Fasanenschwanz 56
February Red 74, 84
Fiery Brown 130–131
Fleischer 70
Flohkrebs 23
Flauschiger Wurm 120
French Partridge
 Mayfly 47

G

Garnelenfliege 144
Garry 132
G. & H. Sedge 48
General Practitioner 132
Ginger Quill 48
Ginger Kiel 48
Glaubwürdige 122
Golden Darter 114
Golden Shrimp 23
Goldfinch 133
Gold-ribbed Hare's Ear
– American 24
– British 24
– wet 74
Grannom 49
Grauer Müller 129
Grauer Staubwedel 50
Green Drake Mayfly 49
Green Highlander 133ff.
Green Peter 49f.
Greenwell's Glory 75
Grenadier 76
Grey Duster 50
Grey Sedge 60
Grey Wulff 50
Grouse & Claret 76
Grouse & Green 76
Grouse & Red 76
Grouse & Yellow 76
Grüne Maifliege 49

H

Haarige Marie 136
Haarflügel 124ff.
Hairy Mary 136
Hasenohr 24
–, geripptes 74
Hare Caddis 25
Hatching Sedge Pupa 25
Hawthorn 77
Heckham Peckham 77
Heggeli 137
Hendrickson 25
Hermelinschwanz 150
Herausgeputzte 115
Hinterlistige McDougal 57
Heptagenia sulphurea 62
Hofland's Fancy 78

I

Invicta 78
Iron Blue Dun 26, 43, 51, 86

157

REGISTER

J

Jack Frost 103
Jeannie 138
Jenny Spinner 51
Jersey Herd 104
Jock Scott 139
Jungfer 22

K

Kaulquappe 33
Ke-He 79
Kemp's Bug 37
Kench, Brian 98
Kiel Gordon 57
Kingfisher Butcher 70
Kite's Imperial 51
Königin der Gewässer 85
Krickenten-Fliegen 88
Kuhfladen 72
Kutscher 44, 71

L

Lady of the Lake 66
Lake Olive 52
Large Dark Olive 51, 89
Leadwing Coachman 71
Leslie's Lure 105
Light Adams 53
Libellenlarve 22
Light Akroyd 124
Light Cahill 26, 52
Light Hendrickson 53
Light Olive Dun 48
Logie 140
Lumme's Nalle Puh 53
Lunn's Particular 54

M

Machadodorp 80
Mallard & Blue 81
Mallard & Claret 81, 90
Mallard & Red 81
Mallard & Yellow 81
Märzbraune 82
Mar Lodge 140
Marabou 99
March Brown 82
Matukas 106 ff.
    Badger Matuka 108
    Black Ghost 108
    Black & Red Matuka 108
    Olive Matuka 109
    Red & Grey Matuka 109
Mayfly (Collyer's pattern) 26, 31, 50
– (Walker's pattern) 26
Medium Olive 40
Mickey Finn 109
Missionary 110
Montana 27
Mooi Moth 54
Moorhuhnfliegen 76
Mosquito Larva 27
Motte, weiße 63
Muddler Minnow 111
Munro Killer 141
Mücke 18
–, schwarze 42, 56
Mückenlarve 27

O

Olive Dun 28
Olive, geflügelte 43
Olive mit schieferfarbenen Flügeln 31
Olive nymph 28
Olive Quill 51
Olive Shrimp 23
Olsen 142
Olsen's Laerdal Fly 55

P

Pale Olive 55
Pale Watery Dun 43, 48, 62
Parachute Black Gnat 56
Parmachene Belle 83
Partridge & Claret 84
Partridge & Green 84
Partridge & Orange 84
Partridge & Red 84
Partridge & Yellow 84
Pennell's Claret 84
Perch Fry 112
Persuader 112
Peter Ross 85, 90
Pheasant Tail 28, 56 ff.
    Cove's Pheasant Tail 30
    Sawyer's Pheasant Tail 28
Pik-As 96
Pond Olive 52
Polystickle 113
Professor 85

Q

Queen of the Water 85
Quill Gordon 57

R

Rat-Faced McDougal 57
Rebhuhnfliegen 84
Red Ant 57
Red Queen 114
Red Quill 48, 58
Red Spinner 58
Red Tag 61, 86, 101
Roger's Fancy 142–143
Rotspinner 58
Rote Königin 114
Rough Olive 59
Royal Coachman 71
Royal Wulff 50
Ruderwanze 21

S

Saabye's Fly 59
Sawyer's Pheasant Tail 28
Schieferfarbene Olive 31
Schnepfe Purpur 86
Schusterfliege 45
Schwarze Ameise 42
Schwarze Mücke 42
Schwarzer Spider 69
Schwarzer Bomber 115
Schwarzer Doctor 125
Sedge Pupa 31
Sedge Puppe 31
–, schlüpfende 25
–, mit langen Fühlern 35
–, zimtfarbene 43
Sherry Spinner 43, 59
Shrimp Fly 144 f.
Shrive, Dick 110
Silbergraue 148
Silver Darter 114
Silver Doctor 146–147
Silver Grey 148
Silver March Brown 82
Silver Sedge 60
Silver Wilkinson 149
Slate-Wing Olive 31
Snipe & Purple 86
Sofa Pillow 60–61
Soldier Palmer 87
Spruce 115
Stabfliege 32
Stenonema ithaca 26
Stichling 113
Steinfliege, kriechende 32
Stick Fly 32
Stoat's Tail 150
Stonefly Creeper 32 ff.
Sweeney Todd 115

REGISTER

T

Taddy 33
Tadpole 33
Teal Black & Silver 88
Teal Blue & Silver 88
Teal & Claret 88
Teal & Green 88
Teal & Red 88
Teal & Yellow 85, 88
Ted's Stonefly 34
Tellico 34
Teichhuhn 89
Texas Rose Muddler 116
Thunder & Lightning 151
Thunder Stoat 150
Torrish 152–153
Treacle Parkin 61
Tup's Indispensable 62

U

Unbesiegbare 78
Usk Grub 154

V

Verre en Minken 62
Viva 116

W

Waldschnepfen-Fliegen 92
Walker's Longhorn Sedge Pupa 36
Walker's Killer 33, 117
Waterhen Bloa 89
Watson's Fancy 89
Wee Doubles 90
Weiße Motte 63
Weißdornfliege 77
Weißfisch 114
Weißer Muddler 118
Whiskey 117
White Chenille 118
White Marabou 118
White Moth 63
White Muddler 118
White Wulff 50
Whitlock Sculpin 119
William's Favourite 90, 91

Wickham's Fancy 63, 90
Woodcock & Claret 92
Woodcock & Green 92
Woodcock & Hare's Ear 92
Woodcock & Mixed 92
Woodcock & Red 92
Woodcock & Yellow 92
Wooly Worm 120
Wonder Nymph 37
Worcester Gem 61
Worm-fly 121
Wundernymphe 36
Wurmfliege 121

Y

Yellow Mayfly 62

Z

Zimtfarbener Sedge 43
Zimt und Gold 71
Zug Bug 37
Zulu 93

Fundiertes Wissen für Ihre Angelpraxis – von BLV

Hans van Onck/Paul Melief

Besser angeln in Fluß, See und Meer

Wertvolles Praxiswissen für jeden Angler, sowohl für die Angelei an Binnengewässern als auch für das Meeresfischen. Die Autoren behandeln das jeweils erforderliche Material und die verschiedenen Fangmethoden für die einzelnen Fischarten.

3. Auflage, 119 Seiten, 219 Fotos, 15 Zeichnungen

BLV Angel- und Sportfischerpraxis

Jens P. Hansen

Raubfische angeln

Wo liegen die guten Fangplätze für Zander, Hecht und Barsch? In welchen Wasserzonen stehen und jagen sie bevorzugt – und welche Fangtechnik ist jeweils am besten geeignet? Jens P. Hansen kennt die Methoden und Tricks für jedes Fangverhältnis aus jahrelanger Praxis. In diesem Buch erfahren Sie, auf welche Ruten, Rollen und Schnüre es ankommt, ob Spinnfischerei oder Grundangeln, ob Kescher oder Gaff zum Einsatz kommen müssen, ob Spinner oder Wobbler besser paßt.

175 Seiten, 139 Fotos, 75 Zeichnungen

BLV Angel- und Sportfischerpraxis

Jens P. Hansen

Friedfische angeln

Grundangeln, die beliebteste Fangmethode für Friedfische, ist durch dieses Buch leicht erlernbar. Hier finden Sie bewährte Anleitungen über die Fischerei am Gewässerboden und in verschiedenen Gewässertiefen, über die richtigen Ruten, Schwimmer, Haken und Schnüre, über Rollen und Köder, über Fangplätze und Angelstrategien. Viele Fotos und Zeichnungen verdeutlichen den geschicktesten und erfolgreichsten Einsatz der Geräte.

110 Seiten, 101 Fotos, 77 Zeichnungen

Alexander Kölbing/Peter Döbler

Big Marlin

Hochseeangeln in allen Weltmeeren

Wer sich für das faszinierende Abenteuer Großfischfang interessiert oder einen Angelurlaub plant, findet hier kompetente Informationen über alle Aspekte des Hochseeangelns – über Großfische und Fanggeräte, über Fangtechniken, Boot und Charter. Aus eigener Kenntnis werden die bedeutendsten Fangplätze des »Big Game Fishing« vorgestellt, wie z. B. Malediven und die Seychellen. Großformatige Farbfotos von den Fangerlebnissen und -erfolgen der Autoren vermitteln ein beeindruckendes Bild des Hochseeangelns.

191 Seiten, 67 Farbfotos, 38 s/w-Fotos, 31 Zeichnungen

Zu den stark frequentierten Erholungszielen gehören Seen, Flüsse und Bäche. Das führt zur zunehmenden Gewässerbeunruhigung – und verändert die Verhaltensweisen der Fische. Reagieren Sie auf veränderte Gegebenheiten mit fundiertem Wissen und einer angepaßten Fangtechnik.
Die dreibändige BLV Angel- und Fischereischule bietet Ihnen hierzu eine Darstellung namhafter Fischereiexperten zum neuesten Stand von Fischkunde und Angeltechnik. Verständliche Texte und informative Farbfotos fassen die Kenntnisse zusammen, die Ihnen noch mehr Freude und Erfolg beim Angeln garantieren.

Kurt Seifert

Angel- und Fischereischule 1

Allgemeine Fischkunde

Alles über Anatomie und Biologie der Fische: Ernährung, Wachstum, Fortpflanzung, Lebensräume.

143 Seiten, 76 Farbfotos, 48 s/w-Fotos, 91 Zeichnungen

Alexander Kölbing

Angel- und Fischereischule 2

Gerätekunde, Grundangeln, Spinn- und Flugangeln, Geräte, rechtliche Bestimmungen.

116 Seiten, 41 Farbfotos, 50 s/w-Fotos, 44 Zeichnungen

Kurt Seifert

Angel- und Fischereischule 3

Spezielle Fischkunde

Alles über Anatomie und Biologie von über 70 heimischen Süßwasserfischen: Bestandsverhältnisse, Verbreitung, Gefährdung, Methoden zur Beobachtung, Untersuchung und Bestimmung.

136 Seiten, 89 Farbfotos, 36 s/w-Fotos, 26 Zeichnungen

In unserem Verlagsprogramm finden Sie Bücher zu folgenden Sachgebieten:

**Garten und Zimmerpflanzen · Natur · Haus- und Heimtiere
Angeln, Jagd, Waffen · Sport und Fitness · Pferde und Reiten
Wandern und Alpinismus · Auto und Motorrad
Essen und Trinken, Gesundheit · Basteln, Handarbeiten, Werken**

Wünschen Sie Informationen, so schreiben Sie bitte an:

**BLV Verlagsgesellschaft, Postfach 40 03 20,
8000 München 40**